智慧教育丛书 | 主编 李泽亚

超越优质

——智慧教育的原理与应用

李泽亚 刘光余 等 著

教育科学出版社

·北 京·

序 一

教育部基础教育一司司长　**王定华**

　　成都市青羊区是我国基础教育百花园中一朵靓丽的奇葩。青羊的教育人有思路、有热情、有干劲、有恒心，其教育措施源于以往、立足当前、面向未来，学生受益，群众满意，效果显著。当许多地方的同志还为基础教育一些热点、难点所困扰时，青羊已通过积极探索、先行先试，找到了对策，成功地解决了这些问题。在我心目中，青羊不啻为一片教育改革的试验田，一个教育创新的策源地。

　　我曾多次到过青羊，每一次都有新的收获。2004 年，我考察了青羊小学教育。2006 年，我同全国义务教育均衡发展现场经验交流会的各地代表参观了其率先推进均衡发展的成就。2007 年，我带调研组在青羊实地观摩学校活动，现场起草政策文件。2008 年，我在组织地震灾区学生赴俄疗养过程中也曾到过青羊。2010 年，我有幸应邀出席青羊区教师节活动，与校长们一同度过了愉快的时光。2012 年，我参加了青羊区承办的成都市教育国际化研讨会。2013 年，我在北京遇见了接受全国教育创新优秀案例颁奖的青羊区政府及教育局的同志们。这些年，青羊先后派多位同志到教育部各相关司局锻炼，在提高自身干部队伍素质的同时，也积极帮助了教育部的工作开展。青羊的教育成功实践，丰富了我们对基础教育的感悟，坚定了我们推动基础教育改革与发展的信心。

　　在繁忙的基础教育实践中，青羊还重视科研引领。近年来，青羊区教育局组织力量，通过文献研究、实地观察、现场访谈、个案调查和实验研究等研究方法，实施了"我国西部县级区域教育现代化行动研究"，对

"智慧教育"进行了不懈探索。青羊创造性地提出了"学有良教　质量领先　办智慧教育"的现代教育发展理念，寻求了专家指导，启动了科研课题，推动了实证分析，开展了横向合作，值得关注和称道。

为有效推进智慧教育，青羊以"城乡统筹　质量领先"为发展主题，主动调整发展思路和方法，采取了高位均衡化发展战略、率先现代化发展战略以及充分国际化发展战略，选择了基于区域特点的智慧教育发展路径。同时，根据"发展为标、科学规范、激励引导"的智慧教育的要求，建立起了以素质教育的要求为依据、以学生发展为核心的教育质量监测体系。青羊在充分整合利用现有教育资源的基础上，着力突破教育改革瓶颈因素的制约，选择了基于区域特点的发展路径，促进教育现代化发展。通过启迪智慧的教育，实现了教育的根本转向，引导青羊教育践行着"人是目的而不是工具"的人本教育理想。

青羊区教育局局长李泽亚同志等著的《超越优质——智慧教育的原理与应用》一书，就是青羊教育人智慧教育研究的结晶。它以清新的笔触，描绘了智慧教育的框架、蓝图、愿景，夹叙夹议，娓娓道来，虽不算是完美之作，却也让人开卷有益。

首先，该书对智慧教育进行了比较简明的概述。在对中西方语境中的"智慧"概念、智慧教育概念的内涵与价值取向作了归纳以后，该书认为，智慧教育是通过自然的、适切的和动态的教育体制、内容和方式，培养学生的认知能力、反思能力、实践能力和创新能力，实现个体全面、自由和充分发展的过程。智慧教育是以智慧的发展和养成为价值导向的。永恒主义是智慧教育的哲学基础，人本主义是智慧教育的心理学基础，大成智慧是智慧教育的教育学基础。智慧教育有着综合性、动态性、主体性和灵活性的明显特征。

其次，该书对智慧教育的发展历程进行了梳理。青羊对智慧教育的追求经历了萌芽、酝酿、形成的长时间发展过程。以青羊宫为代表的道家文化、以文殊院为代表的佛家文化、以杜甫草堂为代表的草堂文化和以金沙遗址为代表的金沙文化，为青羊智慧教育的发展提供了肥沃的土壤。近年来，青羊进行了一系列卓有成效的教育实践，为其智慧教育奠定了现实基础。青羊教育承载的是政府对人民福祉的担当。从"有学上"到"上好学"，人民群众对优质教育新的期待激发了青羊对智慧教育发展的需求。

接着，该书总结出了智慧教育的若干发展战略。青羊智慧教育在实践的过程中，采取了"高位均衡化"、"全面现代化"及"充分国际化"的三大发展战略。其中"高位均衡化"战略主要解决的是教育公平问题，旨在通过城乡统筹的标准化建设，跨越学有所教的教育发展阶段，达到学有良教，从而实现"学有良教 质量领先 办智慧教育"的教育发展目标；"全面现代化"战略主要解决的是教育质量问题，旨在通过"要素革新"的现代化建设，通过"四大强化"手段，开启学有良教的未来之门；"充分国际化"战略主要解决的是教育特色问题，旨在通过文化互动的国际化建设，逐步形成"五维一体"的发展模式，搭建起学有良教的开放平台。

随后，该书还总结出了智慧教育的有效实施路径。研究认为，青羊智慧教育在"城乡统筹 质量领先"思路的引领下，以"智慧教育"为价值取向，优化了智慧管理、智慧课程、智慧教学三大结构，建立了智慧社区、智慧学校、智慧课堂三层智慧教育组织空间，培养了智慧教师和智慧学生。青羊以社区教育为抓手，着眼于完善终身教育体系，构建学习型城区，服务青羊社会建设；着力于提高市民综合素质、生存能力和生活质量，服务和谐社区构建，建设智慧社区；通过深入实施"一校一品，一校一景"工程，从科研和行政上大力支持区域内中小学凝练办学特色，提升办学品质，创建智慧学校；结合对智慧教育的理解，提出构建智慧课堂生态化、活动化、特色化的特质。同时，青羊研究制定了教师课堂教学评价标准，形成智慧课堂指导纲要、智慧课堂实施方案等文件，从制度规范层面来进行区域智慧课堂的构建工作；研制出了教师发展标准，制订了教师专业发展标准实施方案，构建了教师分类培养的课程体系，开发了教师专业发展的网络支持系统，有效促进了教师的专业发展；通过启迪学生的智慧，建构一种能够自我组织、自我进化、自我完善、自我构建、自我发展，具有独特个性的完整的集成智慧体系，培养了智慧学生。青羊通过智慧管理、智慧课程、智慧教学三大结构，智慧社区、智慧学校、智慧课堂三层智慧教育组织空间，丰富了智慧教育发展的实施路径。

最后，该书提出了智慧教育的必要质量保障。研究认为，青羊通过构建智慧教育质量监测体系，开展智慧学生综合素质监测、智慧学校办学效能监测、区域教育发展水平监测及多维度专项监测等措施，对智慧教育的质量系统进行评价、监督和施加影响，摒弃了由单一、狭窄、失主体的传统知识教育评价手段，提升到能够使教师和学生作为完整生命主体智慧发展，优化教育质量，实现全面、丰富、自由的"智慧教育"。

可以说，"智慧"是良好教育的一种品质，表现为教育的一种自由、和谐、开放和创造的状态，同时也是当前实现学校内涵式发展和提高教育教学质量的关键所在。对这一问题的关注与思考正是青羊教育改革的精髓之一，"智慧教育"正是其现代化实践的灵魂向导。青羊对智慧教育的追求，既能唤醒学生的主体自觉，完善学生的道德精神，也表现出了对学生人生发展的终极关怀。对"智慧"的探寻，正是青羊教育现代化进程中促进受教育者主体性发展、智慧生命成长及真正实现"人的现代化"的生动实践。

唯其艰难，才更显勇毅；唯其笃行，才弥足珍贵。为了给进入深水区的教育改革提供典型案例，我们期待着有更多的地方像青羊这样不畏困难，不断求索。党的十八届三中全会对全面深化改革做出了重大部署，其中围绕深化教育领域综合改革，明确了攻坚方向和重点举措，对于促进教育事业科学发展、办好人民满意的教育具有重要指导意义。基础教育综合改革任务已经明确，集结号已吹响。教育实践者、研究者应处理好改革创新与事业发展的关系、顶层设计与摸着石头过河的关系、整体推进与分类指导的关系、勇于探索与维护稳定的关系，抢抓机遇，乘势而上，取得新突破，创造新辉煌。

序二

教育部基础教育课程教材发展中心主任　**田慧生**

　　与青羊的渊源要追溯到 20 世纪 90 年代中期。当时我正开展活动教学研究，在全国选了几所实验校进行实验，其中就有青羊的成都市实验小学。在活动教学的研究过程中，青羊一丝不苟的研究精神、对新教育观念的接纳态度给我留下了深刻的印象。

　　近些年来，因为工作的原因，我与青羊的交流愈加频繁。每次到青羊，都会有一些不一样的感受。无论是青羊区域教育发展的整体规划，还是区域教育的创新实践；不论是学校的特色发展，还是教育质量的整体提升，都有许多值得研究的地方。特别是这两年，青羊在教育体制机制等方面进行了一系列卓有成效的实践和探索，一系列改革与实践经验在全国产生了一定的影响，多次获得国家级奖项和荣誉。我也有幸见证了青羊教育从成都、从四川、从西部脱颖而出的发展过程。

　　党的十八大以来，青羊确立了"学有良教　质量领先　办智慧教育"的发展思路，将教育的社会责任、本质要求、实践途径统筹考虑，区域教育的功能和内涵日趋丰富。而青羊的学校，无论是地处城市中心的优质名校还是涉农地区的特色学校，都和谐共生、差异发展，呈现出"百花争艳、百校百格"的特点，散发着自己独特的气质和韵味。

　　十八届三中全会对今后一个时期深化教育综合改革、推进教育创新发展等，提出了更加具体和明确的要求。青羊区作为教育改革发展的先行地区，深入落实十八届三中全会精神，对近年来在基础教育领域的思考、实践和探索进行系统梳理和提炼，全面规划和定位区域教育未来发展方向，凝练出具有浓郁青羊地域特色的教育专著——《超越优质——智慧教育的原理与应用》，在我看来这既是青羊近年来改革创新发展成果的真实写照，又代表了今后一个时期青羊教育的发展努力方向，于全国其他区域的基础教育发展也具有一定的参考和借鉴价值。

从《超越优质——智慧教育的原理与应用》这个书名，就不难看出青羊对教育的深层思考和对教育品质的执着追求。面对当前教育终身化、社会学习化、发展个性化、人才多元化、内容综合化、手段网络化、时空全球化和管理民主化的现代教育发展趋势，我们如何适应变化、顺应变化、创造变化并引领变化？对此，青羊教育已经先行一步，开始了他们的思考与实践。

智慧教育的成败得失、效果深浅，关键在于能否培育一支充满教育智慧和教育理想的教师队伍。青羊将智慧教师的基本素质定义为慧德之师、慧能之师和慧美之师，体现出对智慧教师德行、才学、能力等综合素养的全面要求，这也超越了我们通常意义上对"好老师"的评价和定义，对此我也深受启发。在我看来，智慧教师也就是具有了"四真"品质：一是真情实感。这就是要大爱无疆，相信孩子，热爱孩子。二是真抓实干。教育是过程的艺术，没有过程就没有教育。要从具体的活动当中体现出教育工作的意义和价值。三是真才实学。教育本身需要老师去引领，真才实学是智慧教师必不可少的硬性条件。四是真知灼见。也就是要有教育智慧，要有对教育本质的深刻认识和把握。同时，面对今天的学生，真正智慧的教师还需要与时俱进、因势利导，不能因循守旧、不懂变革，要从现成变为生成，从师长变为学长，从教者变为学者。

读完《超越优质——智慧教育的原理与应用》书稿，我对青羊基础教育的改革创新充满了期待。我相信，有地方政府的全力推动，有立足未来的顶层设计，有教育部门的统筹实施，有先行学校的有效试点，有师生家长的支持配合，青羊的区域智慧教育之路将越走越宽广。我也期许，青羊能够围绕智慧教育，探索出具有广泛实践和推广价值的智慧教育实施策略、方法与途径，将智慧贯穿、渗透于教育的各个方面、各个环节，让教育的管理者智慧管理、学生智慧学习、教师智慧施教、课堂智慧生成，推动教育不断走向智慧的完美境界。

目录

超越优质

——智慧教育的原理与应用

引　言

教育现代化的价值追求

成都市青羊区作为中国教育科学研究院中西部第一个教育综合改革实验区，在推进教育现代化的进程中，紧紧围绕"院区共建，科研引领，整体推进，创新发展"的工作方针，扎实推进"三大战略"，深入实施"六大项目"，取得了巨大发展成就，素质教育"2+1+1"模式在全国得到推广，"一校一品"获得广泛认可……近年来，青羊区创造性地提出了"学有良教　质量领先　办智慧教育"的教育现代化发展理念，青羊区的教育现代化进入了新的发展阶段。

人既是目的又是手段，在现代化进程中，人的现代化是现代化的核心。现代化的人所需要的心理、思想、态度、行为方式等素质并不是与生俱来的，在实践中这些需要总是处在一种不断发展和完善的状态，教育的影响力就会逐渐凸显。可以说，教育在人的现代化进程中具有不可或缺的作用。

一、唤醒主体自觉

教育现代化既是物质的，又是精神的，教育不能只关注客观的物理世界、事实世界和现实世界，同时还要关注主观的价值世界、心理世界和未来世界。智慧是人的主体自觉，是人的自由性的彰显，可以促进人的解放。追求自由、自觉和解放是人类本质属性的反映，智慧在本质上体现了人的自由、自觉这一特性，体现了人的主体性。智慧教育充分尊重学生的主体性，引导学生追求自身的解放和自由。

青羊区的智慧教育有着悠久的历史渊源，以道家文化为主的蜀文化，是儒、佛、道文化的融合，它主张天人合一，直接指向现实人生。青羊区对智慧教育的追求，既提升人的觉悟，同时也完善人的道德精神，而且表现出了对人生终极意义的关怀。

二、提升实践能力

智慧是切合实际的，是有效和实用的。随着科学技术的迅猛发展，人们的生活方式、工作方式在不断变化，科学技术在日常生活、工作中得到广泛应用。培养和积累丰富的科学素养，是现代人的生存发展之本，而智慧可以指引人的明智、良好的生存和生活方式。智慧教育指向人的实践能力或实际本领，它以实际的问题与现实的困难为对象，以具有实践性、探索性、创造性的活动方式，极大地提升了人的实践能力。

智慧教育的核心强调个体不仅要有知识，更要有智慧。青羊区在推行智慧教育的过程中，注重对学生能力的培养，促进学生个性全面、自由和充分地发展，同时，教师的教育智慧得到充分地彰显和提升，教育管理者的智慧得到充分地发展和运用。

追求智慧是人类社会不断进步发展的强大动力，也是个人境界不断提高、升华的核心力量。作为促进个人发展和社会进步基本力量的教育，便天然与智慧联系在一起。因而美国教育家贝斯特（Arthur Bestor）指出：
"真正的教育就是智慧的训练。"① 英国哲学家怀特海（Alfred
N. Whitehead）也指出："教育的全部目的就是使人具有活跃的智慧。"②
因此，教育必须具有智慧的性格，它应该把对智慧的追求作为终极的价值
目标，实现个人充分自由的发展和社会的全面进步。

　　青羊区教育现代化的进程就是对"智慧教育"进行实践探索的过程，
通过启迪智慧，实现了教育的根本转向，真正实现了"人是目的而不是工
具"的教育现代化诉求。

---

① 华东师范大学教育系. 现代西方资产阶级教育思想流派论著选 ［M］. 北京：人民教育出版社，1980：
172.

② 怀特海. 教育的目的 ［M］. 徐汝舟，译. 北京：生活·读书·新知三联书店，2002：66.

第一章
智慧教育概述

智慧教育是教育发展的一种境界和水平，它追求的是对教育规律的准确把握和正确运用。人们对智慧教育的认识有着不同的维度，即心理学的、社会学的和哲学的认识维度。有人认为，智慧是"intelligence"，是人的聪明才智，是人在认识上的问题；也有人认为，智慧是"sensibleness"，是人的思想和行为等切合实际，是人在社会生活中的问题；还有人认为，智慧是"wisdom"，是人的明智、学问，是人的世界观方面的问题。

第一节 智慧的含义

一、智慧的词源学探究

在中国传统哲学中，智慧被作为佛教名词。传统佛教将"智"与"慧"分开，认为"慧"是认知主体，乃"心所法"之一；"智"则是对于各种理法的掌握。因此，"智"以"慧"为体，"慧"依"智"为用。"慧"之极便达到了"觉"，成佛或解脱都由此来说明。达到"觉"遂有"般若智"，即最高的成佛之"慧"。此时"智"与"慧"冥合不分，而称"般若"。"般若"是经过"消解"或一系列否定所达到的，它与有具体所取、具体所向的"智"或"慧"不同，是"无知而无所不知"的，是佛教的最高智慧，称作"诸佛之母"。①

从词源学上说，"智慧"具有特定的含义。"智"者，从日从知，日知也，每日必有所知，则所知者厚。"慧"者，从彗从心，心有尘则借彗（扫帚）以除之，心则保其清明。因此，"智"含"有所为"之意，须日日努力使知识增进；"慧"含"有所不为"之意，涤除一切假象伪知。智为积极，慧为消极，有智则知识增加，有慧则知识清明，无慧则增加妄识。因此，如果说"智"是学习所得的"毛重"，而"慧"就是学习所得的"净重"。"智"是知识的积累，如果积累过多必将为其所累，所以须有"慧"去除所累。

---

① 方克立. 中国哲学大辞典 [M]. 北京：中国社会科学出版社，1994：666.

"智"含有向外进取之意，"慧"含有向内反思之意。从人们的认识过程来看，首先是通过"智"获取知识，然后是通过"慧"净化知识，二者缺一不可。这也迎合了老子所说的"为学日益、为道日损"。如果人们过多地强调"智"而忽视了"慧"，学习者的心智就会变得麻木和呆滞，变成受制于知识的"书呆子"。"智慧"要求人们在学习和工作中既要"做加法"，又要"做减法"，及时反思和净化自己的所得，抛弃包袱轻装上阵，以便灵活、正确地理解和解决问题。

从中西方对"智慧"的界定来看，在中国语境中，"智慧"一词更多地强调"慧"，即聪明、狡黠的意思。老子《道德经》中提到"智慧出，有大伪"，就体现了这方面的倾向。在西方语境中，"智慧"一词更多地强调"智"，即知识、经验的意思。苏格拉底的"美德即知识"以及其他西方哲学家的论断都体现出此种倾向。因此，西方的智慧教育趋向知识教育，而中国的智慧教育则趋向道德教育或政治教育。

在古希腊，智慧被视为一种重要的德行，墨提斯（Metis）和雅典娜（Athena）是智慧的化身。在古罗马，密涅瓦（Minerva）是罗马神话中的智慧女神，栖落在她身边的猫头鹰是思想和理性的象征。由于猫头鹰能够在黑暗中看清事物，因而被视为智慧的象征。古希腊哲学家亚里士多德在《形而上学》中指出，"智慧由普遍认识产生，不从个别认识得来，智慧就是有关某些原理与原因的知识"。因此，在亚里士多德看来，越是具有普遍认识的人就越有智慧，越是具有关于原因和原理的知识的人就越有智慧。智者总能把握事物的普遍规律，并洞悉事物变化的缘由。

英国著名哲学家怀特海指出，"智慧是掌握知识的方式。它涉及知识的处理，确定有关问题时知识的选择，以及运用知识使我们的直觉经验更有价值。这种对知识的掌握便是智慧，是可以获得的最本质的自由。古人清楚地认识到——比我们更清楚地认识到——智慧高于知识的必要性"①。因此，在怀特海看来，智慧包括知识，同时又超越知识，智慧使人能够保持自己的主体性和独立性，始终主导自己对于知识的掌握和运用，其核心

---

① 怀特海. 教育的目的 [M]. 徐汝舟，译. 北京: 生活·读书·新知三联书店, 2002: 54.

在于智慧能使人获得自由。美国著名哲学家杜威在《人的问题》中指出，"智慧是应用已知的去明确地指导人生事务之能力"，这强调了智慧的实践性。

在中国语境中，老子最先提到了"智慧"，并强调了"智慧"具有的狡黠的含义。孔子在《论语》中则从仁的角度，论述了"智"的含义。然而，尽管"智"在先秦就已经出现，但先秦诸子并没有给予其直接的解释。直到汉初，贾谊才第一次对"智慧"做出界定："深知祸福谓之智，反智为愚；亟见窈察谓之慧，反慧谓童（蒙昧）。"（《新书·道术》）。这就是说，作为蒙昧的对应物，智慧是指人对未来祸福的深刻预见和敏捷详察的思维能力。中国古代史书《国语》中就提到"言智必得事"。三国（吴）韦昭注释："能处事物为智。""能处事物"就是能在实践和实验活动中认识事物的本质，顺利地完成应该完成的任务。这一点与美国学者杜威对于智慧的认识有诸多相似之处。

我国当代著名哲学家冯契对智慧也进行过深刻的研究。他认为："在由意见、知识到智慧的辩证发展过程中，意见是'以我观之'，知识是'以物观之'，智慧则是'以道观之'。人们的认识过程是从无知到知、从知到智慧（即转识成智）的运动过程。"① 他认为，智慧就是关于道的真理性认识和人的自由发展内在地联系着。他把智慧理解成佛家的"般若"，以及希腊人以哲学为"爱智"等含义，其独到之处就在于强调智慧使人获得自由，使人的个性自由全面地发展。

二、智慧的概念界定

根据《辞海》的解释，"智"的意思主要有聪明、智慧、智谋等，通"知"，即知道；"慧"的意思主要有智慧、聪明、狡黠等。"智慧"主要是指人对事物认识、辨析、判断、处理和发明创造的能力，犹言才智、智谋。在《新华词典》中，智慧是指从实践中得来的聪明才干，同智力，指

① 冯契. 智慧的探索:《智慧说三篇》导论 [J]. 学术月刊, 1995 (6): 1-4.

"对事物能迅速、灵活、正确地理解和解决的能力"。

《牛津高级英汉双解词典》对智慧的解释是："（在做决定或判断时表现出的）经验和知识；正确的判断，明智，常识等。"根据《外国哲学大辞典》的解释，智慧是指人的最高思维能力。其原义与希腊语的"sophia"（实践的技艺）相近，后逐渐改变其意义。古希腊柏拉图将智慧看成四主德之一，认为它是整体的知识，既包括科学的知识，也包括实践的知识。亚里士多德将其区分为思辨的智慧与实践的智慧。德国康德认为智慧、至善、哲学三者有密切关系，从实践方面规定至善即智慧，把智慧作为一门学问来看就是古代所说的哲学。①

因此，从对智慧的概念界定来看，它主要有三个方面的意思：一是指一般的聪明与谨慎；二是指敏于技艺；三是指学问和智慧。它主要体现为理性的智慧和实践的智慧两种形式。由于近代社会的理性化和人们对工具理性的推崇，理性智慧逐渐掩盖了实践智慧，使智慧等同于知识，造成了智慧的异化。在当前条件下，"转识成智"便成为智慧的本真意义和应然追求。

三、相关概念辨析

（一）智慧与智力

按照《哲学大辞典》的解释，智力（intelligence）是人的一种综合的、认识能力方面的心理特征，通常可将一般的能力称为智力，包括观察力、注意力、记忆力、思维力、想象力等，其核心是人的抽象思维能力和创造性解决问题的能力。因此，智力活动是人在实践生活中对客观世界能动的反映活动，是人的理性化行动。智力主要反映了人的认识能力和实践能力所达到的水平，它展现的是过去；而智慧则是对事物认识、辨析和发明创造的能力，它展现的是未来。

---

① 冯契，徐孝通. 外国哲学大辞典 [M]. 上海：上海辞书出版社，2000：833.

此外，智慧是一个包括智力和非智力因素在内的综合心理品质。我国著名科学家钱学森认为：“智慧是一个包含知识、能力、情感、意志和价值观在内的复杂系统。”成尚荣教授也认为：“智慧是一种整体品格，它在情境中诞生和表现，以美德和创造为方向，以能力为核心，以敏感和顿悟为特征，以机智为主要表现形式，科学素养和人文素养的结合赋予它底蕴和张力。”[1] 王玉衡先生也认为：“智慧是由智力、知识、方法、技巧、意志、情感、个性意识倾向、气质与美感等要素构成的复杂系统。”因此，有智慧的人必定具有智力，而具有智力的人不一定具有智慧。

(二) 智慧与智能

智能（smart）尽管与智力和智慧具有比较接近的含义，但它主要指智谋与才能，偏向于具体的行为、能力和技术。因此，当人们说起人工智能或智能手机时，侧重点在于现代信息技术给人们生活带来的便捷性和有效性，借助智能手段人们可以更有效地解决自己面临的许多问题。

“智慧地球”是 IBM 公司 2008 年首次提出的概念，它认为智慧地球是指智能技术应用于生活的各个方面，如智慧的交通、智慧的医疗和智慧的城市，这些技术将使地球变得越来越智能化。在智能技术广泛应用于生活和工作中的背景下，人们很多时候将智能等同于智慧。然而，智慧不同于智能，智慧可以有效克服人们对工具理性的过分崇拜，使人不至于沦为技术的奴隶；智能只解决了人们利用先进的技术满足自己需求的问题，但却不关心技术的使用是否必要和可能带来的伦理等社会问题。智能是一把双刃剑，而智慧则包含了合理利用智能的因素。基于这点考虑，英国当代哲学家尼古拉斯·麦斯韦尔（Nicholas Maxwell）积极倡导人们将重心从“获得知识”转移到“寻求和促进智慧”上，他认为智慧就是人们有能力为自己和他人实现生活中有价值的事情。他指出，新知识和新技术提高了我们的行动能力，但是如果没有智慧，它们在给人类带来幸福的同时也可能会招致灾难和死亡。

---

[1] 成尚荣. 为智慧的生长而教 [J]. 中国校外教育理论，2007（1）：18-19.

（三）智慧与机智

机智（tact）是"灵活迅速地应对事态变化的智力，通常指人脑筋灵活，能够随机应变"。加拿大著名教育家马克斯·范梅南认为，机智是瞬间知道怎么做，是一种与他人相处的临场智慧和艺术。他认为机智由一系列的品质和能力构成：① 一个富有机智的人具有敏锐的能力，他能读懂他人的内心生活；② 一个具有机智的人具有理解他人内心生活的心理和社会意义；③ 一个富有机智的人表现得具有良好的分寸和尺度感；④ 一个具有机智的人具有道德直觉的特点。①

从概念的内涵说，机智是个人与他人进行社会交往时表现出来的一种智慧，主要表现了个人的适应能力和随机应变能力。从内涵上说，智慧的含义比机智更为宽泛。另外，机智是智慧的外显形式，而智慧是机智的根源。因此，没有智慧就没有机智，而没有机智，智慧最多也只是一种内部的状态而已。

（四）智慧与聪明

根据《现代汉语词典》（第6版）的解释，聪明是指"智力发达，记忆和理解能力强"。从词源上说，"聪"主要指耳朵的听觉，"明"主要指眼睛的视觉，二者结合在一起主要指人的听觉和视觉比较发达，接受事物的能力比较强，做事比较机灵，而智慧则侧重于发明创造的能力。

陈桂生教授曾将洛克关于智慧的定义归纳为两点：一是在恰当地处理事物中显示出来的机智的选择；二是在正当地处理事物中显示出来的善意。前者表示智慧与知识的区别，后者表示智慧与狡猾的区别。这二者又使智慧有别于聪明。因为聪明不一定诉诸理性，又不见得出于善意。② 因此，我们常说"大智慧，小聪明"，我们也常告诫聪明的人小心"聪明反被聪明误"。聪明与狡猾和投机取巧似乎只有一步之遥。

---

① 范梅南. 教学机智：教育智慧的意蕴 [J]. 李树英，译. 北京：教育科学出版社，2001：165-166.
② 陈桂生. 也谈"智慧型教师" [J]. 江西教育科研，2004（5）：6.

第二节　智慧教育的含义

根据对智慧的理解，我们认为智慧教育（wisdom-oriented education）是通过自然的、适切的和动态的教育体制、内容和方式，培养学生的认知能力、反思能力、实践能力和创新能力等 21 世纪所需的关键能力，实现个体全面、自由和充分发展的过程。"一切为了人的智慧，为了一切人的智慧"，因此，智慧教育以智慧的发展和养成为价值导向。

一、智慧教育的解读

（一）为了智慧的教育

从目的上说，智慧教育作为一种新的教育形式，它的出发点和归宿是人的智慧的生成和发展。根据对智慧的理解，智慧教育必须正确处理"智"与"慧"的关系，将学生主体性的发挥放在首要位置，使学生能够自由地选择和运用知识，不被知识所束缚。因此，智慧教育还原了教育的本质，使教育的焦点从知识传授转移到个体成长上来。可以说，如果学生的主体性不能得到充分发挥，就无法达成智慧教育的目的。

"为了智慧的教育"关涉的是智慧教育的目的，它要求所有的教育教学工作要围绕学生和教师的智慧养成，以智慧作为区域教育发展的价值导向。为了智慧的教育要求在区域层面的人才培养目标、学校层面的育人目标以及课堂教学目标等方面进行重新定位，按照智慧的理念，重新思考和设计实现学生与教师智慧养成的教育目标，以此统整区域和学校的教育教学工作。这是智慧教育在目标定位层面的落实，也是智慧教育必须首先解决的问题。

（二）智慧地进行教育

从方式上说，智慧教育要给学生提供具有灵活性、适切性、动态性的组织形式和学习方式。教育形式是实现教育目的的重要依托，智慧教育需要有"智慧"的组织形式。由于智慧教育关注人的自主发展，而人的发展又具有很大的不确定性，所以僵化的教育组织形式不能实现智慧教育的目的。根据智慧的理念，智慧教育需要为学生提供灵活的学习方式。由于智慧教育以学生的发展为中心，因而学习组织形式的安排便要适应学生的需求——不管是采用传统的教学方式还是采用智能的教学手段，都要重视组织形式对学生发展的适切性。智慧的生成和发展需要学生借助知识在实践活动中的运用，因而智慧教育的组织形式应该突出学习形式的动态性，始终围绕促进和发展学生的智慧。

"智慧地进行教育"关涉的是智慧教育的方式，它要求教育制度、教育内容和教育方法都智慧地进行变革，形成智慧的学校、智慧的课堂和智慧的教师。智慧教育是一场教育教学制度和学习方式的革命，从学校层面来说，智慧教育要求建设智慧校园，在学校的管理、教学和软硬环境建设等方面融入智慧的元素，根据智慧的理念做好取舍，为学生和教师的智慧养成创造良好的环境。从课程层面来说，智慧教育要求建设智慧课堂，这不仅要求教师在课堂教学中转变教育观念，合理地调整知识教学与智慧发展的关系，而且要适当地运用现代智能技术，提高课堂教学的效果。从学校教师层面来说，智慧教育需要培养智慧教师，在教师的聘任、评价、发展和培训等方面设计教师智慧成长的个性化方面，确保智慧教育的理念落到实处。

（三）形成教育的智慧

从结果上说，智慧教育要给学生提供综合性、多样化、精练化的学习资源，使学生既能够把握普遍的规律，对事物做出明智的分析和判断，又能够灵活地运用各种知识进行发明和创造。智慧是对普遍规律的把握，因而智慧教育就需要有综合性的知识结构做支撑。智慧是运用知识进行发明创造的能力，因而智慧教育就需要有多样化的知识结构来激发学生创造的灵感。同时，智慧教育的内容在于"精"而不在于"多"，精心化的内容使学生有时间进行"清思"的活动，从而跳出知识看知识，形成自己的洞察力和创新力。

"形成教育的智慧"关涉的是智慧教育的结果，它要求区域教育工作者积极反思和构建区域智慧教育体系，将区域教育改革发展过程中形成的经验和智慧系统化、长效化和制度化，形成自己的教育发展特色。智慧是从具体上升为一般的产物，"形成教育的智慧"要求区域教育工作者在教育改革过程中将智慧教育从实践意识转化为话语意识，通过反思性实践提炼智慧教育的经验和方法，实现教育创新的扩散。"形成教育的智慧"是区域形成教育共识的过程，它需要观念倡导者通过各种宣传活动，使智慧教育的理念为更多的人所接受，逐步扩大智慧教育的影响力和认同感，形成长效化和制度化的智慧教育观念、做法和模式。

二、智慧教育的价值取向

英国哲学家怀特海在《教育的目的》中指出，"智慧是掌握知识的方式。它涉及知识的处理，确定有关问题时知识的选择，以及运用知识使我们的直觉经验更有价值。这种对知识的掌握便是智慧，是可以获得的最本质的自由。"[①]。我国著名哲学家金岳霖在《论道·绪论》中指出，"知识的对象是形而下的'理'的世界，它的裁判者是理智；与此相反，元学或玄学的对象是形而上的'道'的世界，它的裁判者是整个人"。知识与智慧的关系之所以成为西方近现代哲学的中心问题，不仅是西方哲学自身发展的逻辑必然，而且有着更为深刻的社会根源，这就是社会的近代化所要

---

① 怀特海. 教育的目的 [M]. 徐汝舟，译. 北京：生活·读书·新知三联书店，2002：54.

求的普遍工具意义上的理性化、知识化，以及随之而来的工具理性过度膨胀所导致的日益严重的价值失落。①

美国学者贾尼斯·萨博把培养"聪明的学生"和培养"智慧的学生"区分为两种教育（如表1.1所示）②：

表 1.1 聪明的孩子与智慧的学生的差别

聪明的孩子	智慧的学生
能知道答案	能提出问题
能理解别人的意思	能概括抽象的东西
能抓住要领	能演绎推理
完成作业	寻找课题
吸收知识	运用知识
善于操作	善于发明
长于记忆	长于猜想
喜欢自己学习	善于反思、反省

智慧教育特别强调智慧形成所需要的自然性、动态性环境，并把培养学生的反思能力、实践能力和创新能力作为重要的教育任务。智慧教育的核心强调个体不仅要有知识，更要有智慧。

（一）智慧教育是一种追求"超越"的教育

不管是亚里士多德对智慧"是从具体到抽象"的认识，还是冯契对智慧"是从名言之域到超名言之域"的认识，智慧都是一种超越现实的存在。人与动物的根本区别就在于人是不断超越现实的存在，而人的这种超越性便是人的智慧，因而我们才说智慧是人类特有的心理品质。智慧教育就是为了实现人的这种超越性而形成的社会机制。追求"超越"的智慧教育要求教育者必须培养学生的批判反思能力和发明创造能力，使他们能够

---

① 陈晓龙. 知识与智慧：金岳霖哲学研究 [M]. 北京：高等教育出版社，1997：2.
② 黄全愈. 美国学校天赋教育透视 [M] //王定华. 透视美国教育. 2版. 北京：北京大学出版社，2012：26—27.

不断地超越现实社会的种种制约，从有限走向无限。丧失了"超越"品性的教育就会沦为机械重复式的体力训练，也就无法实现个人的发展和社会的进步。

（二）智慧教育是一种追求"自由"的教育

"智"和"慧"本身就蕴含了客体和主体的辩证统一。"智"是一种客体的外部存在，而"慧"才是一种主体的内部存在。只有当存在于内心的"慧"适当地运用了外部的"智"，才能形成"智慧"。而这一过程也就是主体力量得到张扬和发展的过程，是个性的解放和自由。单纯的知识教育由于没有考虑学生内心的"慧"根，因而可能成为压抑学生个人自由发展的异化力量。智慧教育充分尊重学生内心的"慧"，并通过学习主体的实践活动充分发展学生的"慧"能，提高他们有效利用外部资源促进自我完善和发展的能力，因而能够实现学生个性的解放和自由。追求"自由"的智慧教育要求充分尊重学生的主体性，既要为学生的智慧形成提供必要的知识基础，又要适当地引导学生追求自身的解放和自由。

（三）智慧教育是一种追求"明智"的教育

"明智"是对智力与智慧的准确把握和恰当运用。理性是智慧的基础。"明智"不仅包含了知识的学习和占有，而且包含了理性的因素，因而"明智"可以使人在拥有知识的同时理性地、合理地进行运用，防止知识可能给人类带来的消极影响。追求"明智"的智慧教育要求教育者既要重视知识在智慧形成中的理性化作用，又要正确地引导学生批判地看待知识，真正成为知识的主人，达到"明智"的境界。

（四）智慧教育是一种追求"德行"的教育

古希腊哲学家苏格拉底曾提出"知识即美德"，而在古希腊知识和智慧是等同的，智慧被视作一种重要的德行。有"德行"的教育是一种追求"善"的教育，它不仅关注人们对改造世界的工具性需求，而且也关注人们精神生活的幸福。近代以来，由于智慧逐渐异化为知识，人们的工具性需求逐渐超越了目的性需求。人们将在征服和改造自然世界过程中形成的知识和经验运用在人类社会中，知识的不当运用带来了残酷的战争和恶化的环境，人们逐渐陷入了自己为自己编织的现代技术"牢笼"中。面对人类的生存危机，人们必须通过教育实现自身的幸福，教育必须回归对人类的人文关怀。智慧教育本身便内在地存在对知识和智力的理性制约，以人的幸福和发展为终极目的。追求"德行"的智慧教育要求教育者时刻保持对受教育者的人文关怀，深刻领会一切知识学习的出发点和归宿都是人类的幸福和发展。

第三节　智慧教育的理论基础

智慧是人类社会普遍的价值追求，它是一种高级形态的认识方式、实践方式和生活方式。古今中外许多哲学家和思想家都尝试从不同的角度探究智慧的内涵，从他们关于智慧的言论中可以发现，西方人更多地追求理性的、科学的智慧（智者），而东方人更多地追求实践的、生活的智慧（贤人）。不管是理性的智慧，还是实践的智慧，它们都是人类思想认识的精华，是一种最普遍的知识形态。教育是思想者的行动、智慧者的布道，教育的本质是人的智慧发展，教育的核心是智慧的施为。智慧教育有着哲学、心理学和教育学的理论基础。

一、智慧教育的哲学基础

永恒主义（Perennialism）产生于20世纪30年代末期的美国，作为西方现代哲学的重要流派，永恒主义又被称为"古典主义"、"古典人文主义"等，其主要代表人物是美国教育理论家罗伯特·赫钦斯（R. Hutchins）、莫蒂默·阿德勒（M. Adler）、法国教育家阿兰（Alain）和英国教育理论家理查德·利文斯通（R. Livingstone）等人。

（一）永恒主义的基本思想

基于古典实在论，永恒主义者认为世界是由先验的"实在"所组成，因而世界上存在着由"实在"构成的永恒不变的真理，即知识存在于绝对不变的、普遍的真理之中。[①] 永恒主义者认为，人作为一种自然界的生物体，是世界的组成部分之一，所以究其本质来说，人自身同样也是以一种"实在体"而存在的，这种"实在体"也即人之为人的人性。人性作为一种潜在的表现形式，本质上是相同的，它可以跨越不同文化、不同信仰、不同种族的制约。同时，永恒主义者又认为，人的理性、情感、潜能在初生之时并未能以理想的形式被获取，处于一种有待进一步完善的状态。要完善这种欠缺，就必须要改善人的人性，也就是说要使人的理性、道德和精神力量通过合理的方式给予最大可能的完善和发展。人的理性、道德和精神力量也即人类的智慧，其合理的发展方式最主要的就是依靠后天的教育和训练。永恒主义者认为，人性同真理一样，是永恒不变的，并且人性究其本质并无实质差异，所以，支配世界的最根本的原则是亘古不变的，因此，教育也是永恒的。同理，教育的基本原则也应该是永恒不变的，适合古人的价值观念和思想也同样能够适合当今社会的人。

永恒主义者认为，人类最好的时代是哲人辈出的古希腊时期，然而他们并不是要让现代社会的人回到古代社会中去。同时，永恒主义者也并非完全否定社会的变化和进步，他们只是强调隐藏在变化和进步之中的普适的、不变的模式或形式，他们所追求的仅仅是古代社会中那种朴素的人类智慧。永恒主义者认为，教育的根本任务就是使受教育者理解这些模式或

---

① 冯喜英. 永恒主义教育哲学的课程论述评［J］. 河南师范大学学报：哲学社会科学版，1999（3）：105–107.

形式，通过这些不变的模式或形式来预言并规范变化，最终拂去蒙蔽在人心中的尘埃，使人类的智慧得以澄明，并发挥其应有的价值。可以看出，追求智慧是永恒主义思想的本真追求。

此外，在永恒主义者看来，人的生活价值以及美好生活的标准并不完全取决于科学、技术的发展给人带来的物质享受，而是取决于人的灵魂、理性对永恒原则的理解。在永恒主义者看来，真、善、美就是永恒原则的完美体现。以科学为代表的知识并不是人类所追求的一切。相反，以真、善、美为代表的智慧则是人类永恒的追求。永恒主义认为，知识与智慧从性质上来看是不同的，知识是变动的，智慧是永恒的。古代的知识不一定适应当今的社会，但古代的智慧却仍然能够在当代绽放光芒。智慧能够脱离时间和空间的限制，成为一种永恒的存在。从哲学意义上说，永恒主义者所强调的智慧，更接近于老子所说的"无"，它没有具体的形式和表征，它不随事物的变化而变化，因而是永恒的。而"有"则是一种具体化的形式和内容，它必然随着事物的变化而变化，因而是变动的。

在科学技术日益发达的今天，人们对于物质文明的依赖常常超越了对于精神文明的追求，这就容易导致诸如环境污染、价值观扭曲等一系列社会问题的产生，这样的社会是一种"患病"的社会，当然也就不会是和谐、协调的社会。人的发展、社会的发展以及教育与二者的关系也都异化成为一种纯工具价值的取向。教育的政治功能与经济功能被无限放大，而其最重要的人文性却被一再弱化。永恒主义认为，教育应该通过人类文化的精华来发展人的理智能力，即一种永恒的不变的理性，进而通过发展人的永恒理性和智慧，指导人的行为模式以及社会运作机制，规避因精神危机和价值扭曲给人自身以及社会带来的种种弊端，从而使人获得永久的幸福。

（二）永恒主义对智慧教育的启示

每一种哲学思想都有其自身的实践指向性。对于永恒主义来说，运用自身的价值取向和理念追求来分析、研究和指导教育实践中的基本问题，从而实现优化学校教育教学的目的，是其产生、存在并发展的应有之义。永恒主义对智慧教育的启示表现为以下几个方面。

第一，在永恒主义者看来，最理想的教育是自由教育。所谓自由教育究其本质来讲，是一种关乎智慧的、道德的教育，而不是简单的关于知识的传递，更不是一种关乎职业的教育。基于此种价值追求，永恒主义者认为，教育的根本目的应追求人类智慧的培养，关注如何发展人性，如何使人真正成为具有各种理智、美德的人，从而通过理智能力的培养和真理性认识的获取，为有意义的生活做准备。永恒主义者认为，通过系统的教育形成理性之后，学生就可以水到渠成地培养起自己特殊的兴趣和才能，进而自然地学会如何生存。可以看出，永恒主义者注重培养学生具有永恒意义的理智、道德、情感等，这也是为其更好地融入社会、更好地生活所做的最好的准备。永恒主义者主张教育活动的目的不在于使人获得幸福的生活，而在于培养人区别于动物的根本特性，使人真正成为人，即成为具有智慧和理性的人。① 永恒主义的代表人物赫钦斯就明确提出，教育的目的就是要为培养永恒的人性服务。这里所说的"永恒的人性"就是一种不随时间和空间的变化而变化的人类特质。按照永恒主义的观点，智慧教育的目标是培养永恒的人性，它强调对具体的知识教育的升华和超越。

第二，永恒主义者认为，教育的宗旨就是通过对学生进行智慧、道德、精神方面的训练，从而把握永恒的原则。所以，教学过程既不是教师将现成的、成体系的知识灌输给学生，也不是学生的心灵接受这些知识的过程。教学过程就是理智训练的过程，这种训练的目的，在于使人潜在的理性得到最大限度的展开。学习是学习者自我的积极活动，教育不能从外部强加给学生，只能引发学生发挥存在于他自身之内的潜力。在永恒主义者看来，教师在教育过程中不应处于中心地位，教师的作用主要表现为如何引导学生进行学习，如何帮助学生开发和发展他自己的学习潜能。作为教师，既不是给学生提供知识的源泉，也不是文化遗产或历史传统的继

<hr>

① 有宝华. 课程、教学与哲学：美国几种教育哲学的课程与教学理论比较分析 [J]. 外国教育资料，1999（5）：32—35.

承者。

第三，永恒主义者认为，人是一种理性的动物，因此，那种用来训练野兽的方式是不能用于培养学生的。对于人来说，教育不同于驯养，其最重要的价值在于培养人的理智、情感，使人成为人，帮助和促进受教育者的人性的发展。所以，在教育教学方面，永恒主义者主张用适合学生的方式方法调动他们学习的主动性和积极性，反对那种传统的、填鸭式的、机械灌输与死记硬背的学习方式。在永恒主义者看来，苏格拉底式的问答法与读书法是最适合学生学习的方法。苏格拉底式问答法代表的是一种自由探索的理念，试图通过"交流"、"对话"及"辩论"等方式来探索真理的过程，这其实与新课程倡导的探究式学习方法的基本原理是一致的，对于学生理性认识的培养是十分有益的。而阅读法则是提高学生人文素养最有效的途径。

此外，永恒主义对于智慧教育的启示还在于，通过学习、发展、继承与创新，培养学生的理智与智慧，让学生的精神与肉体都得到良好的发展，能懂得灵活运用自己的智慧，知道自己的理想和追求，并能坚持下来，最终获得幸福的生活。可以看出，这样的教育教学不仅具有鲜明的时代性和人文性，同时也是教育教学本真目标的落脚点。而这也正是智慧教育的价值追求。

二、智慧教育的心理学基础

智慧教育的另一个重要的理论生长点是心理学。20 世纪中期在美国兴起的人本主义心理学，对智慧教育理论的产生有深刻的影响。

（一）人本主义的基本理念

人本主义心理学是 20 世纪 50 年代兴起于美国的一种心理学思潮，被称为继行为主义和精神分析之后的"第三势力"，其创始人是马斯洛。

与传统的占据主流地位的心理学过分注重程序化、机械化的取向不同，人本主义心理学注重人的自然属性，重视人之为人的尊严和价值，提出了需要层次理论，并认为人的基本需要是由其自身的潜能所决定的，这种潜能是由人的内在倾向性所维持的，所以，人本主义者认为，人性是非恶的，人性之恶主要是人的自然属性的异化所造成的。因此，在人本主义者看来，教育应当追求完满的人性，应当追求人性中普世存在的、使人成为人的价值。概言之，教育应该在自然人性的基础上展开，并且更要关注人之为人的情感、价值、道德以及追求，不能把人简单地等同于灌输的对象、接受的容器，而是要倾向于从整体分析以及个案研究的模式对人进行全方位的教育。无论是马斯洛的自然人性说和自我实现的需要层次理论，还是罗杰斯基于尊重、真诚、悦纳的完人教育观，都从人性的角度启示我们重新审视儿童的本性与潜能、需要与自我实现，以及教育活动的开展等问题。

关于学习，人本主义的另一位重要代表罗杰斯认为：学习不是刺激反应间的机械联结，而是一个有意义的心理过程。在他看来，根据学习的性质的差异，学习可以划分为意义学习和无意义学习两类。意义学习，从根本上讲是能够充分发挥学生主观能动性的学习，要求学生能够较为自主地选择教育资源，选择适合自身的学习方式来进行学习，与新课程倡导的自主学习接近。人本主义者并不排斥教师在学生学习过程中的作用，但强调，教师在学生的学习过程中仅仅起到辅助作用，在学生学习遇到困境的时候要给予必要的支持。无意义学习则是简单的知识的传授，在这种学习过程中，教育者所关注的是现成的、僵化不变的知识、标准的答案，以及学生对于所谓的"知识"的掌握程度。基于此，学习者主要的学习方法就是死记硬背、机械训练。学习者很难对这种学习发生兴趣，学习异化为学生沉重的精神负担。这种学习模式下培养出的所谓"人才"，通常是一种书本知识丰富、人生智慧匮乏的人才。罗杰斯认为，意义学习能激发学习者的学习动机，打动学习者的情感，以至将整个心灵置于学习之中，把学习当作一种享受。[1]

---

① 肖爱芝. 对人本主义心理学思想的诠释 [J]. 教育研究与实验，2009（2）：71-74.

人本主义心理学很好地处理了以下几个关系：第一，知识与智慧的关系问题。知识是人类认识世界的产物，是人类智慧的精华，是人类在认识并改造世界的过程中所积累的物质、文化以及精神的成果。知识的产生与存在对于提高人类文明、传承人类文化具有重要的意义和价值，所以，对于学校教育而言，进行知识教育是其重要的使命之一。然而，审视现今的学校教育，我们不难发现，知识教育已经被简单地异化为知识的灌输与传授，忽视对学生智慧发展的关注。人本主义心理学从关注人的自然属性出发，不仅很好地处理了知识教育的问题，而且注重培养学生的个体情感、体验，以及信任学生的机体感受，这些都折射出智慧教育的影子。第二，人本主义心理学很好地处理了人类不同智能之间的关系问题。人本主义心理学以人的全面发展为出发点，关注当下的人的不同智能特点，提出建设具有人本取向的教育理念。这与加德纳的多元智能理论具有异曲同工之妙。第三，人本主义心理学很好地处理了智力因素与非智力因素的关系问题。智力因素与非智力因素这两个概念的提出，对于心理学的发展具有重要的意义，为从学理上进行研究提供了可以区分的维度。然而，实践中，智力因素与非智力因素是相辅相成、相互包含、不可分割的。马斯洛认为，应该把完善的人性教育作为教育的基本内容，特别是人的情感、动机、倾向以及价值等非智力因素，而正是这些因素充满了智慧的意蕴。人本主义心理学还原了人之为人的特征。在人本主义心理学的视野中，人不再是一个苍白无力、干瘪的理性人，而是一个有血有肉、灵动的智慧人。

可以看出，人本主义心理学的教育主张与智慧教育对完整人性的肯定和张扬、理性和感性的高度融合与发展的基本观点是非常一致的。智慧教育的内容体系是知识教育和精神发展的高度综合，它强调个体的情感需求和发展，重视智力因素和非智力因素的相互影响和促进。

（二）人本主义心理学对智慧教育的启示

人本主义心理学对智慧教育的启示表现在以下几个方面。

第一，人本主义心理学提倡的"学生中心"思想体现了智慧教育的主体性。在知识爆炸的时代，教育的真谛不在于让学生掌握多少知识，而在于那些被精心挑选的知识是否能够转化为主体的实践，只有把知识真正融入学生的内心世界，才能进一步转化为学生的智慧。人本主义教育心理学将教与学这一活动的重心从教师的"教"转移到关注学生的"学"上来，并进一步把学生的情感、体验、价值取向以及实践活动看作教学的主体——不仅要为每个学生提供适宜的学习经验，更要注重学生在教育中的主体地位。人本主义心理学提倡的"学生中心"，不仅将课堂突破了知识传授场所这一内涵，而且真正实现了教育"转识成智"这一基本诉求。

第二，人本主义心理学对人的智力因素与非智力因素的关注体现了智慧教育的综合性。如前文所述，人本主义心理学很好地处理了智力因素与非智力因素之间的关系，强调了人的发展不仅仅是以记忆力、思维力等为代表的智力的发展，更包括了情感、体验、价值取向以及实践活动等非智力因素的全面发展。所以，作为智慧核心的智力因素与作为智慧教育灵魂的非智力因素是人的发展的必不可少的前提条件，二者缺一不可，片面强调某一方面都不能使学生形成真正的智慧。

第三，人本主义心理学倡导的"人本"思想体现了智慧教育的灵活性。教育的对象是具有鲜活生命力的独特个体，这就要求教育必须具有一种"灵活性"，能够根据不同受教育者的特点进行适合的教育——不仅善于对学生"做加法"，还要更善于为学生"做减法"。在个性化的教育教学活动中，帮助学生养成完整、独特的个性特征，使学生在这一过程中不断发展潜能、形成智慧。通过有智慧的教育活动，重视发展学生的能力，培育学生积极的情感、态度与价值观，引导学生通过自主选择、自我完善，不断实现增长知识和形成智慧的教育目标。

三、智慧教育的教育学基础

智慧教育作为一种教育基本理念与价值追求，与教育学相关的理论具有密不可分的联系。其中，大成智慧教育思想作为一种教育教学理论很好地说明了这一点。

（一）大成智慧教育思想的基本内容①

大成智慧学，为中国著名的科学家钱学森首创。大成智慧学（theory of meta synthetic wisdom），是引导人们如何尽快获得聪明才智与创新能力的学问，其目的在于使人们面对浩瀚的宇宙和神秘的微观世界时，面对新世纪各种飞速发展、变幻莫测而又错综复杂的事物时，能够迅速做出科学、准确而又灵活、明智的判断与决策，并能不断有所发现、有所创新。即它是以科学的哲学为指导，把理、工、文、艺结合起来走向大成智慧的过程。简要而通俗地说，就是"集大成，得智慧"。

作为一个系统的思想体系，大成智慧教育思想的内涵非常丰富。在科学的哲学观的指导下，大成智慧教育思想实现了以下几个方面的结合。

1. "量智"和"性智"的结合

一个有才智的人，应具备广博的知识和高尚的情操，这是不断激发智慧的根基和动力。大成智慧教育思想认为，人的智慧是由"量智"与"性智"两部分组成的，缺一不成智慧。"量智"主要是科学技术，是说科学技术总是从局部到整体，从研究量变到质变，"量"非常重要。当然科学技术也重视由量变所引起的质变，所以科学技术也有"性智"，这也很重要。大科学家尤其要有"性智"。"性智"是从整体感受入手去理解事物，中国古代学者就如此。所以是从整体，从"质"入手去认识世界的。中医理论就如此，从"望、闻、问、切"到"辨证施治"，但最后也有"量"——用药都采用定量的方式。大成智慧学告诉我们：在处理复杂问题时，既不能只顾"量智"，搞还原论、"死心眼儿"，也不能只顾"性智"，空谈整体论、浮于幻想。

2. 科学与哲学的结合

哲学是上层建筑，是战略思想，可以高屋建瓴地看问题；科学是战术

① 此部分主要参考《简论钱学森大成智慧教育思想与教育实践》和《钱学森的"大成智慧学"与21世纪中国教育事业的设想》两篇文章。

思想，是对哲学的验证。先有哲学，后有科学。科学只有在哲学的指导下才能创新，才能深入。科学与哲学结合才能走得远、走得广、走得稳、走得快。马克思主义哲学是人认识客观与主观世界的科学。科学与哲学结合才会培养出杰出人才。

3. 科学与艺术的结合

科学工作是源于形象思维，终于逻辑思维的。形象思维是源于艺术的，所以科学工作是先艺术、后科学。相反，艺术工作必须对事物有个科学的认识，然后才能开始艺术创作。科学需要艺术，艺术也需要科学，科学与艺术结合才会产生高新科学技术，才会培养出高新科技人才。

4. 逻辑思维与形象思维的结合

从思维方式来看，逻辑思维方式，大多用于科学研究与实验，所以也叫作科学思维方式。形象思维方式，大多用于艺术创造与艺术活动，所以，也叫作艺术思维方式。杰出人才必须具备以上两种思维方式。

5. 微观认识与宏观认识的结合

在处理各种复杂事物时，既要弄清其微观的细节的量的准确变化，掌握好度，又要注意从宏观和整体上，系统地把握其各层次、各因素、各方面质的变化与飞跃，将微观与宏观、还原论与整体论理论同实践部分有机地结合起来，从整体上观察和解决问题。

大成智慧学倡导在处理问题时，总揽全局，洞察关系，促使我们突破障碍，从而做到大跨度地触类旁通，完成创新，实现大成智慧杰出人才的培养。

大成智慧论视野下的学生在思维结构方面应具备三个层次：（1）知识层。它是由各种科学技术知识、信息、经验、感受等要素构成的，是思维结构中最重要、最基础的层次。（2）情感层。它是由人们的价值观念、需要意识、精神、品德、意志、意向、情趣等因素构成的，是思维结构中不可或缺的动力与调控层次。（3）智慧层。它是以知识层、情感层的整体综合为基础的，是由辩证唯物的世界观、人生观、方法观、思维方式以及现代科学技术体系观、开放的复杂巨系统①的系统观和人机结合的大成智慧工程②等基本要素相互促进、相互交融、有机地建构在一起的。这是思维结构中最深刻、最复杂、最富于哲理的层次。正是基于这种观点，钱学森强调应该采取多种教育方式，培养青年人具有大智、大德的思维结构和内涵，为青年人思想的奔放驰骋提供一个广阔而科学的天地，使青年人既是全才，又是专家，是全与专辩证统一的人才。

（二）大成智慧教育思想对智慧教育的启示

大成智慧教育思想表明，教育的真谛在于发掘和发展人的潜能，在于增长人的智慧。关注学生创造性的培养，关注学生的智慧生成，已经成为当今世界各国教育努力探索的重要领域。同样，这也是智慧教育使命的重要体现。大成智慧教育思想对智慧教育的启示主要表现在以下几个方面。

1. 智慧教育应关注学生发展的全面性

通过大成智慧教育来实现学生的全面发展，是大成智慧教育思想的重要内容。大成智慧教育很好地实现了"量智"和"性智"的结合、科学与艺术的结合、逻辑思维与形象思维的结合，以及重视思维的整体观和系统观理念，为实现学生的全面发展提供了前提。大成智慧理论倡导的全面学习的理念，要求实行全科学习，避免零碎的以考点为导向的学习，更不能只为应付考试去学习。只有真正系统地掌握了各门学科的知识体系，正确看待分数和考试，才能培养出全面学习、全面进步、全面发展的杰出人才。

2. 智慧教育应注重培养学生的质疑能力与创新意识

钱学森在大成智慧理论里首次提出了全新的"五育"说，即"德育、智育、体育、美育、创育"。这既是对传统五育说的继承，同时又有创新。其中"创育"包括创业教育、创造教育和创新教育等内容。钱学森的

---

① "开放的复杂巨系统"是由我国著名科学家钱学森于1990年提出的概念。20世纪80年代末，钱学森在对社会经济系统、人体系统和地理系统研究与实践的基础上，分析了以往习以为常的科学研究的还原论方法论的局限性，从而提炼出"开放的复杂巨系统"的设想及其方法论，认为复杂性问题实际上是开放的复杂巨系统的动力学特性问题，并提出处理开放的复杂巨系统的方法是"从定性到定量的综合集成方法"。

② 在计算机连接成网络后，人们能够获得大量信息与知识，借助信息网络，有了前文从定性到定量的综合集成体系，就能以人机结合来达到集智慧之大成。

"大成智慧学"中的"创育"，主要是指创新教育。钱学森的"大成智慧学"希望培养出具有创新精神和能力的"杰出人才"。"杰出人才"的标志，就是要"有创新"。而创新能力的培养正是基于学生的问题意识与质疑能力。智慧的形成也是在对问题的思考与质疑过程中实现的。可见质疑能力与创新意识的培养是大成智慧理论的应有之义，同时也是智慧教育的价值追求。

3. 智慧教育应重视培养学生的实践能力

教育不只是一种存在于书斋、教室或者学校内的关乎知识传递的活动，相反，教育更应该是一种关乎实践的能力培养过程。近些年来，尤其是在课程改革和素质教育全面推进的过程中，教育对学生的实践能力尤其关注。大成智慧教育必须坚持理论与实践相结合的原则，它还认为，杰出人才的成长，要靠在社会实践中长期的锻炼。具体到学校教育教学，大成智慧教育思想在肯定传统的"传道、授业、解惑"的教学方式的基础上，更加注重学生自主、合作、探究学习方式的运用，引导学生从生活实践中去发现问题，鼓励学生通过自主、合作、探究等学习方式提高解决问题的实践能力。实践出真知，这种真知已经超越知识的范畴而上升到智慧层面。大成智慧教育思想对实践能力的重视，实际上也凸显了对学生智慧的关注和培养。

第四节　智慧教育的主要特征

　　智慧教育既是青羊区在当下推动教育深层次内涵式发展、服务社会进步的主动思考，也是全面打造区域教育品牌、提升区域教育品质的战略选择。教育者要时刻保持对受教育者的人文关怀，深刻领会一切知识学习的出发点和归宿都是人类的幸福和发展，克服理性对于人文的僭越。智慧教育有着自身明显的特征，这些特征对于培养学生的批判反思能力和发明创造能力、对于尊重学生的主体性等方面有着重要的意义，适当地引导着学生追求自身的解放和自由。

一、综合性

　　智慧教育是一个系统工程，综合性是智慧教育的主要特性之一。智慧教育的综合性是指通过智慧的管理、智慧的教学及智慧的学习，最终形成智慧的文化以及浸染其中智慧的人。（如图1.1所示）

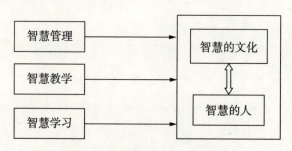

图1.1　智慧教育的综合性特征

智慧教育的综合性主要体现在"系统性"上。智慧教育既是一种先进的教育理念，更是一个综合的系统，它主要包括以下几个方面。

首先，智慧的管理包括区域管理、学校管理、班级管理以及学生的自我管理。智慧的管理是区域教育行政部门、学校校长以及教师进行教育教学管理的宗旨，它是在智慧教育理念指导下进行有效的行政管理，促进学校发展、班级建设和学生成长的实践。智慧的管理意味着一种和谐共生的文化、互动交流的方式、关怀与沟通的相互关系。它的实质是通过人与人之间相互尊重、相互理解的平等关系取代传统管理中基于科层制度的权力支配关系，它要求管理者与被管理者在组织共同愿景的激励下努力达成个人价值和组织目标的共同实现。由于组织内部存在不同的权力主体，随之而来的是不可避免的分歧与摩擦，要促进组织的发展必须实现权力多元化。在区域教育行政机关与中小学校共同构成的自然开放的系统中，既存在基于职能与职位的行政权力，也存在基于职业和专业知识的专业权力。因此，智慧的管理要求教育行政机关转变职能，教育行政部门的管理人员、校长及教师之间能够共享权力。当然，正如权力与责任是不可分割的，行使权力还意味着承担责任，因而智慧的管理还要求各权力主体在系统内部通过共同参与学校管理，实现权责分担，最终促进现代教育行政体制的转型和学校的发展。

其次，教学是教育活动的核心，智慧的教学要求教师在教学实践中，依据自身对教学现象和教学理论的感悟，深刻洞察并敏锐机智、高效便捷地应对教学情境，最终达成融通共生、自由和美的教学境界。它要求教育工作者一方面要重视非智力因素在学生发展中的重要作用，通过系统化的素质教育促进学生全面自由充分的发展；另一方面还要重视学科知识与文化视野的交叉和融合，通过跨学科学习和国际文化交流开拓学生的视野，增进学生的见识，最终全方位地促进学生各个方面智慧地生长。智慧的教学是教师教学智慧的体现，是对教学活动创造性的最好诠释。具体而言，要求教师能机智灵活地处理教育教学中的突发事件，通过创造性地教学设计以及言传身教，真正实现学生智慧地学、教师智慧地教；要实现教与学合二为一，教学相长；要创造高参与度、高认知度、高情感度的有效课堂教学，最终生成属于教师与学生共同的智慧之树。

第三，智慧的学习是指学生能够自由、积极地进行知识的探索，在学习活动中享受着由于创造行为而引起的高峰体验，从而不断生长其智慧的过程。1996 年联合国教科文组织的一份报告《教育——财富蕴藏其中》明确提出 21 世纪的教育必须围绕学生的四种基本学习能力进行设计，即学会求知、学会做事、学会共同生活、学会生存（learning to know, learning to do, learning to live together, learning to be）。其实，"四个学会"的核心就是强调培养学生的学习能力，最首要的就是强调使学生学会求知、学会学习。我们过去常说要给学生一杯水，教师要有一桶水，但智慧的学习要求教师不是有一桶水，关键是应该教会学生如何找到水。所以，智慧的学习不仅要求学生积极主动地学习，更要求学生会学、善学；同时，智慧的学习还要求学生在学习活动中具有高水平的元认知能力——他们是自己的主人，他们能清醒地认识到自身的需求，认识到生命的价值和意义，从而对自己的人生有清晰的规划。这是智慧学习的更高层要求，也是人性发展的最高层要求。正如尼采所说，人生有三重境界，从坚韧负重的"骆驼"到勇猛战斗的"狮子"，最后到代表着创造新生的"婴儿"。最高的"婴儿"境界实质就是自由人，他的精神不再受外在的奴役，他的意志只属于他自己，他是自己的主人，他赢得他自己，他也能创造他自己。

第四，通过智慧的管理、智慧的教学和智慧的学习共同创造了智慧的区域教育文化。智慧的区域教育文化是区域内的教育管理者、教师、家长和学生在认同和共享的智慧教育理念指导下的行为方式和物质形态的综合，它是浸染其中的人们的一种生活方式和思维习惯。

最后，在智慧的管理、智慧的教学和智慧的学习以及生成的智慧的文化下形成智慧的人，包括智慧的管理者、智慧的教师、智慧的学生以及智慧的家长。智慧是由智力因素和非智力因素构成的，智力因素是智慧的核心，包括观察力、记忆力、想象力、思维力和创造力等；非智力因素是智慧的灵魂，包括兴趣、意志、情感、个性、气质和美感等。因此，智慧的此种特征决定了智慧的综合性，也形成了智慧教育的综合性。

二、动态性

动态性是智慧教育体系运行中表现出来的重要特征。智慧的教育体系对外部环境变化的反应不是机械的，而是动态的、智能的；同时智慧的教育系统本身也不是一成不变的，而是动态的、共生的。因此，在智慧教育体系中，学生、教师和管理者之间是一种动态和共生的关系，并形成一个动态的系统，这个系统会自动适应学校、家庭和社会等多方面的要求。（如图1.2所示）

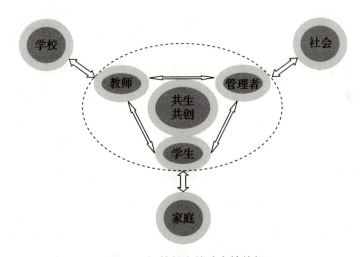

图 1.2　智慧教育的动态性特征

智慧教育的动态性主要是指智慧教育系统的动态性。系统的动态性包括内部的动态性和外部的动态性，主要体现在互动和变化的关系方面。所谓内部的动态性是指教师、学生和管理者形成的智慧教育系统不是一种静止的状态，而是充满变化的互动关系。

教师和学生之间是教与学的关系。智慧的教学关系并不仅仅是教师教和学生学这种固定的程式化关系，而是一个充满变化的互动过程。教师教学的主要目的是为了让学生学会知识、掌握方法、增长能力，从而促进自身的不断发展，达到教学目标的要求。虽然达到教学目标的方法很多，但智慧教学更加强调教学过程的互动，强调不同教学情境下师生角色的变化。传统的教学中，教师采用的手段比较单一，主要是教师教和学生学的模式。在整个教学活动过程中，教师是主体，并始终处于主导的地位，学生仅仅是被动地接受，被动地学习。这种教学方式似乎也能达到教学目标的要求，让学生学会知识、掌握方法、增长能力，但这不是智慧的教学。在这种教学活动中，学生的学习是被动的，教学目标的达成也是浅表的。当我们检测教学效果的手段不够准确时，这种教学目标的浅表就成了应试教育。智慧的教学要求教师具有教学智慧的同时，也要求学生具有学习的智慧。在智慧的教学活动过程中，教师和学生都是教学的主体，他们之间是一种互动的双向的关系，即所谓的教学相长。教师的主要任务是促进学生积极主动地投入到教学活动中，并帮助其完成教学任务，达到教学目标。在这个过程中，教师和学生的关系及角色定位也不是一成不变的，而是根据不同的教学情境和任务不断改变的。智慧的教师不会采用一种固定的教学方法处理所有教学情境，而智慧的学生也不会完全依赖教师告诉他们一切。

教师和管理者之间不是简单的管理和被管理的关系，同样教育管理者与学生之间也不是简单的单向管理关系。智慧的教育管理关系同样也是互动和共生的关系，其价值追求是民主，表现形式是动态互动。民主社会的公民必须具备民主参与的行动能力，具备利用知识思考和解决社会实践问题的能力。学校民主教育的目标是培养民主社会的合格公民。这一目的的达成不能仅仅依靠所谓的民主教育课程，而是要深入到学校教育的骨髓中，深入到学校管理和课堂教学的具体活动中。只有在学校管理和课堂教学的具体活动中体现学生的民主参与，才是真正的民主教育，才能培养合格的民主社会公民。教育管理者是一个领导者或领头人，所有教育工作者和学生都在其带领下共同进步。民主的价值追求要求所有人都共同参与到教育的管理中来，不仅教师有表达自己的意见、参与教育管理的权利，学生也同样具有这种权利。在学校管理过程中，教师既参与学校管理，同时又对学生进行管理。学生则通过代表的方式参与学校管理，同时也进行自我管理。这是一种沟通和互动的管理系统，教师、学生和管理者在其中和谐共生。

动态性是智慧教育体系永葆生机和活力的必要条件。智慧教育的动态性还体现在对于外部变化的迅速反应，能够保持信息和物质交换渠道的畅通，能够保持在新环境中的适应性。智慧教育的动态性要求教育工作者一方面将教育系统视为一个开放的自然系统，能够迅速地根据家庭和社会的要求做出相应的调整；另一方面要建立健全学校与外部交流的硬环境和软环境，通过信息技术建设和现代学校制度建设，保障学生和教师对外部环境的敏感性和适应性。

三、主体性

智慧在本质上是高度个性化的，没有完全相同的智慧，每个人的智慧都有自己独特的烙印。智慧与知识相比，对于主体性的要求更高。知识可以通过不假思索的机械重复学习而获得，而智慧则不能。智慧具有鲜明的个体性，它是个人在运用知识和经验解决实际问题时形成的一种能力，是个人魅力和个人特质的一部分。智慧是个人在解决实际问题过程中表现出来的一种个人特质。一方面，智慧不是凭空的幻想，它必须有具体的实践对象，智慧为实际问题所激发，并在解决实际问题的过程中所生成。另一方面，智慧难以脱离具体的个人和情境，智慧源于个人面对实际问题积极主动的思考和解答，可以说没有主体的参与就没有智慧。

教育活动包括管理者、教师和学生等不同的主体，不同的主体参与教育活动表现出不同的智慧。校长的智慧表现在对学校发展的规划和管理上，表现在对不同教育问题的理解上。不同的校长具有不同的教育理念，对学校发展有自己独特的规划，在学校管理过程中表现出不同的教育管理智慧。教师的教育智慧则体现在教学活动中，表现为教学的智慧。不同的教师主体具有不同的教育智慧，同一个教师在面对不同教学情境时也表现出不同的教育智慧。对于每一位教师而言，由于其年龄、工作经历、思维方式和行为特征等的差异以及对教学的感悟不同，其应对教学问题的表现方式、表现内容和表现水平也必然不同。也就是说，教师的教学智慧具有高度的个性化，是教师个体经验的积累。智慧的教师一定具有自己独特的风格，教学智慧的根基是教师个人丰富的教学经验。

智慧教育的目的是培养智慧的人，即智慧的学生。这当然不能缺少学生主体的参与，仅有教育管理者和教师的参与不能培养出智慧的学生。因此，在智慧教育活动过程中，学生的主体参与是一个重要的因素。学生有多种参与类型，如可分为"程序性参与"和"实质性参与"。程序性参与指遵守课堂纪律和规则等的行为，而实质性参与则涉及心理和认知的参与，指学生长时间投入与学习内容和学术问题有关的任务中。它又可分为行为参与、情感参与和认知参与。行为参与指在学习和课外活动中的行为表现是否积极；情感参与指对教师、班级、学习和学校的反应，体现完成任务的意愿；认知参与包括深度思维、努力探究的意愿以及认知策略等。它还可分为行为参与、学术参与、认知参与和心理参与。无论学生参与的类型如何划分，究其本质还是学生的主体参与，没有积极主动的参与意识，任何形式的参与都没有实质的意义。

智慧教育的主体性要求教育工作者一方面重视学生质疑精神和批判能力的培养，通过各种方式调动学生学习的积极性和主动性，解放学生的思想；另一方面要注重学思结合和知行统一，通过灵活的教学方法和丰富的实践活动促使学生勤于思考、敏于行动。

四、灵活性

智慧教育不同于知识教育，它的最大特点就在于它的灵活性。智慧之于教育，正如精神之于生命一样。没有智慧的教育是一种机械麻木、死气沉沉的重复训练，充满智慧的教育则是一种生机勃勃、积极进取的创造活动。老子在《道德经》中就提出"坚强者死之徒，柔弱者生之徒"，他形象地用人体和草木在活着与死去时的状态对柔弱和坚强进行了比较。智慧教育特别重视教育的灵活性，在"做加法"的同时特别注重"做减法"。智慧教育要求教育工作者能够从纷繁复杂的事物中把握普遍的规律，追求"简单"的工作方式和生活方式。此种"简单"建立在对事物复杂规律的把握之上，也是实现教育灵活性的前提。

所谓"灵活性"就是换一种方式行事的能力，这就要求教育工作者具有创新意识和创新能力。教育创新的前提是正确认识教育传统，关键在于教育思想观念的创新，根本则在于教师教学的创新。智慧教育的灵活性体现在不否定传统教育，但也不能囿于传统，而是要在正确认识和理解传统教育的基础上进行创新。教育创新的关键是教育思想和观念的创新，虽然社会经济的发展要求思想和观念必须转变，但思想和观念的转变恰恰是最不容易的。教育者的思想和观念一旦确定，他的教育教学行为就必然受到思想的指导，要进行教育创新，关键在于思想和观念的创新。百年大计，教育为本；教育大计，教师为本，教育创新的根本是教师教学的创新。智慧的教学行为不是对别人的教育论点和教学模式的照搬，当然也不可能是对自己的重复。教学对象和教学情境的不同决定了教学方法必须根据具体教学情境灵活地进行创新，只有如此才能称之为智慧的教学。当然，智慧的教学行为也可能是对优秀教师进行模仿，但这种模仿不能是简单的照搬，而应该根据具体的教学情境与对象进行灵活的调整和改变，从而达到某种程度的创新，或许可以称之为微创新。总之，根据不同的教育情境，灵活地进行创新是智慧教育的一个重要特征。

智慧教育的灵活性还表现在教师的教学机智方面。教学机智是教育智慧的重要组成部分。机智是对意料之外的突发情境进行创造性处理的能力。教学机智是教师在长期教学实践积累中形成的一种临场发挥的能力。教学机智反映了教师对教学情境敏锐的捕捉能力、快速反应能力和合理应对能力。智慧的教师具有教学机智，他们可以把教学情境中出现的各种偶然因素转化成为一种有利的教学条件，因势利导，将教学活动推向深入。教学机智不是小聪明，而是大智慧。教师教学机智的获得，不是与生俱来的，而是在长期的教学实践中形成的。在教学过程中，教师的教育机智可分为四种，即处理课堂突发事件的机智、处理自身失误的机智、处理教学疑难的机智以及处理学生恶作剧的机智。教学是一个复杂的过程，智慧的教师必须根据具体情况灵活地处理可能出现的各种状况，最大地发挥教育机智，将不利因素因势利导地转化为有利因素。

第二章
智慧教育的发展历程

智慧教育的提出是青羊文化传承的历史必然,也是青羊教育发展的现实需求。智慧教育的提出是对青羊教育改革发展的理论自觉和道路自信,是教育改革发展的智慧元素会聚而成的自然结果,是对未来教育改革发展的现实回答。

第一节　青羊教育发展的历史背景

　　文化是一种人们习惯化的生活方式，它渗透到人们生活的方方面面，深刻影响着人们的思维方式和行为方式。青羊区之所以提出智慧教育，是以独特、深厚的文化底蕴做基础的。青羊区提出的智慧教育发展模式是基于道教文化、佛教文化、草堂文化和金沙文化等深厚的文化底蕴之上的，是对区域文化在深刻理解基础上的呼应和传承，具有内在的逻辑性。

一、区域传统文化因子的浸润

　　区域教育改革发展是一种本土化的实践，改革的内容和模式都受到自身历史文化传统的深刻影响。青羊区位于具有 3000 多年文明史的成都市中心城区，区内历史和文化资源丰富，对青羊区智慧教育的孕育产生了深刻的影响。如区内有以青羊宫为代表的道家文化、以文殊院为代表的佛家文化、以杜甫草堂为代表的草堂文化和以金沙遗址为代表的金沙文化等。

　　青羊宫的历史可以追溯到 3000 多年前的周代，是中国道教名观之一。道家宣扬的"道法自然、无为而治、大道至简、为道日损"等理念，深刻揭示了人与自我、人与自然和人与社会的关系，对于引导人们智慧地生活具有重要的指导意义。道教作为我国唯一的本土宗教，对我国民族性格的形成和日常的生活方式都产生了重大影响。鲁迅就说过"中国的根柢全在道教"。同样，青羊的"智慧教育"也是根植于道教的智慧而生发的。

文殊院始建于隋朝，距今有 1000 多年的历史，是四川省和成都市佛教协会所在地。佛教将"般若"作为最高的追求，般若意译为"智慧"，是指如实理解一切事物的智慧。般若智慧不是普通的智慧，是指能够了解道、悟道、修证、了脱生死、超凡入圣的智慧。文殊菩萨是佛教四大菩萨之一，代表聪明智慧，因德才超群，居菩萨之首。作为智慧化身的文殊菩萨以及佛教对般若智慧的追求，都对青羊人的思维方式和行为方式产生了深刻影响。

杜甫草堂是唐代诗人杜甫流寓成都时的居所。草堂文化体现的是儒家以隐逸为特征的中国传统休闲文化的智慧。隐逸作为中国儒道休闲思想的共性，是中国历代的一个普遍现象。道家休闲观主张以自然为宗，回归自然本真是最高境界，只有重回大自然的怀抱，才能有"天籁"，才能获得自由。儒家的隐逸是一种济世的补充，在隐逸中抒怀写志，陶然于生活乐趣。在这种隐逸的休闲生活方式中，草堂文化以其本于自然、情景相融，成为隐逸生活的最深刻表达。在草堂文化的浸润中，青羊区的人们崇尚人与自然的交融，将心灵的宁静和舒展作为生活的追求，形成了返璞归真、率性而为的智慧生活。

金沙遗址距今已有 3000 多年的历史，这里出土的文物反映出的精湛工艺，鲜明地体现了古代先人的聪明才智。其中，金沙遗址尤以"太阳神鸟"徽记最能彰显古人的智慧。"太阳神鸟"徽记的中心，表现为一个巨大的火球，是阳性浓厚的能源，其所释放的能量路径，表现为沿顺时针方向；环绕着它的四只翔鹭，萌生于阴，从属于阳，则沿着逆时针方向行进——这明明就是一幅"阳负阴"的图景。《老子》说过，"万物负阴而抱阳，冲气以为和"。这恰恰就是对这一图景的绝妙诠释。金沙文化孕育出的对立统一、矛盾运动的智慧深刻影响着青羊人的思维方式和生活方式。

教育也是一种文化活动，这种文化活动的最终目的，是把文化中真正富有价值的内涵植入个体生命之中，让受教育者拥有一种深刻而恒久的、可以让人安身立命的文化精神。文化育人是一种濡染和积淀的过程，正是千载的文化底蕴孕育了青羊广阔的视野和思想文化背景。

二、区域文教血脉的千年继承

教育改革与创新是区域教育特质延续、丰富和不断提炼的过程。青羊区辖成都古少城之地，是成都政治、经济、文化中心，至今仍是四川省党、政、军办公机构云集之地。2000 多年前，汉蜀郡守文翁在此创办了中国第一所地方官办学校——石室精舍，播种下了青羊教育的第一粒智慧种子。自此，兴学重教之风历经千载，绵延至今。

西汉景帝末年，蜀郡太守文翁鉴于蜀地偏僻，经济、文化很不发达，于成都城南（即今四川省成都市文庙前街石室中学所在地）创立了蜀郡郡学。《汉书》记载，文翁"立石室精舍"，"招下县子弟为官学弟子"，同时选拔教师到京城长安学习，学成后回到蜀地教学。从此，"文翁石室"便成了文翁所办学校的代称，蜀地也一跃成为全国科学文化先进地区之一。到汉武帝时，下令天下郡国效仿蜀郡，普遍设立官学，兴办学堂，传播文化，培养人才。发源于青羊的文翁办学，既是中国教育智者的先驱行为，又是智慧教育的千年源头，在中国教育史上具有重要的意义和地位，突出地表现为：

第一，文翁石室是我国历史上第一所由省级地方政府兴建的官学，开中国地方官办学校之先河，其影响极为深远。自汉武帝下令全国各郡效仿文翁办学后，全国各地办学如雨后春笋，呈现出一派生机勃勃的景象。青羊智慧的教育行为和方式，推动了中国文化的繁荣和社会的进步，也赋予了区域教育勇于创新的智慧特质。

第二，文翁兴学的功德，后世评价极高。通常把文翁办学并促进蜀地文化发展的功绩与李冰父子修筑都江堰水利工程的辉煌业绩并提，"文翁化蜀"与"李冰治水"同为秦汉时代四川的两项造福后人、功彪史册的不朽业绩。李冰和文翁也因促进、推动蜀地的经济和文化发展，千百年来为人们所称颂、景仰。青羊教育因文翁的明智之举、慧人之业，烙下了敢为人先、以教化蜀的责任担当，成为青羊教育智慧办学的特质之一。

第三，文翁办学，千载不断，由此形成了深厚的石室文化积淀和丰富的教育理论，如"非教无以保富庶，非待富庶而后议教"、"教以尚德为先"、"诱进"等。这些观点和理论，延及后世，成为我国教育优良传统和教育思想的重要组成部分，即使是在 2000 多年后的今天，也具有非常积极的意义，它们充分体现了青羊的教育智慧，也是青羊教育的宝贵财富。

第四，文翁石室，虽时移世易，历经兴衰起伏，仍在原址办学 2000 余年（即现在的成都市石室中学）。历代地方政府均高度重视，大力支持，石室得以长盛不衰，为世所罕见，成为中国基础教育发展历史的重要见证，其本身也堪称教育智慧的活化石。

改革开放以后，秉文翁办学文脉，青羊教育步入新的发展时期，教育教学各方面的工作也更加规范、有序，不论是教育质量还是办学水平，都迈上了新的台阶。特别是近年来，在教育均衡发展的大背景下，通过集团化办学模式和校园文化建设，将自古传承下来的"有教无类"、"开放办学"等教育实践智慧进一步地发扬光大，逐步形成了"一校一品，一校一景"的办学特色，教育教学水平得到了快速提升。以石室教育集团为代表的青羊教育智慧不断地发展和丰富，"惠泽民众、智慧发展、质量领先"的青羊教育特质也呈现出新的发展态势。

三、区域改革平台的前沿探索

成都在西南地区，乃至全中国，都可以称为教育改革发展的前沿阵地。2007 年 6 月，国务院批准成都市作为"全国统筹城乡综合配套改革试验区"后，成都教育乘势而为，开启了教育体制改革创新之路。2009 年 4 月 5 日，教育部与四川省政府、成都市政府在成都共同签署了共建统筹城乡教育综合改革试验区合作协议。

在成都教育改革发展的大背景下，青羊教育也一直在思考如何打破固有发展定式，整体推进区域教育优质发展，打造具有鲜明特色的区域教育品牌。近年来，青羊区进行了一系列卓有成效的实践和探索，教育发展水平在四川乃至整个西南地区已处于领先地位，一系列改革与实践经验在全国具有一定的示范作用，成为教育部等命名的教育改革实验区。1996 年，青羊区被中国教育学会确定为全国首批教育改革实验区，就区域教育均衡发展进行探索；2001 年，被教育部确定为全国社区教育实验区，进行创建学习型组织、促进全民学习活动开展方面的尝试；2003 年，被教育部和中国教育科学研究院（2011 年 8 月，原中央教育科学研究所更名为"中国教育科学研究院"，以下统一简称"中国教科院"）确定为中西部地区唯一的全国现代学校制度研究实验区，承担实行政校分开、教育局聘任校长（"民管会"公推直选校长）、学校领导班子由校长组阁等方面的实验；2006 年，首批通过四川省义务教育示范县评估验收。2007 年，成都市被确立为"全国统筹城乡综合配套改革试验区"。2008 年，青羊区被表彰为首批"四川省义务教育示范区"和全省唯一的"全国社区教育示范区"、"四川省基础教育工作先进城区"。青羊区的教育科研成果在县级单位评选中连续多次位列全省第一。2009 年，教育部、四川省政府和成都市政府共同签署了统筹城乡教育综合改革试验区的战略框架协议；同年 6 月，中国教育科学研究院成都青羊教育综合改革实验区（以下简称"中国教科院青羊实验区"或"青羊实验区"）正式成立。青羊教育依托中国教科院的优质资源，将教育改革发展与实验区工作整合为一，整体推进，确定了青羊教育发展的"做精、做亮、做强"的指导思想，"均衡、现代、为民"的核心理念，以及"三大战略"、"六大工程"的实施策略。

　　长期以来，青羊教育在进行多种改革实验的过程中，追求区域教育优质、深度均衡发展，成为率成都之先、率四川之先、率中西部之先的领跑示范区，在西南地区发挥着重要的辐射和示范作用，为西部和全国教育现代化做出了自己的贡献。同时，持续的高位发展也对青羊教育提出了更高的要求，青羊教育面临新一轮的改革和创新。

第二节　青羊教育发展的现实需求

青羊区推行"智慧教育",是区域社会经济、区域教育高位发展到一定阶段后的必然选择,是基于区域教育发展的现实需求而提出的。

青羊区是四川省成都市五个中心城区之一,是四川省和成都市的政治、经济、文化和金融中心,是成都现代商业文明和信用经济的发源地。区域占地面积 67.78 平方公里,共有 14 个街道办事处、75 个社区。2012 年年末全区常住人口 83.46 万人,其中户籍总人口为 60.11 万人,比上年增加 1.51 万人。2012 年,青羊区实现地区生产总值(GDP)688.71 亿元,比上年增长 10.6%。分产业来看,第一产业实现增加值 0.07 亿元,同比下降 19.6%;第二产业实现增加值 138.65 亿元,同比增长 5.6%;第三产业实现增加值 549.99 亿元,同比增长 12.1%。按常住人口计算,人均地区生产总值 82743 元,同比增长 10.2%。[①]

青羊区 2012 年年末共有小学校 31 所,在校学生 37819 人,小学专任教师 1914 人;普通中学 18 所,在校学生 22878 人,普通中学专任教师 1771 人;幼儿园 89 所,在园幼儿 18627 人,专任教师 1303 人。适龄儿童入园率为 99%,学龄儿童入学率继续保持 100%,初中毕业生升学率为 100%。[②]其中,公办中小学、幼儿园 48 所(小学 31 所、中学 13 所、职业中专学校 1 所、教办幼儿园[③] 3 所),直属单位 9 个。公办学校及直属单位在职教职工共 4117 人,其中,有高级职称的教师 721 人,占总数的

[①②]　成都市青羊区统计局. 2012 年青羊区国民经济和社会发展统计公报 [EB/OL]. [2014-02-03]. http://www.cdstats.chengdu.gov.cn/detail.asp? ID=74738.

[③]　指教育局主要管理的公办幼儿园,区别于事业单位幼儿园及军区幼儿园等公办幼儿园。

17.5%；本科学历以上教师 3458 人，占总数的 83.9%；省、市骨干教师 335 人；有 10 余位校长获得全国教育创新杰出校长、成都市特级校长等荣誉称号。[①]

青羊教育从未停止过探索的步伐，它先后获得"全国基础教育改革实验区"、"全国教育改革创新先进区"、"四川省义务教育示范区"、"全国社区教育示范区"、"全国数字化学习先行区"等荣誉称号。

区域社会经济的长足发展对区域教育提出了更高的要求，也形成了较大的发展压力。从表 2.1 学生增长情况可清晰地看到这种压力。因此，智慧教育是区域教育高位发展后的必然追求。

表 2.1　2012 年青羊区各级学校招生、在校及毕业生人数及其增长速度表[②]

指　　标	学校数（个）	招生人数		在校（学）人数		毕业人数	
		绝对数（人）	比上年增长（%）	绝对数（人）	比上年增长（%）	绝对数（人）	比上年增长（%）
普通中等专业学校	9	11526	17.43	27881	16.44	6488	64.09
普通中学	18	8179	15.46	22878	1.92	7174	4.12
普通小学	31	6562	11.56	37819	6.33	6895	11.12

一、区域教育高位发展的质量保障需求

智慧教育是贯彻落实教育规划纲要精神、全面推进素质教育的具体实践形式。智慧教育与素质教育是一脉相承、互为表里的关系，从价值取向上看，二者都是为了促进学生全面、自由和充分发展；从认知结构上看，二者都强调知识、能力和态度的综合性；从发展策略上看，二者都积极调动学生的积极性、主动性和创造性。智慧教育是在深入实施素质教育的过程中针对发展的阶段性，积极探索和实践的新型教育发展方式。如果说素

---

① 此处数据由成都市青羊区教育局幼教科提供。
② 成都市青羊区统计局. 2012 年青羊区国民经济和社会发展统计公报 [EB/OL]. [2014-02-03]. http：//www. cdstats. chengdu. gov. cn/detail. asp？ID＝74738.

质教育是对学生发展的内容做出规定性要求，智慧教育则是对这些内容的层次做出规定性要求。因此，智慧教育追求的是高水平的素质教育。智慧教育不仅强调学生发展的综合性，更强调学生发展的灵活性、动态性和高效性。

区域实施素质教育需要有一定的切入点和落脚点，同时还要科学谋划素质教育实施的不同阶段。素质教育不是单纯的知识能力叠加，也不是单纯地开齐、开足体育、艺术等课程。从发展阶段上说，素质教育分为素质的简单综合、系统整合和智慧融合三个阶段。在素质教育的简单综合阶段，学校主要依据学生的需求和兴趣提供多样化的教育资源，最大限度地满足学生个性化发展的要求，然而教育要素之间缺乏系统的整合性。在素质教育的系统整合阶段，学校能够构建制度化的素质教育内容和模式，也开始注重系统之间的协调和配合，然而在教育发展的价值导向上仍然缺乏更高位的追求。在素质教育的智慧融合阶段，学校开始注重系统的思考和深刻的反思，能够根据自己的理想和追求"简化"素质教育的体系和内容，形成浑然一体的高水平教育。在深入实施素质教育的过程中，区域教育工作者需要根据发展的阶段性适时做出调整，不断提升素质教育的质量和水平。成都市青羊区在经历了素质教育的简单综合和系统整合阶段后，目前正迈向智慧融合阶段。也正是在这种背景下，青羊区提出了"办智慧教育"的目标定位。

二、区域教育高位发展的内驱发展需求

教育作为一项关系到国计民生的事业，其价值取向和方式方法直接影响到人才培养的质量。《国家中长期教育改革和发展规划纲要（2010—2020年）》和《国家中长期人才发展规划纲要（2010—2020年）》，都提出要把创新人才培养作为一项重要任务。在当前国际、国内发展的复杂形势下，转变教育观念、促进教育内涵发展的需求从没有像现在这样迫切。为深入转变教育发展方式，国家在全国范围内开展了400多项教育改

革试点项目。成都市青羊区作为中国教科院在西部设立的首个教育综合改革实验区，近5年来在"院区共建、科研引领、创新发展、整体推进"的工作方针下，发挥先行先试的优势，积极探索和实践转变区域教育发展方式的要求，逐步提出了以"智慧教育"为灵魂的区域教育发展核心理念，积极回应国家对人才培养质量的迫切要求。

回顾青羊教育的改革历程，每一次探索都是充满教育智慧的："高位均衡化"主要解决的是"教育公平"问题，意在通过"城乡统筹"的标准化建设，夯实"学有良教"的基础平台；"全面现代化"主要解决的是"教育质量"问题，意在通过"要素革新"的现代化建设，夯实"学有良教"的前沿平台；"充分国际化"主要解决的是"教育特色"问题，意在通过"文化互动"的国际化建设，夯实"学有良教"的开放平台。

从学生的角度分析青羊教育改革，智慧教育就是要减轻个体所承受的知识负担，通过清除知识的尘垢使人变得更加灵巧、敏捷和高效。教育的根本目的是"使人成为人"，而不是知识的传授和学习，知识教育的误区就在于人成为了知识传递的"工具"。目中无"人"、只关注客观知识的教育最终背离了教育的根本宗旨。智慧教育倡导的教育理念，实现了教育的根本转向，跳出了知识为个人编织的网，真正实现了"人是目的而不是工具"的诉求。当前人们反应强烈的课业负担过重、学生厌学、教师压力过重和学生创新力不足等问题，以及传统教育重知识轻能力、重灌输轻批判、重理论轻实践，给学生的全面发展和个性成长带来了不利影响的现象，都可以通过智慧教育得到有效的解决。

三、区域教育高位发展的民意期望需求

从"学有所教"到"学有良教"，需要教育智慧做催化剂。智慧教育承载的是政府对人民福祉的担当，是人民群众追求从"有学上"到"上好学"的质变，是教育事业发展不可偏离的核心目标，体现了人民

群众对优质教育的普遍期待。要达到"学有良教、智慧教育"的良好发展生态，需要有三个支撑：学有良师、学有良校、学有良风。良师为根本，良校为基础，良风为保障，"三位一体"，共同撑起智慧教育的美好蓝图。

未来几年，是青羊区全面建设小康社会、加快经济转型升级的关键时期。特别是适应转变经济发展方式、调整经济结构的新形势、迎接国内外日趋激烈竞争的新挑战、满足人民群众美好生活的新期盼，都对加快区域教育改革和发展提出了更高的要求，教育在促进社会进步、推动现代化建设整体格局中的基础性、全局性、先导性战略地位更加突出。

青羊教育一直以来都是青羊区社会建设的一面旗帜，是青羊区对外招商引资、吸引优质人才安居落户的重要砝码，对推动区域经济社会发展发挥着重要的、不可替代的作用。目前，青羊区明确了以"五星品质"打造"五新青羊"的战略发展思路，着眼和谐幸福领先，积极塑造社会建设新典范，因此也更加充分地认识到经济要发展、社会要进步，关键在人才，基础是教育。按照《成都市中长期教育改革和发展规划纲要（2010—2020年）》设定的2020年教育目标，到2020年，率先在中西部全面实现教育现代化，建成高水平学习型城市和教育强市，使成都教育发展水平和人力资源开发水平达到中西部第一，全国一流。《成都市青羊区中长期教育改革与发展规划（2010—2020年）》设定的2020年教育目标则为：到2020年，基础教育普及程度和质量达到国内发达地区中心城区水平，公平优质的教育惠及全民。其中重点在提高公平优质的教育，使之惠及全民。要实现这些目标，促进社会进步，既要在区域层面加快学校硬件建设，更需要在区域层面全面实施教育的内涵式发展。

因此，智慧教育既是青羊区在当下推动教育深层次内涵式发展、服务社会进步的主动思考，也是全面打造区域教育品牌、提升区域教育品质的战略选择。

第三节　智慧教育的发展阶段

从教育价值的本质追求来讲，青羊教育一直走的是"智慧教育"之路。从理念框架的形成发展来说，青羊教育经历了一个"萌芽、酝酿、形成"的发展过程。

一、智慧教育的萌芽阶段（2009 年 6 月之前）

2003 年以来，成都市委、市政府提出了"城乡一体化"的发展战略，青羊教育在实现普及九年义务教育、普及高中教育，并涌现出一批名校的基础上，于 2008 年提出了"做精、做亮、做强，率先基本实现教育现代化"的发展思路，制定了"四大战略、九大工程"。

在城乡一体化的发展战略指导下，青羊区提高了城乡学校的均衡化水平，成功实现了标准化建设满覆盖、优质教育资源满覆盖、特色化打造满覆盖"三个满覆盖"。打破了长期以来存在的城乡教育二元结构，缩减了涉农学校、薄弱学校与传统名优学校的校际差距，基本消除了因学校办学条件和质量差而被动择校的现象，为区域教育的深度内涵发展奠定了基础。

至 2009 年 5 月，青羊区城乡均衡的任务基本完成，校际均衡向纵深推进；学校文化建设取得显著成效，"一校一品，一校一景"成为青羊教育的风景线；素质教育在全国产生了较大影响，学生综合能力不断提高；义务教育办学质量较为突出，社区教育影响广泛；教育综合实力在省内保持领先，教育理念和教育创新走在全国前列。在这个过程中，青羊区围绕智慧的教育（education for wisdom）、智慧地进行教育（education of wisdom）及形成教育的智慧（wisdom in education）三个层次进行着一系列卓有成效的改革和实践，萌芽着智慧教育的生长根基，对智慧教育的发展定位呼之欲出。

二、智慧教育的酝酿阶段（2009 年 6 月—2012 年 4 月）

联合国教科文组织总干事伊琳娜·博科娃在世界教育创新峰会上的讲话中指出：21 世纪的教育需要重大创新，这是因为我们的世界正在变得越来越复杂、越来越融合，知识驱动性也越来越强。在这种情形下，我们必须就教育的目的、学习的内容、为什么学习以及如何学习开展批判的、持续的交流和对话。为此，青羊区积极寻找区域教育高位发展和突破创新的切入口。

2009 年 6 月 20 日，中国教科院成都青羊教育综合改革实验区合作协议签署仪式在青羊区政府机关礼堂隆重举行，标志着中国教科院青羊实验区正式成立，并由此拉开了青羊教育深度改革创新的序幕。这一创新举动，促成了青羊教育后来的超常发展。在创建之初，青羊区成立了由区长任组长，教育、财政、人事、发展改革等各部门一把手为成员的工作领导小组，确立了"政府主导、部门联动、教育推进、社会参与"的方针。各部门从自身职能出发，为教育改革发展提供鼎力支持，中国教科院也派遣2—4 名教育专家常驻青羊区指导教育的改革与发展。

实验区成立以后，青羊区拟定了制订青羊区中长期教育改革与发展规划、建立青羊区教育质量监测体系、加强青羊区地方培训能力建设、建设青羊区教科研管理机制、推动教育集团化办学、加快教育信息化建设步伐、提升青羊区素质教育与学校文化建设经验、形成青羊区教育现代化指标体系、推进国际教育交流与合作和设计青羊区全国教育规划重点课题等十大工作重点。

2011 年 3 月，《成都市青羊区中长期教育改革与发展规划（2010—2020年）》（以下简称《青羊教育规划》）研制工作在经历了大规模调研、初稿撰写、修改完善、征求意见和最终定稿几个阶段后，提交青羊区委、区政府审议，并于同年 4 月正式发布。《青羊教育规划》明确了青羊区未来十年教育发展的战略目标和教育工作的指导方针，提出了各级各类教育的发展目标和定位，确立了教育体制改革的重点领域，建立了教育改革与发展的保障机制。《青羊教育规划》描绘了青羊区未来十年的教育发展蓝图，是指导教育改革与发展的行动指南，是统领区域教育工作的纲领性文件。

2011 年，青羊区教育局印发了《关于制订"学校五年发展规划"的指导意见》，并将当年确定为"学校规划年"。按照民主性、前瞻性、可行性和效益性的基本原则，学校系统开展了五年发展规划的研制工作：一是深入总结学校既有的优势和存在的不足，分析学校面临的机遇和挑战；二是按照时代性、创新性、操作性、评估性的要求，致力于促进学校的内涵发展和特色发展，提出学校的五年发展目标和年度发展目标；三是制定学校发展规划的实施策略，通过确立最有利于推动学校各项工作的若干重点发展项目，整合政府、学校、社会三方资源，集中力量加以突破；四是加强领导，整合资源，完善相关规章制度，建立起能够将规划落到实处的完整的保障体系。五年规划的制订，为更好地实现区内学校"特色发展，智慧发展"描绘出了科学的实施路径。

2012 年，成都市委、市政府提出："当前，我市教育发展水平已经超越了'学有所教'的阶段，正在向着'学有良教'的更高目标奋力进发。"市委、市政府的新方向和国际教育思潮带来的各种冲击，促使青羊教育人进一步思考：青羊需要什么样的教育创新？什么样的教育才是"良教"？在思考和探究过程中，青羊教育人发现：教育之"术"很重要，但教育之"道"更重要。通过中国教科院专家的引导和青羊教育人的探究总结，青羊区逐步明晰了青羊教育的发展之"道"——"学有良教　质量领先　办智慧教育"。

三、智慧教育的形成阶段（2012 年 5 月至今）

2012 年 5 月，在中国教科院青羊实验区工作推进会上，青羊区教育局局长李泽亚首次从区域层面明确提出了"学有良教 质量领先 办智慧教育"的发展思路和目标定位。青羊区随即启动了智慧教育理论实践体系的研究和构建工作，搭建工作平台，完善工作机制，智慧教育逐渐成为统领青羊区教育发展和改革的主线。

2012年6月，青羊区通过自上而下和自下而上两种方式，在教育局机关、学校、教师、学生中广泛开展了以"学有良教 质量领先 办智慧教育"为主题的大讨论活动，对智慧教育的内涵、外延、主要特征、实施路径等进行了专题讨论和研究，并多次召集相关专家学者和一线教师召开研讨会，前后持续近半年的时间。通过讨论，进一步厘清了青羊区办智慧教育的发展思路，明确了"智慧教育"的四大使命：第一，实现全民教育目标；第二，提高各级各类教育质量；第三，建立全球共享文化；第四，适应深刻而快速的变革。确立了智慧教育的六大实施路径：智慧学校、智慧教师、智慧课堂、智慧学生、智慧管理、智慧社区。

2012年9月，由教育部主管、教育部教育管理信息中心主办的教育类综合性期刊——《世界教育信息》，专题介绍了青羊探索实践智慧教育的一些思考和做法，智慧教育作为青羊教育发展的核心理念正式向外系统传播。

2012年11月2日，由中国教育科学研究院、联合国教科文组织亚太国际教育与价值教育联合会、成都市教育局、成都市青羊区人民政府等联合主办的"学有良教 质量领先 办智慧教育——2012·对话未来教育峰会"在青羊区隆重举行。中国教科院、中国成人教育协会、联合国教科文组织亚太国际教育与价值教育联合会、中国教育学会学校文化研究分会、四川省教育科学研究所等学术机构领导出席会议并做报告或讲话。四川省教育厅，成都市人民政府，成都市教育局，青羊区区委、区政府等行政机构领导出席了此次峰会。中锐教育集团、孔裔国际教育集团、新教育研究院、美国大学理事会、澳大利亚高中考试评估局等国际教育交流机构应邀参加会议，2007年澳大利亚昆士兰部长奖获得者Greg Parry、第九届汉语桥世界大学生中文比赛总冠军Stewart Johnson等参与了峰会专家讨论环节。

与会领导和专家学者围绕"学有良教　质量领先　办智慧教育"的主题，进行了深入的探讨，对青羊智慧教育办学理念给予了充分的肯定，并一致认为，智慧教育对明晰教育未来发展方向、探索教育未来发展路径具有重大意义，是对教育可持续发展的一种责任担当，科学地推进智慧教育是教育改革的有益实践。

2012 年 11 月，青羊区教育局引进台湾网奕科技建立了西南地区首个"智慧教室"，学生在智慧教室里实现课堂多媒体互动、远程高清互动以及无缝导入云教学平台的优质内容。"教学科技与智慧教育趋势"、"智慧教室与智慧学校案例探讨"、"创新教学模式、e 化评量与诊断分析"及"网路智慧教室与一对一电子书包"等技术，契合了智慧学校发展的趋势以及教学科技的发展导向，"智慧教室"项目是青羊区推进智慧学校建设的重要举措。

2013 年 5 月，为全面推进智慧课堂建设，青羊区开展了首届智慧课堂教学推门课展评活动。全区分为 7 个赛区 9 个学科进行了展评活动。各赛点通过现场互动、体验教学等形式进行了"智慧教室"教学案例分享、IRS 导入系统的操作，使教师和学生充分感受到科技与教学整合后便利、生动、高效的教学享受，改善了课堂教学方式和教学行为，提高了教师智慧课堂的组织实施能力，学生的学习兴趣和学习效率也得到了明显的提高。

之后，青羊区在全区范围内进行智慧课堂典型性研究，以"评优选先"促进全区中小学强化智慧课堂的开发意识，在全区形成富有智慧课堂特色的典型学校和智慧教师，进一步加快智慧教育的全面深入实践。

当前，青羊区正在继续紧紧围绕区域教育现代化发展规划、校优质资源集团发展、现代化人才队伍建设、教育信息化建设、学校硬件提档升级、学生综合素质提升、学校文化建设、构建终身教育体系及区域现代化教育评价九大智慧教育工程，不断丰富智慧教育内涵，不断延展智慧教育的实践路径。

第三章
智慧教育的发展战略

"智慧"是良好教育的一种品质，表现为教育的一种自由、和谐、开放和创造的状态，同时也是当前实现学校内涵式发展和提高教育教学质量的关键所在。为有效推进智慧教育，青羊区教育以"城乡统筹　质量领先"为发展主题，主动调整发展思路和方法，采取了高位均衡化发展战略、率先现代化发展战略以及充分国际化发展战略，在充分整合利用现有教育资源的基础上，着力突破教育改革瓶颈因素的制约，促进教育现代化发展。

第一节　高位均衡化发展战略

　　高位均衡化主要解决的是"教育公平"问题，意在通过"城乡统筹"的标准化建设，跨越"学有所教"的教育发展阶段，达到"学有良教"，从而实现"学有良教　质量领先　办智慧教育"的教育发展目标。

　　教育均衡的实质是政府作为控制社会运行的中枢与公共资源分配的主体，对全区域内的教育资源进行合理配置，以确保受教育群体和个体的权利平等。教育均衡是公民的基本教育权利保障和教育政策价值取向演变的必然趋势，政府在促进区域教育均衡发展的过程中应该承担首要责任：一方面，教育均衡发展，应该成为政府实施义务教育的指导思想；另一方面，政府在资源配置、政策制定以及宏观调控等行政决策中要体现教育均衡发展的思想。教育的高位均衡在基层主要体现在生源均衡、质量均衡、结果均衡及评价均衡等方面。

　　在"高位均衡"战略的指引下，青羊区推进区域教育均衡发展的宗旨是为区域内每一个孩子营造一个促进他变得更优秀的教育环境与支持系统。青羊教育高位均衡化发展的主要举措可以简称为"三个满覆盖"，即：财力保障满覆盖，实现办学基础均衡；优质资源满覆盖，实现办学质量均衡；特色文化满覆盖，实现文化建设均衡。

一、以政府承保落实办学基础均衡

（一）强化政府主导作用

青羊区委、区政府高度重视教育工作，不仅多次召开区委常委会、区政府常务会专题研究教育工作，对义务教育均衡发展的近期布局和中长期整体规划进行了科学论证和系统谋划，还成立了由区长担任组长的全区义务教育均衡发展工作领导小组，区教育局、区财政局、区人社局等相关部门负责人为成员，构建了"全区之力办教育，层级管理抓均衡"的工作格局，统筹推进全区教育均衡发展各项工作。作为中西部第一个全国性教育综合改革实验区，青羊区进一步完善教育规划，确定了 2015 年实现城乡教育一体化、全区教育服务均等化的目标，并制定了相应的工作措施，陆续出台了推动教育均衡发展的一系列政策，在组织领导、经费投入、队伍建设等多方面着力，优化环境，加快均衡发展。

（二）加大财政投入力度

青羊区政府始终坚持公共财政向民生事业投入的倾斜导向，2012 年民生事业投入占公共财政支出的 65%。近 5 年来，区财政在教育经费投入上保持了年均增长 20% 以上的增幅，年投入由 2008 年的 4.4 亿元增加到 2012 年的 8.32 亿元（如图 3.1 所示）；生均公用经费由 1420 元增加到 3410 元（如图 3.2 所示）。通过全面落实义务教育阶段教师绩效工资制及其他福利，教师待遇得到大力提高。同时，青羊区加大教育科研投入力度，每年列入财政预算的科研经费达 100 万元以上。

（三）优化学校硬件建设

根据四川省、成都市学校标准化建设相关要求，按照规划设计校园环境一流、教学设施一流的标准，青羊区完成了全区学校标准化的建设。随着统筹城乡进程的加快，青羊区加大教育高位均衡化力度，凡是涉农地区需要拆迁、改造的学校，都事先进行高标准规划、特色化设计，确保"拆迁一所，改造一所，提升一所"。

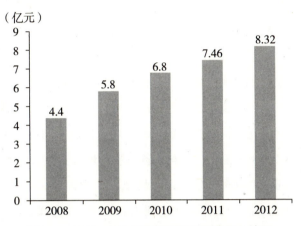

图 3.1 2008—2012 年青羊区教育经费投入情况

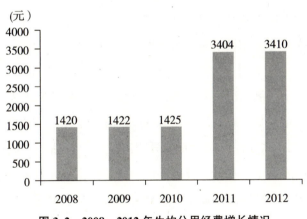

图 3.2 2008—2012 年生均公用经费增长情况

在教育经费总投入不断增长的情况下，在经费的使用上青羊实现了三个倾斜，即经费向学校办学条件改善倾斜、经费向薄弱学校及涉农学校倾斜、经费向学校标准化建设倾斜。这种使用方式让经费的增加切实作用于学校的发展，让原来的薄弱学校逐渐成为市民认可、学生满意、家长放心的新型优质学校。特别是对 11 所涉农学校进行了高标准改建，如田园风格的泡桐树小学绿舟分校、欧式风格的成都市实验小学西区分校、简约明快的实验小学明道分校……这些风格独特、设计科学的学校被媒体称为"西三环外的珍珠链"。随着位于西三环外的成都同辉（国际）学校和金沙二小的投入使用，这个名校珍珠链得到了继续延伸，链条上的名校将更加密集地环绕成都的西三环外区域，而身处三环外的广大学生将充分享受到和名校一样的校园环境。

本着整体推进教育现代化的目标，大力增加和科学调配学校装备，全区范围实现了城市和涉农学校硬件标准均衡，呈现出"一校一品，一校一景"的特点，均衡化指标超过了国家教育均衡发展监测相关标准。三环外学校 2012 年与 2008 年相比，生均装备值平均增幅达到 545.51%，生均图书平均增幅达到 111.80%，生均运动场地平均增幅 38.64%，生均建筑面积平均增幅 50.57%，全区师机比达到 1:1，生机比达到 6.5:1，多媒体教学系统班级覆盖率 1:1。青羊区同时建立了精品课程资源库，完成了 23 万件名优教师课堂教学视频的收录，覆盖到基础教育的每个年段和每个学科。教育教学设施设备的均衡为培养学生现代科学精神、科学实验习惯，全面实施素质教育，创设了有利的条件。

2012 年 2 月至 8 月，成都市人民政府教育督导团对全市 2011 年度义务教育校际均衡发展状况展开监测，结果表明青羊区教育经费投入和教育技术装备值基尼系数（G）均小于 0.3，均衡程度较高。2012 年 12 月 19 日至 20 日，四川省人民政府教育督导团组成督导评估组对成都市青羊区义务教育均衡发展情况进行了督导评估，通过核算事业报表等方式，计算出青羊区域内小学校际间均衡状况差异系数为 0.11，初中校际间均衡状况差异系数为 0.17。数据表明，青羊教育均衡发展水平再上一个新台阶。

根据国家教育督导团制定的教育均衡发展监测标准，青羊义务教育校际均衡的差异系数八项指标中，生均教学用房面积差异系数为 0.36，生均体育运动场馆面积差异系数为 0.33，生均教学仪器设备值差异系数为 0.45，百生计算机数差异系数为 0.26，生均图书册数差异系数为 0.32，师生比差异系数为 0.17，生均高于规定学历教师数差异系数为 0.16，生均中级及以上专业技术职务教师数差异系数为 0.3，总指标差异系数为 0.32。国家教育督导团公布的标准为≤0.65[①]。2013 年教育部督导团对青羊区义务教育均衡发展水平进行了实地督导评估，全区小学校际差异系数为 0.11，初中校际差异系数为 0.12，远远低于国家中学≤0.65、小学≤0.55 的标准，均居成都市 19 个县（市、区）第一名。从这组监测数据可以看出，通过实施教育配置的均衡，青羊的教育均衡度得到了极大的提升。

二、以优质资源保障办学质量均衡

在众多教育资源中，人力资源是最重要的，优质资源往往集中在名优学校。要保障区域教育质量整体提升、均衡发展，必须充分用好教育中的人力资源、名校资源。

（一）强化人才队伍建设

一是建立"引进机制"，通过成立由区长任组长的教育人才队伍建设领导小组，统筹推进全区教师人才队伍建设。在区编制极为紧张的情况下，建立教育人才引进机制，确保教育优秀人才适度增长，满足教育发展需要，近五年来，通过公开招考、选调等方式，引进了多名优秀教师。

二是建立"流动机制"，坚持区域统筹、合理调配的原则，通过城乡互动、集团内派等形式，促进教师由优质学校向涉农学校和薄弱学校合理流动，实现城乡教师资源共享。目前，三环外学校名优教师数量从 2008 年的 47 人增加到 296 人（如图 3.3 所示），所占比例从 3% 提升到 21%；本科及以上学历者从 976 人上升到 1549 人，所占比例从 74% 提升到 96%（如图 3.4 所示）；骨干教师生师比从 157:1 提升到 55:1。干部的柔性流动极大地调动了教育系统干部、教师的积极性。

---

① 数值越高说明差异越大，数值越低意味着均衡化程度越高。

三是建立"成长机制"，通过成立"人才成长学院"，开展"珠峰"、"成长"等分层培训和上派、外派"远航"培训，实施学历提升工程，大力提升教师素质。青羊区每年不仅派出大批教师赴清华大学、北京大学、北京师范大学等国内名校进修，还根据教育国际化需求，派教育工作者赴国外（境外）培训。

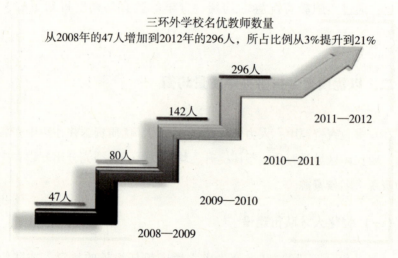

图 3.3　2008—2012 年三环外学校名优教师数量变化情况

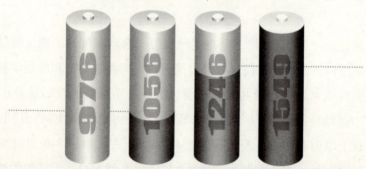

图 3.4　2008—2012 年三环外学校教师本科及以上学历人数变化情况

李茂渊原来是市中心的成都市小学"五朵金花"之一的成都市实验小学（以下简称"实验小学"）的美术老师，是区学科带头人、骨干教师，在全市小学美术教育领域也小有名气。2011 年，三环外的实验小学明道分校建成后，美术教师尤其是具有引领带动作用的名师十分稀缺，在教育局对从城中心学校到三环外学校任教教师物质、职称评定、子女就学照顾等政策的吸引下，在对新学校、新学生、新空气、新挑战的憧憬中，李茂渊来到了实验小学明道分校。现在，他不仅是学校的第一批元老教育者，和同事一起共建美好新学校，更是学校文化建设的核心设计者和打造者，看着学校一天天的变化，看着这种变化中饱含着自己的智慧和汗水，他打心底里觉得充实与自豪。

（二）推进名校集团发展

青羊区在义务教育阶段，拥有较多的优质教育资源。在成都市被社会公认的"天府名校"中，青羊区的实验小学和泡桐树小学占据了小学五强之二，近年来崛起的草堂小学、金沙小学也已成为成都市知名的优质学校，石室联合中学和树德实验中学也占据了初级中学公办名校三席中的两席。虽然区域内拥有众多名校，但仍旧存在教育发展不均衡的问题。

在探索智慧教育的过程中，青羊区不仅通过教育集团化发展有效促进区域内部的高位均衡发展，也促进区域之间的优质均衡发展。2009 年，区教育局制定了《成都市青羊区教育集团发展实施方案》，实施优质名校"三进三促"，加大名校对区内新建学校、薄弱学校、涉农学校的整合、重组力度，如推进优质名校进新区，促进新区发展；推进优质名校进园区，促进产业发展；推进优质名校进远郊，促进涉农地区教育发展等方案。截至 2012 年 7 月，青羊区义务教育阶段共形成了八个教育集团——小学为成都市实验小学、泡桐树小学、草堂小学、金沙小学、东城根街小学等五大集团；初中为树德实验中学、石室联合中学、青羊实验中学等三大集团。

经过几年的实践，青羊区形成了四种名校集团发展模式：一是以实验小学集团为首的加盟式发展模式，集团成员实现资源共享；二是以泡桐树小学集团为首的连锁式发展模式，一个法人兼有多个校点；三是在充分尊重学校的差异性选择和自主发展意愿的基础上，构建联盟发展模式，如"中小学无缝衔接教育联盟"及"艺术特色教育联盟"两种集团化办学模式；四是协议托管发展模式，把外区学校与本区学校协议托管，按集团式管理，如青羊区与蒲江县金钥匙学校与高新区"泡小天府校区"学校的管理模式。目前，青羊区形成了八大教育集团，集团学生数占全区义务教育学生总数的82%，基本实现优质教育资源满覆盖。

为保证集团分校的办学水平，区教育局对这些分校采取"五大提升"（硬件提升、管理提升、理念提升、师资提升、质量提升）、"四个统一"（统一办学理念、统一师资调配、统一教育教学管理、统一人事和财务管理）、"四个无差别"（工作要求无差别、教师福利待遇无差别、教学设施无差别、教师发展目标与学生培养要求无差别）的保障举措，确保其办学质量稳步提高。同时，在集团内部，建立"四同三共享"机制，即共同科研、共同教研、共同开发校本课程、共同开展实践活动，共享前沿信息、共享教育资源并共享发展成果。种种方案的实施形成了多元发展、纵向联合和特色联动的办学模式，实现了优质教育资源的共建共享，有效地促进了各层面学校的高位均衡发展。

 案例

实验小学集团是青羊最早试点推行教育集团化发展的名校集团之一。截至目前，集团涵盖实验小学、实验小学战旗分校、实验小学花园分校、实验小学青华分校、实验小学西区分校、实验小学明道分校。位于成都市三环外的实验小学西区分校是实验小学集团最年轻的成员学校之一。

有着欧陆风情的实验小学西区分校原本是一所普通的村小，学校教师编制不到 30 人，并且由于地处城乡接合部，农民工子女占绝大多数，学生流动性非常大。2008 年，该校被纳入青羊区名校集团化发展工程，经过不到三年的发展，实验小学西区分校已成为成都教育界的"新兴名校"。实验小学西区分校 300 多名学生中，大部分都来自已撤销的培风小学，他们更是感受到"名校西移"所带来的巨大变化。学生汪绪、杨晓岚等对新学校感触最深的是："我们现在上课的设备，好多都是'高科技'——电脑、实物投影仪器、背投电视，好方便哟！""我们的老师太好了，不仅课讲得好，还很关心我们！"

学生家长谢智慧是随丈夫一起来成都的农民工。说起儿子，谢智慧滔滔不绝："孩子春节回老家，与原来的小伙伴聊起自己的学校，特别自豪。学校一年级就开设了英语课和电脑课——娃娃总是纠正我该叫'信息技术课'，而我们老家的学校都没有。"谢智慧的孩子春节回老家还给小伙伴"吹牛"："我们学校有乒乓球馆，还有'罗马议事厅'，可以到'魔幻厨房'学做西餐，还可以和国际友好学校的老师、小朋友用英文交流……还有，还有，校长和老师都是从成都非常有名的实验小学过来的，在家门口就能读上这么好的学校，可真是想也没想过的事呢！"他们的得意之情溢于言表。

在实现上述区域教育"三个满覆盖"（标准化建设满覆盖、优秀师资满覆盖、特色发展满覆盖）之后，青羊区牢固树立"全域成都"的理念，在破解区内城乡教育二元结构，实现校际教育均衡的同时，将区域优质教育资源向成都市第三圈层辐射，着力解决县域之间教育发展不平衡的矛盾，并先后与蒲江县、彭州市确立长期性的"全面合作伙伴关系"，共同推进区域教育深度均衡发展。

（三）提升素质教育水平

通过制定《青羊区素质教育区域推进项目方案》，青羊区从四个方面全方位推进智慧教育发展：一是提高学生身体素质，通过"体育锻炼一小时"及"未成年人自我保护100招"等方式提高学生的身体素质和意外事故防范、处理能力;二是提高学生心理素质,全区配备专业心理教师150名,100%的班主任取得了"心理辅导员C级资格证书";三是发展学生个性特长,大力推进"2+1+1"项目,保证每个学生通过义务教育阶段的学习,获得两项艺术特长、一项体育特长和一定的生活技能;四是构建"低负优质"的现代课堂,提高学生的创新能力和实践能力。

 案例

　　雨点落下,家里没人,窗子却自己关上了,这是成都市泡桐树小学四年级六班学生崔玺萌发明的"下雨无人关窗器"。"雨水落到感应器上,就能激发电机转动,拉动固定在窗户上的链条,窗户就能自动关上。"说起自己的发明,崔玺萌一点都不含糊。他是一个特别爱动脑筋的孩子,平时没事就喜欢搞点小发明,新点子特别多。"这是一个雨水收集器,只要在里面倒一点水,窗户就能自动关上。"崔玺萌的"雨水收集器"是一个用废塑料瓶做成的"漏斗",下面有一块嵌满锡点的电路板。当雨水接触到电路板时,就能激发电机带动齿轮,从而带动固定在窗户上的链条,使窗户迅速滑动,然后关闭。这个装置还有总开关和辅助开关,能调成待机和运转两种状态。

　　"这是我们学校的特色:风、光互补发电系统。"彩虹小学校长张涛正在向大家介绍,"目前学校有两个一年级教室的照明用电就是完全靠这个系统来供应的。在科技节彩虹小学的展区,一个约两米高的'大风车'和两块太阳能板出现在眼前。风能和太阳能通过这个系统储存到4个蓄电池里,能将电流输送到各个教室、办公室。"

三、以特色文化建设推进育人文化均衡

　　青羊区政府将制定全区义务教育学校文化建设发展"一校一品,一校一景"的目标写进年度政府工作报告,明确特色化、现代化、国际化的发

展导向，整体推进全区学校文化建设，彰显出青羊教育均衡发展的文化特色。

（一）一校一品的学校文化特色

按照"一校一品，一校一景"的思路，每所学校都培育了自己独有的校园文化。如三环外的实验小学西区分校的"生态文化"、泡桐树小学绿舟分校的"绿色文化"、康河小学的"川剧文化"、万春小学的"剪纸"课程、实验小学明道分校的"陶笛"特色课程等。

 案例

青羊区草堂小学以"学堂诗缘、文韵流长"打造学校文化。"浣花溪畔曲水流觞，杜甫草堂文韵千年。"在这里，"诗文化"使学校独具特色，弹奏着校园文化润物无声的清音。"诗路花语"、"好雨轩"、"一上间"、"桃李书斋"、"碧草书屋"、"若思城"……校园的每一个角落甚至卫生间，每一面墙壁甚至楼梯，都传达着诗的语言，流淌着浓浓的诗意。

（二）丰富多彩的校外文化特色

青羊区教育相关部门充分发挥青羊文博旅游资源优势，组织学生参加国际非物质文化遗产节、国际木偶节、诗圣文化节等文化活动，经常性地开展对金沙遗址、杜甫草堂、宽窄巷子文化等的体验活动，拓展学生视野，增强文化情感。

 案例

2011年9月19日下午，树德实验中学260余名学生来到青羊区人民法院审判庭旁听了关于盗窃案的庭审。这是新学期开学后，树德实验中学与青羊区法院在对未成年人进行法制教育的一次新探索——开设现场法制课堂。它不仅以真实案例开庭，让到场的师生切身感受到法律的威严，还通过走进法庭、感受庭审，增强广大青少年对法律的理解，引导广大青少年在遇到危险和困难时学会选择正确的处理方式。在旁听席上，参与旁听的学生认真观看了此次盗窃刑事案件的审判过程。法庭庄重的气氛、公诉人与被告辩护律师精彩的辩论等给到场学生留下了深刻的印象。学生们在旁听中学习了刑事案件审判程序的相关知识，对刑事案件审判程序中的公诉人举证、被告辩护人提议、法庭辩论等环节有了更深的了解。

何玉婷是树德实验中学初二的学生，这是她第一次进入法院参观。她说："以前我只知道法院是审理案子的，现在才知道其实法院还在做调解工作，将社会矛盾化解在萌芽状态，这让我对法院的工作有了更加深入的认识。"树德实验中学初三教师姚柯在活动结束后说："在以前，模拟法庭的普法形式比较普遍，但这种形式感觉像在'演戏'，远远没有真实法庭给人的震撼。真实法庭拉近了学生与法律的距离，让学生对法律的实际运作有了更为真切的观感。这样的尝试多多益善，对普及中学生法律知识效果非常明显。"

第二节　率先现代化发展战略

全面现代化主要解决的是"教育质量"问题，意在通过"要素革新"的现代化建设，夯实"学有良教"的前沿平台。

实现教育现代化，是各地政府在规划地方教育发展时都会提及的目标。教育现代化，就是用现代先进教育思想和科学技术武装人们，使教育思想观念，教育内容、方法与手段，以及校舍与设备，逐步提高到现代的世界先进水平，培养出适合参与国际经济竞争和综合国力竞争的新型劳动者和高素质人才的过程。具体包括教育观念现代化、教育内容现代化、教育装备现代化、师资队伍现代化、教育管理现代化等。教育现代化是传统教育在现代社会的转化，是一种教育整体转换运动，其核心是实现人的现代化。青羊区教育现代化的进程就是对"智慧教育"进行实践探索的过程。青羊区通过启迪智慧，实现了教育的根本转向，真正实现了"人是目的而不是工具"的教育现代化诉求。

在推进教育现代化的进程中，青羊教育主要通过以下"四大强化"手段来促进区域教育现代化发展：一是强化顶层设计，在战略上推进教育人才队伍现代化；二是强化机制建设，在制度创新上促进教育管理现代化；三是强化技术革新，在战术上推进教育课堂管理现代化；四是强化资源整合，在时空上促进教育信息技术现代化。

一、以制度设计推进教育人才队伍现代化

近年来，青羊区探索出了"一中心，两体系，满覆盖"的教育人才队伍现代化发展模式。"一中心"是指以"教育人才服务机构"为中心；"两体系"是指服务体系和发展体系，其中，服务体系包括实施"青羊教师暖阳工程"，提供"多元的成长平台"，发展体系包括打造"教师发展标准"、构建"分层培训机制"；"满覆盖"是指将在编教师和校长、外籍教师、退休教师和校长全部纳入流动范围。

2007年，为推进人才队伍现代化发展，青羊区在全国范围内率先成立了教育人才管理服务中心，将全体教职工的人事关系纳入中心统一管理，由"单位人"转变为"系统人"。目前，中心与全体在编教职工签订《事业单位聘用合同》共4094份，与64个学校（单位）签订《派遣协议》，学校与教师签订《岗位聘任协议》，实现了系统人员的全流动。表3.1展示的就是青羊区内部分学校校长的流动情况。

表 3.1　青羊区三环路附近部分学校校长的基本情况表

学　校	所处位置	所属集团	现任校长	原学校任职	荣誉称号
实验小学西区分校	三环外培风社区	实验小学	向尧	实验小学副校长	成都市语文学科带头人、青羊名师、成都市优秀青年教师、全国普法教育先进个人
实验小学明道分校	三环外工业园区	实验小学	周学静	实验小学副校长	全国优秀教师、全国优秀班主任、四川省师德标兵、成都市优秀班主任、成都市十佳文明教师、青羊名师、成都市优秀青年教师
泡桐树小学西区分校	三环内侧优品道片区	泡桐树小学	周英	泡桐树小学副校长	全国新世纪小学数学优秀教师、四川省优秀教师、青羊区学科带头人、青羊名师
泡桐树小学绿舟分校	三环外蔡桥社区8组	泡桐树小学	林川	花园（国际）小学校长	四川省骨干教师、全国教研工作先进个人、成都市义务教育课程改革先进个人
草堂小学西区分校	三环内侧清波片区	草堂小学	付锦	草堂小学副校长	青羊名师、区学科带头人、成都市优秀青年教师
石室联中金沙校区	三环内侧金沙片区	石室联中	朱兴全	石室联中副校长	成都市教育系统师德师风先进个人

　　为推进人才队伍现代化发展，青羊区通过构建"两体系"，促进人才成长。一是实施"青羊教师暖阳工程"，坚持学校固定公用经费的5%用于教师关怀，10%用于教师培训；二是出台了《青羊区教师专业发展标准》，进一步明确教师成长的四个阶段——合格教师、骨干教师、精英教

师、专家教师，力图创建一个打破教龄、职称和级别的教师专业发展模式；三是以"特级教师工作室"、"名师发展学校"和"青羊功勋教师联合会"为载体，探索名师成长新机制。（如表3.2所示）

表3.2　21个"特级教师工作室"对口帮扶全区21个相对薄弱学科教研组

工作室名称	挂牌学校	研究项目
特级校长张伟工作室	第三十七中学	中学管理
特级校长孙锐工作室	成飞中学	中学管理
特级教师段九宇工作室	康河小学	小学数学
特级教师张幼龄工作室	泡桐树小学绿舟分校	小学语文
特级教师王延玲工作室	第三十七中学	中学德育
……	……	……

为推进人才队伍现代化发展，青羊区还着力"满覆盖"，均衡资源。青羊区坚持把在岗教师和校长、外籍教师、退休教师和校长全员纳入"教师、校长流动"服务体系，教师从入职青羊到退休之后全程纳入"教师、校长流动"发展体系，有效实现了区域学校师资均衡。

二、以机制建设促进教育管理现代化

教育管理现代化无论是作为现代化在教育系统的体现，还是教育现代化在管理领域的生动体现，都决定了它是教育现代化的一个重要组成部分，因为管理水平的高低，是衡量教育现代化程度的基本尺度之一。教育管理现代化包括物质、制度、思想观念行为等三个层面的现代化。青羊教育在智慧教育的实践过程中，重点在机制建设方面对教育机构进行了优化组合。如为进一步推进现代学校制度建设，青羊区制定了《成都市青羊区深化现代学校制度建设实施方案》，共有16所中小学（其中小学10所、初中2所、普通高中3所、职业中学1所）参与现代学校制度建设的试点。

教育管理体制由"外控管理"向"校本管理"方向发展，已成为当代社会教育管理发展的主要趋向。青羊区在公办中小学民主管理委员会（简称"民管会"）建设实验研究方面走在全国前列，尤其是成都市升平街小学民主管理委员会参与校长公推直选的成功，在传统的学校校长任用体制中打开了一个缺口，破解了学校推进民主决策管理的坚冰，使教育行政部门将部分管理权限下放，逐步退出教育管理微观层面的目标得以实现，为构建新型政校关系进行了有效的尝试与探索。这是现代学校制度建设过程中的一大突破。

 案例

特写："民管会"与教育行政部门的博弈

在确定候选校长的年龄限制条款时，"民管会"认为应该选"有经验的校长"，而教育行政部门认为"组织规定正科级干部的任职年龄应在 35 岁以下"。最终，该校"民管会"经举手表决，形成决议，以 9 票对 6 票，否决了青羊区教育局提出的条件，将候选人年龄限制从"25—35 岁"改为"30—45 岁"。

在教育管理制度方面，青羊区也实现了多种制度创新：2005 年 4 月 20 日，青羊区教育局出台了《关于加快全区中小学民主管理委员会建设和运转的意见》；同年 10 月 8 日，青羊区教育局党委出台了《中共成都市青羊区教育局委员会关于加快全区教育系统基层民主政治建设进程的决定》；2010 年 4 月，青羊区教育局又出台了《成都市青羊区关于深化现代学校制度建设的通知》，明确了要围绕科学配置权力实施三权分管，深化民主集中。另外，还围绕服务型机关建设公开"三务"，实行"阳光政务"；围绕民主科学决策开放"三会"，强化"民主决策"；以群众公认为出发点改革人才选拔评判机制，推进"民主竞争"；以现代学校制度为着力点推进学校建设，实施"民主管理"；主动接受上级部门、职能机构和广大师生监督，完善"民主监督"等。

青羊区在强化机制建设、促进制度创新实践中的一个突出亮点是，通过第三方评价机构来监测区域学校教育现代化发展水平。青羊区教育局用项目引入了社会教育中介机构，探索"管、办、评"分立模式，青羊区教育局委托成都西部教育评估事务所，进行评估的第一个项目是"青羊区新教师素质达标认证"。成都西部教育评估事务所按照《成都市青羊区教育局 2008 年对上岗三年教师职业素质认证工作实施方案》和《成都市青羊区教育局关于新上岗教师职业素质认证的通知》的要求，本着独立认证、客观公正、坚持标准、实事求是的原则，在 2008 年 10 月至 2009 年 5 月，对全区 59 名上岗三年的教师的职业素质进行达标考核工作。几年来，成都西部教育评估事务所先后参与了对区域内学科带头人的考评、三年新教师达标认证等专项工作。2009 年 6 月至 2010 年 3 月，青羊区教育局还委托成都西部教育评估事务所，对全区 47 所中小学学校教育现代化发展水平进行评估验收，取得了较好的效果。

通过上述体制强化与制度创新，青羊区建立了政府依法管理、学校自主办学、家长与社区参与、社会监督的现代学校管理制度，在全区所有学校建立了民管会，积极吸纳社会参与学校的管理和发展，同时各学校尝试吸纳学校社区内人大代表、政协委员、社会名流等参与学校的建设和发展，把学校建成社区的文化中心。

三、以技术革新推进教学改革现代化

教学和教学管理是学校的中心工作。教学管理现代化是学校管理现代化的核心部分。教学管理现代化蓝图的实现，将使教学管理的多方面发生根本性变化，并带动整个学校建设的现代化，使学校以崭新的面貌出现在人们的面前。

随着信息技术的广泛应用，多媒体教学中"堆砌"式呈现内容、"间断性"展示内容、媒体控制台固定而不便操作等弊端，限制了教师教学能力的发挥，探索推广以传感技术、网络技术及人工智能技术综合运用的

"智慧教室"就成为一种必然。青羊区积极创设条件，采取符合实际的策略和得力的举措，借助"智慧教室"，变革教学方式。

2012年，青羊区引入了西南地区首个"智慧教室"。智慧教室是数字教室和未来教室的一种形式，是青羊教育推进未来学校建设的有效组成部分。通过智慧教室的教学环境和教学模式，不仅可以实现课堂多媒体互动、远程高清互动，还能够无缝导入云教学平台的优质内容，让课堂教学变得更简单、生动、高效，并实现全球范围内的教学互动、资源共享，为信息化、国际化、个性化教育提供强有力的支撑。在装有高科技互动教学工具的智慧教室里，学生通过手中的遥控器就可以进行课堂作答。教师根据及时生成的正确率，有针对性地进行重点讲解，使传统课堂的"我点名，你回答"变成"我提问，人人答"；同时还可以生成每个学生的资料库，让教师有效掌握每个学生的学习状况，从而更好地做到"因材施教"。目前，区域内有泡桐树小学、花园（国际）小学、石室联中（金沙校区）等7所作为首批试点学校参与智慧教室的探索与实践，通过云端诊断分析系统，帮助老师与学生了解学习的问题点，进而予以个性化的辅导，合理调度和使用教学资源，让课堂变成拥有科学化分析的智慧型教室，从而为大大提高教学管理的效率和水平开辟了广阔的前景。

有了先进的设备和环境，还需要有教学方式的转变。青羊区采取了如下措施来实现这种转变：其一，以交互式电子白板的教学应用为抓手，通过教师培训、教学交流、活动竞赛等形式，促进课堂教学效益的提升和教师信息技术水平的提升，并积极开展信息技术能力环境下的赛课活动。其二，提供优质数字教育资源和软件工具，利用信息技术开展启发式、探究式、讨论式、参与式教学，鼓励发展性评价，探索建立以学习者为中心的教学新模式，倡导网络校际协作学习，提高信息化教学水平。其三，鼓励学生利用信息手段主动学习、自主学习、合作学习；培养学生利用信息技术学习的良好习惯，发展兴趣特长，提高学习质量；增强学生在网络环境下提出问题、分析问题和解决问题的能力。

四、以资源整合推进教育环境现代化

教育信息化是一项具有基础性、创新性、战略性的工作，以教育信息化带动教育现代化，破解制约教育发展的难题，促进教育的创新与变革，是加快从教育大国向教育强国迈进的重大战略抉择。因此，青羊区将教育信息化工程作为重点项目，通过网络与信息技术，变革课堂教与学方式，将城市优质智慧资源输送到农村和边远地区薄弱学校，打造智能环境，培养学生智慧，加快教育教学信息资源建设，推进信息技术应用，以教育信息化推动智慧教育发展。

（一）打造智能化基础环境，培养教育信息化人才

结合学校标准化建设，青羊区针对基础教育实际需求，提高所有学校在信息基础设施、教学资源、软件工具等方面的基本配置水平，全面构建先进、高效、实用的数字化教育基础设施。同时，超前部署教育信息网络，充分整合和利用各级各类教育机构的信息基础设施，建设分布合理、开放开源的基础云环境，支撑形成云基础平台、云资源平台和云教育管理服务平台的层级架构。在配齐配足教育信息化应用装备的同时，青羊区狠抓教育信息化后备人才的培养，促进教育信息化的快速、可持续发展。目前已基本完成对中小学教师和技术人员的初级培训。此外，还加强了对全区教育技术能力的培训指导，帮助学校开展电子白板的使用等培训。

（二）完善教育智能服务平台，共享优质数字资源

青羊区还构建继续教育公共服务平台，面向全社会提供服务，为学习者提供方便、灵活、个性化的信息化学习环境，促进终身学习体系和学习型社会建设。

1. 优质资源共享平台

各名校集团建立网络课程开发基地，加大优质网络课程、视频案例的

开发与共享力度，建立全学科、全学段教师优质教学资源和多媒体素材资源库，实现软件配置全覆盖。青羊区设立了多套优质课堂录入系统，建立了精品课程资源库，使名优教师的课堂当天即可通过网络实现全区共享。同时，建成了集教学观摩、远程互动、数字课堂、在线评估、资源共享五大功能于一体的"网络视频信息采集中心"，实现了"研教同步、全员参与、资源放大、深度引领"，使区内学校之间的网上互动成为常态。

 案例

青羊区实验小学建立了高质量的实验小学网校，并作为全省唯一一所网络前端学校，通过远程网络教学方式解决民族地区和教育欠发达地区优质教学资源匮乏问题。截至目前，共有民族地区和教育欠发达地区的65所小学、203个班级、1万多名学生、1万多个家庭受益，促进了该地区的教育均衡发展。

2. 教师专业发展平台

2012年，经过紧张的研发筹备，青羊区教师网络学习平台"喜雨师社"正式面向广大教师投入运营。这一平台的使用，将逐步普及专家引领的网络教研，提高教师网络学习的针对性和有效性，促进教师专业化发展。只有真正具备高水准的专业化素质，教师才会得到社会应有的尊重。而以信息技术武装起来的教师，其专业化程度更高，更能赢得专业的尊严。

3. 学生个性化学习平台

依照"数据集中共享，服务统一平台"的设计思路，青羊区开发和建设了一套立足于智慧学生个性发展、学习方式变化、志趣培养和实施学校课程补充的"青羊区学生网络学习平台"，有力地促进了课堂边界的拓展和内容延伸。

《国家中长期教育改革和发展规划纲要（2010—2020年）》明确指出，"信息技术对教育发展具有革命性影响，必须予以高度重视"，"要加快学校管理信息化进程，促进学校管理标准化、规范化"。抢占教育发展的制高点，以信息化促进学校管理的现代化，提升办学水平，是将学校做精做强的最佳选择和必由之路。青羊区与时俱进、更新理念，依托信息化促进管理现代化，加快教育信息技术现代化的进程。

第三节　充分国际化发展战略

充分国际化主要解决的是"教育特色"问题，意在通过"文化互动"的国际化建设，夯实"学有良教"的开放平台。

教育国际化是青羊教育质量提升、内涵发展的内在需要。为了更好地利用教育国际化这一外生变量，通过有效引进调动国际教育资源来充分发挥教育国际化发展对教育现代化发展的积极作用，青羊开启了教育国际化的进程。在教育国际化理念指导下，衍生为在资源整合、校园文化、教师管理、课程建设、学生培养等方面的多元工作模式与多向生长趋势，构建起以"充分国际化"为特征的智慧教育开放平台。在这个开放平台，逐步形成"五维一体"的发展模式，"五维"即参照系（顶层规划设计）、突破口（对外交流合作）、着力点（国际项目带动）、立足点（特色课程打造）、拓展点（高端平台搭建），"一体"即充分国际化。在具体实施中，重点"找准五个点"：一是找准教育充分国际化的参照系，做好区域规划设计；二是找准教育充分国际化的突破口，做好对外交流合作；三是找准教育充分国际化的着力点，做好国际项目带动；四是找准教育充分国际化的立足点，做好特色课程打造；五是找准教育充分国际化的拓展点，做好高端平台搭建。

一、以区域规划设计为参照系

按照中央提出的统筹国内国际两个大局、两种资源的要求，青羊在推进教育国际化的进程中，根据自身的文化优势、区域优势和人才优势，对照国际教育的发展趋势，前瞻性地做好区域教育国际化的规划设计，确保为全区经济社会发展提供更强大的人才支撑、智力支持和知识服务。

这一方面主要体现在"一个体系"、"三重保障"上："一个体系"即形成以五年规划为纲、行动计划为面、实施方案为点、配套文件为线的国际交流合作体系；"三重保障"主要指组织和政策保障、经费保障及师资保障。在组织和政策保障方面，成立了区级教育国际化发展领导小组，在干部和教师出国学习交流行政审批、外籍优秀教育人才引进等方面给予特殊政策支持；各学校也成立了外事工作团队，区教育局还将教育国际化工作纳入对学校和一把手校长的年终绩效考核。在经费保障方面，2012 年，青羊区政府投入教育国际化专项经费 900 余万元，2013 年则达到 1100 余万元。特别是在同辉（国际）学校的建设上投入达 4500 余万元，该校特奥健儿代表中国队在世界特奥会上取得了 6 金的佳绩。在师资保障方面，青羊区在加拿大等国建设"教师海外研修基地"。2012 年，青羊区共派送 1784 名师生赴国（境）外交流，其中 513 位教师赴国（境）外参加培训，58 位教师获得国际认证协会（IPA）国际注册汉语教师资格，208 位教师参加了美中友好志愿者——青羊教师国际素养训练营。

另一方面，围绕《成都市青羊区教育国际化发展五年规划（2009—2013）》，青羊区陆续出台《成都市青羊区外籍辅导员管理暂行办法》《成都市青羊区中外合作办学管理办法》等相关配套制度，推进教育国际化特色学校建设工程、国际化师资建设工程、国际复合型人才培塑工程、国际教育科研基地建设工程、国际化学校建设工程以及青羊教育推介工程。

二、以对外交流合作为突破口

智慧教育具有开放与无限延展性，"集大成，得智慧"，是智慧教育秉承的理念之一。站在全球一体化的背景之下，能否充分利用国际国内两种教育资源，成为推进智慧教育建设发展的一大关键因素。青羊区一方面横向引进国际优质教育资源，另一方面纵向挖掘已有国际教育资源，提高优质国际教育资源效度，形成"横拓纵展"的资源融合战略——以改革创新的精神，引导教育部门积极开展与国内外教育合作交流，进一步加强教育的对外开放力度，积极推进内外联动、互利共赢的开放型教育体系。通过建立区、校两级推进国际交流合作的管理体制，成立青羊教育国际化发展领导小组、对外交流与宣传科，组建学校国际化建设推进工作小组。主要成效具体体现在：一是不断扩大区域性合作，目前已与美国国际教育交流协会等建立长效的战略合作机制，同时正在与澳大利亚新兰威尔士教育部门协商教育合作事宜；二是不断深化机构间合作，与英特尔集团、美国全球科思基金等国际机构进行了深度教育合作；三是不断增加国际姊妹学校，目前已达 77 所；四是不断丰富国际化人才，如聘任美国前教育部副部长苏珊女士、香港真道书院前院长丘日谦博士等担任国际教育专家顾问团成员。

三、以国际项目带动为着力点

青羊区教育局与中国教育科学研究院等七大学术机构建立战略合作关系，组建"国际教育研发核心专家团"，负责青羊教育国际化的理论研究、实践调研、动态监测和决策咨询等方面的工作，打造项目合作中心。目前，青羊区教育局整合英特尔、加拿大东方教育局、美国哥伦比亚国际文化发展中心等国际机构资源，成立青羊国际项目管理中心，负责全方位推进青羊国际化项目。另外，青羊区借助社会组织的资源优势，成立"海外教育合作机构联络咨询室",促进海外资源与本土资源的融合。

与此同时,青羊区在办学机制、投资渠道、政府管理和质量保障等多种路径中,探索各类教育国际化的新机制与新方法。目前,区域内教育国际化主要体现在:一是国际学校打造项目,重点打造以法语课堂为特色的花园(国际)小学、以普特融合为特色的同辉(国际)学校及以 BTEC 课程①为特色的青苏职业中专学校三所国际化学校;二是教育教学革新项目,与美国教师无国界组织、英国伦敦蒙台梭利协会等机构进行相关合作;三是国际特色活动项目,与英国驻华大使馆、青年成就组织等机构合作,开展中英气候课堂等活动。

四、以特色课程打造为立足点

青羊教育切实加强教育国际化的分类指导,教育主管部门以特色课程为突破口,探索出了义务教育阶段、高中教育阶段等不同时期的四类课程:一是国际理解课程,精心编写了《国际理解教育学本》,并开设"国际理解课程";二是双语课程,进一步扩大了双语课程推广学校;三是国际交流体验课程,开发了一套涵盖武术、戏曲等非物质文化遗产的"国际交流品牌短课";四是国际课程,将实验小学的熊猫课程、泡桐树小学的"POP 课堂"(泡泡课堂)等开到海外友好学校。

五、以高端平台搭建为拓展点

青羊教育以多元服务为平台,积极参与国际教育服务和人文交流,积极拓展与友好城市、世界政府间国际教育组织以及非政府国际教育组织的

---

① BTEC 是 Business & Technology Education Council(英国商业与技术教育委员会)的简称,是英国首要的学历文凭和职业资格开发与颁证机构。BTEC 课程是英国最大的考试认证机构——英国爱德思国家学历及职业资格考试委员会(Edexcel)的品牌教育产品。BTEC 课程涉及商科、建筑、工程、计算机、传媒等 9 个大类、上千门专业,注重培养学生的综合素质,让学生在直接就业和继续深造之间自由选择,并在全球范围内被大学和职业机构所认可。BTEC 既是学历文凭,又是职业资格证书。

教育合作与交流，这主要体现在国际教育高端对话平台的搭建。青羊区已于这个平台举办了"中英国际气候课堂教育论坛"、"2012 年对话未来教育峰会"等多个高端教育国际论坛。目前，青羊区正与中国教育科学研究院、美国哥伦比亚发展中心等机构深度合作，全面实施"332"计划，即打造"三大中心"（国际化研究发展中心、国际化管理咨询中心、国际化信息资源中心）、构建"三大增长极"（教师国际素养增长极、教育文化交流增长极、学生国际竞争力增长极）、建立"两大基地"（社区国际教育交流基地、海外教育研修基地）。同时，通过对外输出教育人才，打造"孔子课堂"、"诗歌课堂"，对内引进国际教育资源构建"法语课堂"、"德语课堂"，走内涵式品牌化教育国际发展之路。

可以说，青羊教育在教育改革实践探索中逐步形成了以"高位均衡化"、"全面现代化"、"充分国际化"为核心的"三化联动"发展模式和以智慧教育为价值追求的教育现代化探索，有效地促进了区域教育的高效、均衡及优质发展。

第四章

智慧教育的顶层设计

　　教育改革是一项复杂的系统工程，区域推进智慧教育需要教育观念、教育制度、教育组织形式和教育评价制度等方面发生相应的变革。青羊区的智慧教育既重视区域层面的顶层设计和制度规划，又重视学校的自主性和原创性，形成了上下联动、相互促进的发展局面。青羊区先后出台三份重要文件，从空间上设计了全面推进智慧教育的方案（即《深化城乡统筹，推进教育现代化纲要》），从时间上确定了十年教育发展规划（即《成都市青羊区中长期教育改革与发展规划（2010—2020 年）》），并指导学校制定了更为个性化、具体化的发展蓝图（即"学校五年规划"），来推进区域智慧教育。

第一节　制定区域推进教育现代化纲要

"凡事预则立，不预则废。"青羊区在推进智慧教育的过程中，注重区域层面的顶层设计和制度安排。2008 年，青羊区委、区政府制定并发布了《深化城乡统筹，推进教育现代化纲要》（以下简称《纲要》），形成了一整套推进青羊智慧教育的核心理念和战略战术，明确提出了推进区域教育发展的"四大战略"和"九大工程"，为区域教育改革与发展指明了路径。

一、总体目标

教育现代化涉及教育的方方面面，推进教育现代化是一个系统工程，需要明确的方向指引。《纲要》提出了建设适合时代要求的专家型管理团队，建设高水平的专业化教师队伍，运用先进的教育技术，培养出胸怀祖国、放眼世界、全面和谐发展的社会主义事业建设者和接班人；确定了到 2010 年，率先基本实现区域教育现代化，到 2013 年，进一步提高青羊区教育现代化水平，并在中西部保持领先的发展目标。《纲要》中也确立了"做精、做亮、做强"的核心思想，具体来说：做精，就是做精现代管理，突出规划先行、项目跟进；做亮，就是做亮学校文化，呈现百花齐放、万紫千红；做强，就是做强教育品牌，筑造质量高地、首善之区。

同时，《纲要》明确指出"四大战略"和"九大工程"为青羊教育的发展路径。其中，"四大战略"包括：深层次的均衡发展战略、长期性的内涵发展战略、多样化的特色发展战略、全方位的协调发展战略。"九大工程"具体包括：创新人才队伍建设工程、教育信息化建设工程、现代学校制度建设工程、素质教育区域推进工程、学校特色发展工程、教育国际化工程、区域教育集团发展工程、终身教育工程、区域教育质量监测体系工程。

二、内容及任务

（一）确立"四大战略"，指引教育现代化，加快城乡统筹步伐

深层次的均衡发展战略要求：从注重城乡均衡向注重校际均衡深化，从注重硬件均衡向注重内涵均衡深化，从注重粗放均衡向注重要素均衡深化，从注重政府推动均衡向注重学校主动发展深化，从注重行政评价均衡向社会监测评估均衡深化。

长期性的内涵发展战略要求：深入开展现代学校制度的研究与建设，以促进学校内涵发展为基本指向，进一步缩小办学条件校际差距，实现动态的教育均衡。重视并推进学校文化建设，充分发挥现代课程的引领作用，努力培养具备现代意识的社会主义国家公民。

多样化的特色发展战略要求：鼓励学校特色、创新发展，扎扎实实抓好"四个一批"，即继续支持和办好一批底蕴深厚的品牌学校，集中力量建设好一批质量一流的优质学校，形成一批个性鲜明的特色学校，发展好一批绩效并举的规模学校。

全方位的协调发展战略要求：通过教育现代化的理念引领和任务推动，进一步调整区域内基础教育资源结构，完善学前教育、成人教育、社区教育，形成体系完整、结构合理、资源充足的区域终身教育体系；形成开放的办学机制，积极吸纳各类资源，构建全方位、多角度、协调性强的区域现代教育格局。

（二）实施"九大工程"，推进教育现代化，深化城乡统筹发展

青羊教育现代化首先要推进教育思想的现代化，围绕"三个面向"，树立"全面贯彻教育方针，全面实施素质教育，全面提高教育教学质量"的思想，以正确的人才观、全面的教育质量观、科学的教育目标观为方法指导，将转变教育管理者的管理理念、转变广大教师的教育观念、发展学生的学习信念，作为推动教育现代化进程的根本思想动力，并在此基础上规划了青羊区率先基本实现教育现代化的"九大工程"。

1. 区域教育现代化发展规划工程

此项工程致力于分析成都市和青羊区的经济、文化、人口现状及未来发展趋势，整体规划青羊教育的结构、布局、数量、速度和水平。要科学把握青羊教育改革和发展的总体目标，使区域内的各种教育资源合理配置，各级各类教育互相衔接，形成布局合理、结构完整、特色鲜明、高效优质、持续发展的教育局面。

2. 校优质资源集团发展工程

此项工程致力于率先在全市启动优质教育扩展工程，以实验小学、泡桐树小学、草堂小学、金沙小学、树德实验中学、石室联合中学、青羊实验中学等为龙头，举办教育集团，进一步深化义务教育均衡发展，辐射优质教育资源，促进教育公平，同时加大对三圈区（市）县的支持力度，采取"名校领办，对口带动，辐射覆盖"策略，加强合作，共同提升教育水平。

3. 现代化人才队伍建设工程

此项工程致力于建设一支年龄结构合理、各学科教师配备齐全、各职级教师满足岗位要求、思想素质高、业务能力精湛的教师队伍；深入开展教师全员素质提升工程、名师发展工程、助跑新人工程、干部培养工程；全面深化人事制度改革，实施校长职级制和教师岗位薪酬制，打破区名优教师的名誉终身制和职务聘用的终身制，积极探索教师培养新模式。

4. 教育信息化建设工程

此项工程致力于努力提高师机比和生机比，逐步实现"班班通"；加

快校园网建设，建设好青羊教育门户网站、教师研修网站、学生网上家园；做好软件资源的开发、集成、使用，促进优质教育资源共享；提高装备的管理和使用水平；进一步加强装备使用权与管理责任一体化程度，研制系统干部教师队伍信息技术运用动态达标标准，落实目标考核责任制，全面提高全员的信息技术运用水平。

5. 学校硬件提档升级工程

依据《四川省中小学装备标准及器材配备目录》，实施标准化配备，到 2009 年，使全区中小学的实验室、仪器设备、图书、音体美器材配备等达到成都市教育技术装备及设备设施的满覆盖标准；到 2013 年，达到省一类标准。

6. 学生综合素质提升工程

此项工程以全面提高学生素质为核心，突出德育的首要地位，改革教学思想、教学内容、教学方法和评价方式，优化学科课程，强化活动课程，开发环境课程，增设研究性学习课程，构建符合素质教育规律的现代课程体系。即要不断优化教育教学模式和方法，培养学生自主学习的能力，养成良好的体育锻炼习惯和健康文明的生活方式，增强学生的创新意识和实践能力。

7. 学校文化建设工程

此项工程坚持"一校一品，一校一景"的理念，进一步提炼、明晰、确立学校的办学理念，为学校的可持续发展确立正确的精神内涵，牢固树立学校核心价值观；围绕学校的办学目标和核心价值，对学校物质环境进行不断地优化和美化；丰富和拓展学校活动课程，运用学生喜闻乐见的形式进行教育，通过直观熏陶和潜移默化的教育，养成师生良好的行为习惯和文明素养，凸显学校办学特色。

8. 构建终身教育体系社区教育现代化工程

此项工程进一步巩固了社区教育区（社区学院）—街（社区学校）—居（社区教育工作站）三级网络阵地，实现社区远程教育全覆盖，使全区 14 个街道 75 个社区实现联网。这要求充分发挥各类资源在社区教育中的作用，在社区教育内容、教育形式、组织方法和管理手段等方面开展创新性实践，构建新的社区教育发展模式，发挥青羊区在全国社区教育的示范作用。

9. 区域现代化教育评价工程

此项工程致力于完善学生综合素质发展性评价体系，完善以素质教育理念为核心的教师评价体系，构建以增值评价为主导的学校发展性评价体系。要引入社会第三方的教育专业评价，委托专门的评估机构对教育专题进行项目评估，为学校实现高质量、高效益发展提供强有力的技术支持和帮助。

三、保障措施

青羊区将教育现代化工作列入重要议事日程，加强组织领导，建立分工负责、团结协作的工作体系，推动教育现代化工作的纵深开展。这一方面要切实加大财政对教育的投入，充分发挥政府对教育投入的主渠道作用，确保教育经费的"三个增长"，并不断完善多渠道筹措教育经费的体系；加强对教育经费使用情况的监督和审计，提高教育经费的使用效益。另一方面要实施教育现代化考核评估机制，建立分级负责的责任体系，层层签订目标责任书，将教育现代化工程作为校长任期的"硬指标"，纳入年度考核项目，直接与工作业绩挂钩。

青羊区在与中国教科院合作制定了《纲要》后，在"城乡统筹　质量领先　率先基本实现区域教育现代化"的发展目标指引下，坚持"政府搭台，部门联动，教育唱戏"的十二字方针，深入实践"智慧教育"，推进引领区域教育现代化不断迈向更高水平。

第二节　制订中长期教育改革发展规划

　　教育发展规划的核心在于内容与特色。规划内容是否合理直接决定了规划能否得到落实，而规划的特色则彰显了该区域自身特有的发展需求。青羊区中长期教育改革和发展规划承接国家、省、市教育发展规划的政策指导，又恰到好处地体现了青羊区自身发展的需求与青羊教育的特点。

　　2009 年，青羊区在区域推进教育现代化纲要的基础上，启动了《成都市青羊区中长期教育改革与发展规划（2010—2020 年）》（以下简称《青羊教育规划》）的研制工作。2011 年 5 月，成都市青羊区委、区人民政府印发了《青羊教育规划》，《青羊教育规划》正式向社会发布。《青羊教育规划》既承接国家、省、市教育发展规划的政策指导，又体现出自身教育发展的需求和特点。

一、背景与过程

　　教育发展规划的制订，尤其是区域教育发展规划的制订，必须充分了解区域经济社会的发展状况、历史文化背景以及各级政府的教育政策等。因此，区域教育发展规划的研制首先便是研制区域教育发展的背景，其次，合理严谨的研制过程是教育发展规划科学性的有力保障。

（一）研制背景

　　自 20 世纪 90 年代行政区划调整正式建区以来，青羊区全面贯彻党的教育方针，积极推进城乡教育一体化发展，率先在成都市通过教育现代化验收。教育体系更加完善，教育普及程度大幅提高，素质教育深入推进，教育质量不断提升，教育公平迈出重大步伐。在市委、市政府建设世界现代田园城市的战略构想下，青羊区制定了"全面城市化、率先现代化、加速国际化"的发展战略，并努力建设"世界现代田园城市示范区"。面对前所未有的机遇和挑战，必须清醒地认识到，青羊教育还不完全适应经济社会发展和人民群众接受良好教育的要求；教育现代化尚未完全实现，教育发展水平与发达地区中心城区相比，仍存在一定的差距。

2007 年，国务院批准成都市为"统筹城乡综合配套改革试验区"。青羊区根据统筹城乡综合配套改革试验的要求，先行先试，加快建立统筹城乡发展的体制机制，尽快在城乡规划、产业布局、基础设施建设、公共服务一体化等方面取得突破，促进公共资源在城乡之间均衡配置，生产要素在城乡之间自由流动，推动城乡经济社会发展融合，为全国深化体制改革、推动科学发展和促进社会和谐提供经验和示范。2009 年，教育部与成都市签署共建"城乡统筹教育综合改革试验区"的协议，将教育现代化确定为成都市教育发展和统筹城乡综合改革实验所要实现的核心目标。与此同时，国土资源部、人力资源与社会保障部等国家部委先后与成都市签订了部、省、市三级联动合作的协议，共同推进成都试验区的改革创新。同年，中国教育科学研究院与青羊区政府正式签署"青羊教育综合改革实验区"合作协议，围绕着"城乡统筹　质量领先"的主题，追求区域教育的深度均衡发展。

（二）研制过程

中国教科院青羊教育综合改革实验区成立以后，实验区专家组开展了"青羊区中长期教育发展规划"研制项目工作，最终形成了详细的项目研制计划。在中国教科院教育政策研究中心主任吴霓研究员的带领下，项目组对青羊教育进行了仔细深入的调研，并广泛征求了社会各界的意见，形成了详细的调研报告。2010 年，青羊实验区专家组对前期调研结果进行了认真梳理，经过反复论证修改，最终形成了《青羊教育规划》（讨论稿）。经过教育局党委扩大会议的多次讨论，形成《青羊教育规划》（征求意见稿），并向全区教育系统征求意见。2011年成都市青羊区委、区人民政府印发了《青羊教育规划》，《青羊教育规划》正式向社会发布。

二、内容与特色

《青羊教育规划》提出了青羊教育未来十年的工作方针和战略目标。除序言和实施外，共分四大部分、十九章、六十四小节，共12000余字。

（一）主要内容

第一部分为总体战略，提出了青羊教育未来十年的工作方针和战略目标。工作方针即：育人为本、高位均衡、改革创新、优质发展。战略目标即：到2015年，将青羊区建成中西部具有示范意义的教育强区；到2020年，青羊教育发展水平进入全国一流行列。

第二部分为发展任务，提出了青羊各级各类教育的发展目标和措施，即：全面普及学前教育，加强学前管理，完善学前教育结构；深入推进义务教育均衡优质发展，全面提高义务教育质量，减轻中小学生课业负担；推动普通高中特色化发展，提高普通高中教育质量，提升学生综合素质；大力提升中等职业学校办学水平，创新人才培养模式，建设现代师资队伍；加快发展继续教育，构建终身教育体系；关心和支持特殊教育，完善特殊教育支持保障体系，提高残疾学生的综合素质。

第三部分为体制改革，提出了青羊教育体制改革的重点领域，即：加快人才培养体制改革、办学体制改革、管理体制改革，建设现代学校制度，扩大教育开放。

第四部分明确了青羊教育改革与发展的保障措施，即：建设高素质教育人才队伍，保障教育经费投入，提高教育信息化水平，严格依法治教。同时，为推进规划实施，2011年拟重点实施"九大工程"，即创新人才队伍建设工程、教育信息化工程、现代学校制度建设工程、素质教育区域推进工程、学校特色发展工程、教育国际化工程、区域教育集团发展工程、终身教育工程以及区域教育质量监测体系工程。

(二) 特色与亮点

1. 方法科学，专家指导

规划研制项目组通过问卷、访谈、座谈会等多种形式，面向政府领导、校长、教师、学生等不同群体，开展了广泛的调查研究；中国教科院领导高度重视，中国教科院 20 余位专家参与指导和规划研制工作。

2. 论证充分，会聚民意

规划文本经过反复修改，多次推敲，并多次召开意见征求会，充分听取人大代表、教育专家、校长代表的意见和建议。同时也就规划文本向政府各职能部门征求意见。

3. 目标明确，适当超前

规划提出了青羊教育发展的中长期战略目标，振奋人心。同时，也提出了各级各类教育的发展目标，立足区域实际情况，脚踏实地。

4. 措施具体，保障有力

规划以"九大工程"具体推动实施，具有较强的可操作性。同时，也保持了政策的连贯性和系统性。此外，还建立了科学、合理的保障措施，保证规划切实落到实处，真正推动青羊教育发展。

总之，《青羊教育规划》描绘了青羊区从 2010 年开始的十年的教育发展蓝图，是指导教育改革与发展的行动指南，是统领教育工作的纲领性文件，它必将对青羊区教育事业的科学发展起到重要的推动作用。

三、目标与任务

作为教育综合改革实验区，成都市教育要在城乡教育一体化、城乡教育均衡发展、优质教育资源满覆盖、素质教育和教育现代化等方面取得突破性进展，为全国创造经验。其中，青羊教育的发展特色则成为成都乃至西部地区的重要标志。探索并构建区域教育快速、协调、可持续发展并独具特色的青羊教育发展体系，使之成为成都乃至中西部教育最发达、质量最好、现代化程度最高、城乡发展最均衡协调的区域，乃至对全国均具有重大的影响，是青羊教育中长期发展的奋斗目标。

（一）率先实现中西部地区的教育现代化

推进教育现代化，首先必须依托经济的发展，只有当经济的发展程度到达一定的水准，才能顺利实施教育现代化。成都市 2008 年人均 GDP 达 30855 元，已大大超过我国推进教育现代化的发达地区当年启动时的水准，为成都市推进教育现代化建设提供了有力的保障。在中西部地区，成都市已经提出从初步实现教育现代化，到率先基本实现教育现代化，再到率先全面实现教育现代化的发展目标。青羊区作为成都市的核心区域，将承载实现这一目标的重要责任，即要在成都市教育现代化发展中保持领先位置。青羊区教育现代化发展的核心，即是在教育发展过程中，通过教育思想、教育体制、教育内容及方法、办学条件、师资队伍、教育管理的现代化建设，逐步率先实现学前、初等、中等、职业、成人、社区教育水平达到现阶段的现代化标准；同时，教育决策、发展战略、投入机制、教育环境等与经济社会发展相适应，符合教育现代化的建设要求。

（二）促进城乡教育一体化高位均衡发展

成都市作为教育部、四川省教育综合改革试验区，其中一个重要的实验就是要在城乡教育一体化方面取得突破性进展。青羊实验区必须在成都市率先取得重要突破，成为城乡教育体制和机制一体化高位均衡发展的区域，为全国创造经验。青羊实验区城乡教育高位均衡发展的核心，就是坚持"城乡居民子女人人享受优质教育"的目标，用统筹城乡发展理念，推进城乡教育一体化进程。坚持以一个标准配置城乡教育软硬件设施，以一个标准衡量城乡教师、校长的工作，最终实现城乡一个标准评价学生的培养质量；坚持构建城乡一元的公共教育体制，构建和完善统一的城乡学校建设标准、师资配置、课程设置、办学质量等；坚持在建立法规、制度、投入等三方面的保障机制上下功夫，达到统筹城乡教育事业发展的一元标准。通过改革创新，促进教育各个板块的协调发展，最终实现惠及于民、惠及于生。

（三）加快名校集团化发展进程

实施名校集团化战略，是破解"上学难"，特别是"上好学难"问题的一条成本最低、风险最小、成效最大的重要路径，也是青羊区特色推进优质教育均衡化、平民化、普及化的一条成功之路。在成都市的统一规划下，结合青羊区域实际，组建并健全、规范、发展以名校为龙头的优质名校教育集团，对集团内学校统一调配、统一管理，实现优质教育一体化办学。通过名校集团化，实施优质名校"三进三促"，即：推进优质名校进新区，促新区发展；推进优质名校进园区，促进产业发展；推进优质名校进远郊，促进涉农地区教育发展。

同时，还要加快名校集团化进程，实施名校集团的"四个延伸"：推动名校集团向学前教育延伸，统筹本市居民子女和进城务工人员子女接受学前教育需求，调整建设规划，完善配置标准，通过城区名园的集团化发展，使得学前教育得到高质量的发展；推动名校集团向农村教育延伸，深化义务教育段城乡学校互助共同体建设，完善区域内城乡学校互助共同体工作规划，建立有效的管理机制，加强城乡学校互助共同体考核，促进城乡教育的高质均衡发展；推动名校集团向弱势群体教育延伸，把帮助和扶持新建学校、薄弱学校迅速提升软实力，作为名校集团化办学的重要内容，促进学校教育质量的整体均衡发展；推动名校集团向高中阶段教育延伸，通过与区域内优质高中协作、托管，促进区域内高中教育的特色化发展。

《青羊教育规划》描绘了青羊区 2010 年以后十年的教育发展蓝图，是指导青羊教育改革与发展的行动指南，也是统领教育工作的纲领性文件。它必将对青羊区教育事业的科学发展起到重要的推动作用。

第三节　制订学校五年发展规划

学校的发展必须要有明确的目标，准确的定位，并且形成鲜明的办学特色。科学地制订学校发展规划是学校健康发展的保障。《青羊区中长期教育改革和发展规划》设定了 2020 年的目标："基础教育普及程度和质量达到国内发达地区中心城区水平，公平优质的教育惠及全民。"其中重点是要使"公平优质的教育惠及全民"，这就需要既在区域层面加快学校建设的步伐，更要在学校层面使学校全面跨入内涵发展的道路，通过实施学校五年发展规划的研制、评审和答辩工作，推进区域智慧教育走向深入。

作为具体承载教育发展的学校，要适应各级政府对教育发展的要求，必须制订出科学合理的发展规划，促进学校的健康发展。学校发展规划是多方参与的、注重不同群体声音的、自下而上的、面向实际的、展望未来的、注重可持续发展的、共同合作的结晶。学校发展规划的制订能够调动参与者的积极性，获得广泛的认同，其意旨是解决学校发展中的具体问题，满足学校发展、教师专业发展、学生发展的现实需要。[①]

---

① 楚江亭. 关于制定学校发展规划有关问题的思考 [J]. 教育理论与实践, 2006 (5): 24-26.

一、研制启动阶段

(一) 青羊实验区学校五年发展规划全面启动

青羊实验区教育局为全面贯彻全国、四川省、成都市中长期教育改革和发展规划纲要，深入推进中国教科院青羊教育综合改革实验区建设工作，全面启动"学校五年发展规划"。

青羊实验区召开学校五年发展规划工作部署暨培训会议。会议邀请了中国教科院专家就学校五年发展规划向全区学校做出指导。专家组指出学校的发展规划目标应具备时代性、创新性、操作性、评估性，并且要符合素质教育精神，体现办学特色的发展理念和发展目标，建立起能够将规划落实的完整保障体系。中国教科院专家总结了学校既有的优势和存在的不足，及学校面临的机遇和挑战，并根据学校的实际情况，对学校的五年发展规划工作提出了具体的专业指导：强调"四大转型"，广泛发动师生、家长、社区成员及社会各界人士积极参与，努力追求办学效益的最大化和增值发展，不断提升教育教学质量。

青羊区教育局党委书记、局长李泽亚着重围绕《青羊区中长期教育改革和发展规划》的总体目标和战略部署，详细阐述了青羊实验区学校五年发展规划的指导方针和基本原则。同时要求各学校深入研究，认真实施"四大战略"、"九大工程"；围绕既定的发展目标，选择最有利推动学校各项工作的若干重点发展项目，整合政府、学校、社会三方资源，集中力量加以突破，为青羊加快建设"世界现代田园城市示范区"奠定坚实基础。此次会议的召开，标志着青羊实验区学校五年发展规划的全面启动。

(二) 青羊实验区邀请专家对学校规划进行针对性指导

为了对各学校的规划研制工作进行针对性指导，青羊实验区召开"青羊区学校五年发展规划工作推进会"，部署学校规划指导工作。

青羊实验区对学校规划的研制充分认识到，要通过指导规划研制这项工作来促进学校的发展；结合学校自身的实际情况对学校进行指导，推动学校的发展，而不能仅停留在"规划"的层面。校长是学校规划研制工作的核心人员，校长必须对学校自身的情况有充分深入的认识，了解学校发展面临的突出问题。只有在充分认识自身情况的基础上，才能制定出合理的发展目标。同时，学校发展规划的制订是全员参与的结果。规划初稿确定以后，首先在校内全面征求意见，根据这些意见修改初稿后，提交专家组，由专家组进行针对性的指导。

青羊实验区在对学校规划的研制过程中首先对学校的办学历史和现状做出全面深入的调研，充分总结分析学校发展面临的问题和需求。各个学校所制订的规划在形式上有所不同，但都包括三个方面的内容：学校发展的目标定位是什么？为实现这些目标，学校拟开展的重点工作和项目有哪些？学校拟采取哪些手段和措施，有效推进这些重点工作和项目？

青羊教育顾问团全体专家分成若干小组，对青羊区属各中小学、幼儿园进行了第一轮系统指导。在指导过程中，专家们帮助各学校进一步厘清思路，正确分析自身的优势与不足，准确定位学校的发展目标，科学制定学校的发展任务和重点工作。随着指导工作序幕的拉开，中国教科院青羊实验区专家组也应部分学校的需求，奔赴部分学校进行规划指导工作。

二、研制论证阶段

（一）青羊实验区专家组的指导

根据青羊实验区学校五年发展规划研制工作的总体安排和部署，结合各学校的实际情况和发展需求，中国教科院青羊实验区专家组相继到成都市泡桐树小学、成都市实验小学、成都市实验小学明道分校、成都市第五幼儿园、成都市金沙小学清波分校、成都市树德实验中学等学校调研，并就学校五年发展规划草案进行专题研讨，提出有针对性的意见和建议。在校园实地考察过程中，专家组详细了解了各学校的办学条件、教育教学现状以及取得的优势和存在的不足；在与学校领导班子进行研讨的过程中，专家组帮助学校明确自身在发展过程中面临的主要问题，进一步厘清发展思路，并根据各学校的实际情况，对学校的发展目标进行准确定位，科学制定学校的发展任务和重点工作。在深入学校调研的过程中，中国教科院青羊实验区专家组还就各学校五年发展规划草案进行了具体的指导，对规划的各部分内容进行逐项拆解和解读，并就进一步完善规划文本提出了建设性的意见和建议。

为了扩大对青羊实验区各校园五年发展规划的指导，专家组又相继走进成都市苏坡小学、新华路小学、泡桐树小学绿舟分校、光华小学、彩虹小学、中育实验学校、成都市第十一中学等学校，再一次指导学校修改五年发展规划。并根据各学校的具体情况，找准特色项目发展的突破口，深入探究特色教育的影响力。

凝练学校的特色，推进学校的个性化发展，是实现学校内涵式发展的必然要求。在青羊区大力推进"一校一品，一校一景"的过程中，青羊实验区专家组走进基层校园，积极识别和认真提炼学校发展的特色，站在科研的高度深入指导学校未来的发展，不断提高青羊教育的品质，着力打造个性和谐、富有创新的现代化优质教育。

（二）青羊教育顾问团的指导

青羊区教育局按照"做优一般学校、做强名校集团、做大教育产业"的发展思路，聘请了区内 14 名全国优秀教师、四川特级教师成立了专家顾问团。顾问团承担培养校长和指导骨干教师的教学及研究任务，每年对指导的学校校长以及骨干教师做出客观、公正的考核、评价，指导和培养学科骨干教师上好教学研究课。此次学校制订五年发展规划之际，教育局特邀请教育顾问团全体专家分组对青羊区属各中小学、幼儿园进行系统指导，帮助学校梳理思路，确定未来发展的方向。

为了使对学校的五年发展更加深入，青羊实验区邀请专家、校长进行座谈，共同讨论学校五年发展规划的研制工作。

为了进一步指明学校发展规划的方向，青羊区专家顾问团专家顾问苏文钰、青羊区教育学会会长张化冰等与区属各小学校长座谈，共同讨论学校五年发展规划的研制工作，并具体以一所学校的五年发展规划为例，为各学校解读五年发展规划制订的要求及精髓——专家们以新华路小学的规划为例，从学校发展规划制订过程中应重点关注的问题，如目标任务的详细解读、学校优势劣势的具体呈现、学校特色的鲜明体现、学校规划目标的定位和定性表达等方面，进行了详细解读和指导；并提出学校的发展规划目标应具备时代性、创新性、操作性、评估性，且要符合素质教育精神、体现办学特色的发展理念和发展目标，建立起能够将规划落实的完整保障体系。另外，青羊区专家顾问团专家顾问冯梦月、刘大春等深入各小学指导五年发展规划的研制工作。专家们针对各学校五年发展规划制订过程中出现的问题，进行了集中讨论，并建议学校：首先要高度重视，组织有力；其次要对顶层设计进行系统思考；最后，在规划的制订过程中要思路清晰，方法科学。

专家们的精心指导为学校发展规划的研制工作指明了方向。各学校按照专家们的意见，通过深入研究，多方求证，广泛征求教师、家长、学生意见，围绕着学校既定的发展目标，选择最有利推动学校各项工作的若干重点发展项目，整合家庭、学校、社会三方资源，集中力量加以突破，最终形成了各自的"五年发展规划"。

三、研制总结阶段

为引导学校科学制订五年发展规划，全面实施素质教育，增强学校主动发展的意识和能力，整体提升全区教育品质，青羊实验区召开了全区学校五年发展规划评审会。

中国教科院基础教育研究中心陈如平主任、教育综合改革实验区办公室李晓强主任，应邀作为本次评审会的特邀专家。青羊实验区专家组组长刘光余博士、成员潘亦宁博士和孟照海博士，担任本次评审的专家。青羊区教育局李泽亚局长任评审组组长，杨昭涛副局长、任焰书记、钟家强副调研员任副组长，教育局各科室科长、直属单位负责人等任评审组成员。

此次学校五年发展规划评审会共历时两天，青羊实验区共 52 所公办中小学、幼儿园及职业中学的校园长参加了答辩。评审遵循民主性、前瞻性和可行性原则，评审标准涵盖学校现状分析是否客观、发展目标定位是否恰当、规划措施是否可行、重点项目是否合理、制订过程是否民主等多个方面。评审程序分学校汇报、专家提问和抽题回答等环节。评审组所有成员对答辩学校进行现场打分，并对各校园的五年发展规划提出指导性的意见。

为了进一步了解各校园五年发展规划的制订情况，根据各校"学校五年发展规划"的答辩情况，召开了"中国教育科学研究院青羊教育改革实验区'学校五年发展规划'评审专家意见反馈会"。中国教科院专家总结了本次评审答辩会的情况，并从民主性、前瞻性、可行性、效益性等原则出发，再次对学校进行了指导，引导学校明确了未来的发展方向，帮助学校厘清了发展思路。

青羊实验区内各校高度重视规划，深入思考规划的目标、措施；认真反思规划的整体设计，在规划中重点囊括解决阻碍学校前行发展的具体措施和现有困惑；在接下来的时间中，各学校根据专家提出的意见和建议，进一步完善学校规划，立即修改调整各校规划，真正让"学校五年发展规划"服务于学校的长期发展，真正让"学校五年发展规划"提升全区的教育质量，真正让"学校五年发展规划"服务于学生的全面发展。

经过此次评审活动，青羊实验区内各校明确了"十二五"发展目标，明晰了学校前行的方向、措施，为青羊区的整体教育质量的深层次提升提供了基础，更是对青羊教育高位均衡和优质发展的有力探索。经过长达一年的专题调研、专家指导、评审答辩、多次修改，2012 年，《成都市青羊区学校五年发展规划》付梓并汇编成册。

青羊区五年学校发展规划的制订以规范性、目的性、策略性、创新性、整体性为原则，以"领域+工程+项目"、"策略+项目+措施"及"整体工作+特色项目"三种模式将规划与学校特色、学校课程、学校活动有力结合，让规划以小见大，让学校理念与行动规划充分融合，引导学校明确了未来的发展方向，帮助学校厘清了发展思路。

青羊区通过区域教育现代化纲要的颁布、《青羊教育规划》的出台以及学校五年发展规划的制订，从区域发展的宏观、中观视角到学校发展的微观指导，围绕智慧教育发展的价值核心，全面、系统、深刻地勾画了青羊教育发展的路径设计，为智慧教育的实施指明了方向。（如图4.1所示）

战略目标：率先基本实现教育现代化

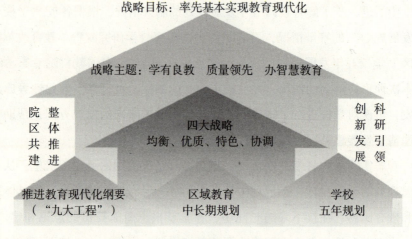

图 4.1 区域推进智慧教育的路径设计

第五章

智慧教育的组织空间

　　智慧教育实施策略的制定不仅决定着教育改革的实践模式，而且还决定着教育改革实践能否成功。按照青羊区构筑中西部地区教育高地的要求，青羊教育在"城乡统筹　质量领先"思路的引领下，以"智慧教育"为价值取向，优化了智慧管理、智慧课程、智慧教学三大结构，建立了智慧社区、智慧学校、智慧课堂三层智慧教育组织空间，培养了智慧教师和智慧学生，选择了基于区域特点的智慧教育发展路径。

第一节 智慧社区的建设

现代教育的发展趋势之一是终身教育。联合国教科文组织在《学会生存——教育世界的今天和明天》这本被誉为当代教育思想发展里程碑的著作中，提出了学习化社会理论和终身教育理念，指出"唯有全面的终身教育才能够培养完善的人"。社区教育是构建终身教育体系的理想途径之一，因其在教育连续性、社会适应性、教育手段多样性及教育与社会各部门的合作方面都较好地适应了这些原则要求，在构建终身教育体系中具有不可低估的重要作用。建设智慧社区、发展社区教育，是教育现代化发展不可缺少的构成要素。

青羊区智慧社区建设以社区教育为抓手，着眼于完善终身教育体系，构建学习型城区，服务青羊社会建设，着力于提高市民综合素质、生存能力和生活质量，服务和谐社区建设。

一、智慧社区的内涵与特征

（一）智慧社区的内涵

智慧社区以终身教育理念为指导，通过不断提升市民的综合素质、生存能力和生活质量，实现学习者个体的全面、自由和充分发展的目标。智慧社区的建设具有形成社区居民积极的价值观、生活态度和道德规范，提高社区居民的素质和文化水平，建设良好的社区文化、培养社区角色等主要功能。也能冲破原有教育管理体制的弊端，形成一个各种教育因素的集合体，实现教育与社会一体化，最终达到学习化社会的目标。

青羊区为实践智慧教育而建设的"智慧社区"不是一般意义上狭义的行政管理辖区，而是指由狭义的行政建制的社区共同组成的城区，具体指由青羊区 14 个街道办事处所辖的 75 个行政社区共同组成的区域，是一个智慧城区的概念。智慧社区是以学习者智慧的养成和实现学习者个体的全面、自由和充分发展为价值导向，以完善的区域终身学习体系为基础，以培养学习者的主动的认知能力、反思能力、实践能力和创新能力为源动力，以学习者形成共同的、持续的、自主的学习行为为标志的一种学习型城区的发展形态。它不仅是文化学习，也不仅是校园学习，而是人的全面发展，是城区内居民的终身学习、主动学习和全面学习，是学习、生活、工作"三位一体"的新型学习型城区。

（二）智慧社区的基本特征

智慧社区是以智慧教育为理念，通过保障和满足居民终身学习的需要，采用多种形式学思想、学文化、学科学，成为可持续发展的"人人皆学、时时能学、处处可学"的学习型城区。智慧社区具备如下特征：

① 学习机会的广泛性。这体现在智慧社区内普遍设有各类公共学习服务机构及专业学习机构，社区内自发的学习群体呈多元化发展趋势，社区学习者具有处处学习的条件。

② 学习渠道的多元性。这体现在智慧社区内具有多途径、多样化的学习渠道和学习机会，为居民提供广泛的开放的学习系统。

③ 学习资源的充裕性。这体现在智慧社区内各类学习资源得以充分整合和开发，向所有社区成员和组织开放，并得到学习者的广泛使用。

④ 学习场所的广延性。这主要指智慧社区为社区学习者提供广延和充裕的学习场所，实现学习场所的时时存在、处处存在，社区居民只要愿意，处处都有学习的场所。

⑤ 学习主体的主动性。这主要指智慧社区内成员主动参与学习，终

身学习成为社区居民的共同愿景，形成持续自主的智慧学习行为。

⑥ 学习型组织的普遍性。这主要指智慧社区内的学习型家庭、学习型群体、学习型院落、学习型企业及学习型校园等各类学习型组织普遍存在，社区学习者具有时时参与学习的社会组织和团体依托。

简言之，智慧社区的基本特征就是学习、生活与工作的一体化。可见，智慧社区在满足市民最基本的学习需要、创设新的学习环境方面发挥着重要作用，当代高新技术核心的信息技术也为智慧社区的未来拓展了新的发展前景。

二、智慧社区的发展历程

青羊智慧社区的建设经历了起步、深化、成熟三个发展阶段。

（一）起步阶段（2007 年—2010 年）

这一阶段以 2007 年调整并成立"成都市青羊区社区教育委员会"和"青羊区学习型城区建设指导委员会"为重要标志，主要特点是在充分发挥社区教育影响力和辐射力的基础之上，提出统筹和整合区域各类教育资源，集合区级各职能部门、街道办事处、社区和驻区单位的力量，有组织、规范化地推动青羊智慧社区建设实践，并积极通过构建多元的教育渠道、搭建多样的教育载体、创设丰富的教育资源、创建普遍存在的学习型组织等方式，逐步形成"区域统筹、部门参与、社区为主、学校单位共建、市民认同"的区域推进智慧社区的发展态势，努力满足市民终身学习的需求，助推"学习型青羊"建设实践。

（二）深化阶段（2011 年—2012 年）

该阶段以争创和成功创建"全国数字化学习先行区"为主要标志，主要特征是通过开展市民数字化学习技能和手段的培训、社区数字化学习平台的搭建和整合区域内各级各类数字化学习资源，丰富市民学习手段，引导市民适应"云时代"的学习方式，智慧地开展自主学习，使学习者能够依托数字化网络方式实现"时时"、"处处"学习，初步形成智慧社区学习者"按需所取"的数字化学习圈，以适应市民多元化的学习需求。

（三）成熟阶段（2013 年至今）

这一阶段的主要目标是初步形成较为成熟的智慧型学习社区，具体表现在：一是基本形成"智慧学习"、"终身学习"的社会共识，即绝大多数市民将智慧学习作为自我发展的需求，实现个体全面、自由和充分发展；二是基本形成较为完善开放的终身学习体系，即每个市民将有更充裕的学习机会、开放便利的学习场所、有效的学习设施，基本形成个人、社会和政府共同推进智慧学习的社会发展格局；三是基本形成多样的学习型组织框架，即各类学习型组织普遍建立，参与学习型组织建设的机关企事业单位达到60%以上，参与学习型家庭、学习型单位、学习型社区的市民达到70%以上；四是基本形成个人、社会和政府共同推进的学习型社会发展格局，即全社会对教育总投入达到 GDP4.5%以上，其中用于教育的部分占到30%，政府公共财政增加对教育的投入，企业依法保障职工的教育培训经费，社会力量依法开展教育培训，各级各类公共财政投入建设的文化教育机构免费或低成本收费的开放率达到80%以上。

三、智慧社区的建设策略

青羊区智慧社区的建设，立足于市民终身学习理念的培育、综合素质的提升，不断完善终身教育服务体系，促进市民学习、生活、工作"三位一体"的新型学习型城区的形成。

（一）完善终身教育服务体系，创设开放多元的学习渠道

法国作家罗曼·罗兰说过："一个人只能为别人引路，不能代替他们走路。"智慧社区的建设就是要当引路人，要为居民创设多元的学习渠道，

引导居民通过终身学习，不断提高思想文化素质和生活品质。为此，青羊区依托政府教育系统及各社会机构的办学力量，有效整合各类教育资源，建立健全三个"教育学习中心"，来完善智慧社区服务体系，为社区居民创设多元的学习渠道。

1. 构建三级社区教育学习中心

目前，青羊区初步形成了以区级社区教育学院为龙头，以街道社区教育学校、社区教育工作站为骨干的市民社区学习中心，构建起了"处处能学"的教育学习场所，实现区—街道—居委会三级社区教育办学实体相互补充、相互支撑、上下联动的格局，为社区居民构建起多层次、多渠道的教育学习场所。

2. 创建学校教育学习中心

充分调动辖区学校参与社区教育的积极性和主动性，为社区居民搭建更为广阔的终身学习场所，开辟更加宽畅的终身学习渠道，是青羊区创建智慧社区的又一重要举措。为此，在区学习型城市建设指导委员会和社区教育委员会的共同领导下，在区教育局的统筹推进下，通过学校"五进社区"活动，由学校校长出任社区教育工作站站长，使学校与社区建立起长期合作互动关系，使学校与社区在智慧社区建设中形成合力，为市民开辟优质广泛的学习场所和学习渠道。社区借助学校资源开展了诸如廉政文化教育、文明城市创建、教育名家进社区、家长学校、社区大课堂等社校互动教育项目，形成了"一所学校带动一方文明，一个社区促进一方和谐"的良好局面。到目前为止，区域内先后涌现出了诸如战旗小学"亲子电影院"、清波小学"新市民学堂"、实验小学"社区家长学校"、金沙小学（B区）"市民学习体验中心"等具有鲜明特色的区校合作载体，初步形成了以辖区中小学为基础的"学校教育学习中心"。

3. 搭建社会教育学习中心

青羊区在推进智慧社区建设实践中，始终坚持整合驻区企事业单位的教育学习资源，充分发挥其在智慧社区建设中的重要作用。在"两委"统筹协调下，利用驻区企事业单位、职能部门在成人教育培训方面的优势，发挥其在智慧社区建设中突出的场地资源、专业师资和培训方式等软硬件优势，在社区大力开展就业创业教育服务、"居家养老"教育服务、健康教育服务、文化教育服务、科普教育服务、法律教育服务、信息网络教育服务等。驻区企事业单位多样化的终身教育服务活动，使区内出现了市民学习体验活动中心、社区助老教育服务站、社区文化活动室、社区卫生健康教育服务中心、青少年心理健康咨询服务中心等教育实体，为社区居民拓宽了终身学习渠道。社区教育学习中心、学校教育学习中心及社会教育学习中心的构建，形成了区域"终身学习圈"，拓展了市民终身学习的场所，为智慧社区建设奠定了基础。

4. 健全市民数字化学习服务体系

青羊区在智慧社区的建设实践中，从完善数字化学习网络入手，依托教育系统和各职能部门的各类学习网站等资源，通过有效整合与服务购买，不断丰富和完善数字化学习内容。目前，青羊区已经形成了"区数字化学习中心—街道数字化学习分中心—社区数字化学习站"三级数字化网络教育学习平台，为青羊市民创设了突破时空限制的"泛学习网"。

（二）提升终身教育服务能力，提供广延多样的学习机会

多年来，青羊区以提升居民终身学习服务能力为重点，通过队伍建设、学习资源建设，向居民提供广延的学习机会，全力推进智慧社区建设。

1. 提升三支队伍的服务能力，创造更多学习机会

（1）强化社区教育管理队伍建设

一是社区学院管理队伍专业化。根据社区学院岗位设置和职能职责分工，打破岗位界限，实行每人服务一个街道社区教育工作的一岗双责制度，形成人人都是社区教育工作者的工作格局。以月度考核、年度考核等形式，不断提升管理队伍服务意识和责任感。实行多层次、全方位的培训，以提升管理队伍服务水平。每年安排每人一次的外出考察学习机会、每两周举行一次院级干部和研究部带头主讲的专题学习会、每月开展一次

行政干部专项学习总结汇报和专项研讨等，帮助大家提升业务能力。

二是街道社教专干队伍专职化。为推进智慧社区建设，青羊区在全省范围内公开招聘了热爱社区教育、有社区教育工作经验的专业教师到街道社区教育学校从事社区教育工作，实现了社区教育队伍的专职化。通过培训学习和目标考核，不断提高街道社教专干的业务能力，促进智慧社区的建设发展。

三是学校社教干事队伍常任化。为了促进智慧社区建设，青羊区在各中小学设立了专职社教干事，专门负责学校的社区教育工作。社区学院还定期组织学校社教干事进行专题培训，以提高其社区教育水平。同时，要求学校不得随意变换社教干事，并适当减轻社教干事的工作量，以利于学校社教干事更好地组织开展社区教育。

（2）培育和充实社区教育专业教师队伍

在组建青羊社区教育讲师团的基础上，社区内部发挥各职能部门专业人才的作用，按照分类建设、分批组建、统一使用的原则，由各部门按照社区教育目标任务成立社区教育专业教师队伍，并纳入社区学院千名社区教育人才资源库。根据社区教育的需要，由社区学院统一调配使用，保障了智慧社区建设对专业教师的需求。

（3）扶持和组建社区教育志愿者队伍

各街道社区教育学校、社区教育工作站分别组建了50—100人的具有相应的专业知识和服务热情的社区教育志愿者队伍。社区学院也组建了以教师为主体的区级社区教育志愿者队伍。各类志愿者队伍由社区学院统一管理，供街道、社区调配使用。

社区学院通过统筹三支队伍建设，为居民创造了更多、更广的学习机会，为智慧社区建设提供了可靠的人力保障和智力支持。

2. 多方筹措教育经费，再添市民学习机会

在推进智慧社区建设的进程中，青羊区各单位还拨出专门经费用于鼓励员工学习深造。像教育局就对继续学习提高的教师进行奖励。对于经济困难的家庭，区教育局委托社区教育学院开展"圆梦工程"，借助电大的学习资

源为部分想上大学的新市民免费提供学习深造的机会，圆他们的大学梦。

3. 丰富和完善学习资源，提供便捷的学习机会

长期以来，青羊区以丰富和完善数字化学习资源为抓手，以开发特色课程、建设多样性学习资源为途径，创设广延性的学习机会，最大限度地满足社区居民对学习资源的需求，使社区形成人人皆学、时时能学、处处可学的学习环境，从而打破长期以来困扰社区教育的因资源不足、结构不合理而导致的居民"想学学不到"的尴尬局面，为社区居民提供更加便捷的学习机会。青羊区不断充实和完善数字化学习资源，建设多样化、特色化学习课程，极大地丰富了社区教育资源总量，优化了社区教育资源结构，较好地满足了社区居民不断变化增长的学习需要，为社区居民"想学能学"、"要学有学"提供了有力保障，为智慧社区建设提供了强力支撑。

（三）培育居民终身学习理念，激发居民主动学习动因

"知之者不如好之者，好之者不如乐之者。"让社区居民热爱社区教育，主动参与社区教育，激发起其内在的学习动因是关键。在智慧社区建设的过程中，青羊区采用了春风化雨、润物无声的浸润教育，通过教育环境的打造、教育氛围的培育、教育活动的影响，潜移默化地影响居民生活，不知不觉地激起社区居民主动学习动因。

1. 长效开展终身教育活动，营造终身学习氛围

从 2004 年起，连续 9 年开展"青羊学习月"活动；从 2005 年起，连续 8 年开展"全民终身学习活动周"活动。上至区级机关，下至社区教育工作站，在"学习月"、"活动周"里，都要制定教育学习方案，开展各类教育学习培训活动。从区级领导，到普通居民，在"学习月"、"活动周"里，都会感受到浓厚的学习氛围，体验到终身学习的成果。这两个持续时间长（"青羊学习月"每年 5 月开展，为期一月；"全民终身学习活动周"每年 10 月举行，为期一周）、参与范围广（全区范围内）、参加人数多（全区所有居民）的社区教育活动，深刻影响着区内居民的学习方式，促使居民牢固树立终身教育的理念。它们已成为了有着广泛影响的社

区教育品牌，对于智慧社区建设也有着不可低估的影响。

此外，青羊区还按照"全员、全面、全程"的要求，通过开展学校"五进社区"活动，开展百万市民社会大课堂活动，开展"学习型机关、学习型单位、学习型企业、学习型学校、学习型医院、学习型党小组、学习型家庭"等7个系列的学习型组织创建活动，最大限度地调动广大居民参与社区教育活动的热情，让居民在社区教育活动中受到濡染，提升素质，增长智慧。

同时，青羊区又以创建"国家公共文化服务体系示范区"为契机，开展"文化之都模范区"、"学习型社区"建设。各街道、社区充分挖掘区域内具有历史文化积淀和内涵的传统文化；培育有广泛群众基础的、为广大居民所喜闻乐见、有鲜明时代特色的新的文化活动，通过有效的文化载体，如公共图书馆、博物馆、纪念馆、文化馆、美术馆、科技馆以及文娱体育、社会教育、身心健康等文教体卫活动，培育自己的特色街区文化，打造自己的特色街区文化品牌，实现"一街一品，一社一特"，以其独特的街区特色文化浸润居民心灵，陶冶居民情操。

2. 搭建终身教育宣传立交桥，传播终身学习理念

一是建立健全宣传工作制度。在社区教育委员会、学习型城区建设委员会的领导下，建立健全宣传工作制度。借助区级各部门、区属各单位、区属中小学的辐射力量，宣传终身教育、终身学习理念，宣传智慧社区建设工作方案，初步形成智慧社区建设宣传机制。

二是创建宣传交流阵地。建立"一报"（社区教育报）、"一网"（青羊爱学网）、"一栏"（社区教育宣传栏）、"一刊"（《青羊社区教育》）、"一平台"（教育服务多媒体平台）的"五个一"的终身学习宣传阵地，及时传递社区教育信息和社区教育成果，大力宣传终身学习理念和智慧社区建设成就。在青羊电视台、《新青羊》等区级媒体开辟社区教育专栏，形成"智慧社区建设"的强大宣传阵地。

三是扩大终身教育、智慧社区建设交流机制。通过区级社区教育年会、全委会等平台，广泛邀请社会各界人士参与社区教育工作例会、智慧

社区建设讨论会，形成区级交流机制。通过社区教育学校、社区教育工作站，大量邀请社区居民参与社区教育学校管理，参加社区教育计划制订，建立适时交流机制。让广大居民在管理中增长才干，在交流中提升能力，在讨论中增添智慧，使终身学习的理念更加深入人心。

3. 不断完善终身学习激励机制，激发居民内在学习动力

为了激发学习者的内在动力，青羊区建立了以涵盖不同人群的"终身学习卡"制度为核心的学习激励机制。"终身学习卡"既是个人学习积累的"账户"，也是个人"培训福利账户"，同时也是评选"学习型职工"和"学习型家庭"的重要依据，成为终身学习的"身份证"。

4. 搭建喜闻乐见的学习载体，激发居民主动学习的热情

青羊区把搭建喜闻乐见的学习载体作为激发居民主动参与学习的着力点，充分发挥社区教育贴近居民实际、来源现实生活的优势，不断优化学习载体，通过大家所喜闻乐见的形式，开展各类富有特色的教育培训活动，收到寓教于乐的效果，让居民"闻香而来"，从好奇的旁观者变成主动参与的学习者，从而提升社区教育实效，推进智慧社区建设。

5. 培育自主学习群，激发居民学习动能

《礼记》有言："独学而无友，则孤陋而寡闻。"美国著名心理学家威廉·詹姆士也说过："人类本质中最殷切的需求是渴望被肯定。"要使社区教育收到提升居民素质的实际效果，为他们组建一个可以交流切磋的群体，让他们的学习成果得到肯定，是激发居民学习动因的关键。为此，青羊区采取企业孵化和社区教育项目打造的方式，把有共同的兴趣爱好，而又愿意通过共同学习以提高水平的居民组织起来，成为一个学习型的群体。通过教学指导、项目资助、品牌培育、服务购买等途径进行培育和扶持，引导他们转化为"自主学习、自我管理、自主发展、自我提高"的自主学习群体，使大家在共同学习活动中体验学习的乐趣和价值，从而提升持久学习的动力。到目前为止，已培育摄影、书画、灯谜、诗词、京剧、道学等各类自主学习群体20多个，带动和影响近万人参加各类社区教育活动，促进了智慧社区建设。

2011 年，青羊社区教育学院把由几位退休摄影爱好者组成的群体作为自主学习群体培育，通过为群体提供活动场地和经费补贴、开辟作品展示专栏、组织参加市区教育活动、编写老年摄影教材等方式，培育、扶持、形成"映像青羊摄影会"，实现了市民自主学习群体的"三自"（自主学习、自我管理、自主发展）形态，使群体中市民的学习成果得到了社会承认，人生价值得到了充分体现，学习热情更加高涨。

四、智慧社区的建设成效

在青羊区委、区政府学习型城区建设指导委员会和社区教育委员会的统一领导下，在各部门共同努力下，青羊区智慧社区建设取得了丰硕的成果。

（一）形成了区域推进智慧社区建设模式

经过实践，青羊区形成了"区域统筹、部门参与、社区为主、学校单位共建、市民认同"的区、街、居三级智慧社区建设的组织管理体系。在以区委、区政府主要领导为主任，人大和政协领导为副主任的学习型城区建设指导委员会和社区教育委员会的统一领导下，统筹和整合区域各类教育资源，集合区级各职能部门、街道办事处、社区和驻区单位的力量，通过构建多元的教育渠道、搭建多样的教育载体、创设丰富的教育资源、创建普遍存在的学习型组织等方式，有组织、规范化地推动青羊智慧社区建设实践，逐步形成"区域统筹、部门参与、社区为主、学校单位共建、市民认同"的区域推进智慧社区建设的模式，努力满足市民终身学习的需求。（如图 5.1 所示）

在统筹推进区域学习型城区的建设进程中，形成了包括《青羊区建设学习型城区实施意见》《青羊区创建学习型组织各责任单位工作职责》《青羊区基层社区教育机构规范化建设标准》《青羊区学习型城区评估指标体系》等 70 余个制度在内的智慧社区建设制度体系，来切实保障各项工作落到实处，并为市级推进学习型城区建设提供了制度建设经验。

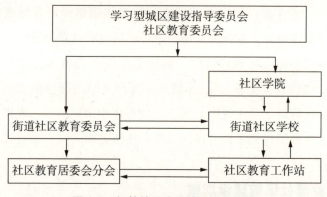

图 5.1　智慧社区建设的组织架构图

（二）各类学习活动促进了区域经济和社会发展

在智慧社区建设实践过程中，区域内外来务工人员、转岗及失业人员、老年人等不同人群参与各类学习的人数逐年增长；各类学习型组织的数量呈逐年递增的趋势；市民应用远程教育手段，开展数字化学习的人次逐年提高；市民参与社区教育的总人次逐年增加。通过推动智慧社区建设，不同教育需求的市民对终身学习的参与度和认同度在不断提高，正逐渐养成通过多样化的学习方式参与各类学习的习惯，区域内初步形成了终身学习的氛围，推动区域政治、经济、文化的良性发展。

综上所述，青羊区智慧社区的建设取得了比较丰富的经验和成就，得到中央、省市领导和媒体的高度肯定。2008 年，青羊区被教育部确定为首批"全国社区教育示范区"，2012 年被评为全省首批"全国数字化学习先行区"。此外，青羊区还是"全国家长学校教育实验区"、"全国城乡社区数字化学习实验基地"、"全国城乡社区数字化教育专业培训基地"。2011 年 8 月，时任国家副主席习近平视察康庄社区，认真查看了社区党员通过网络进行学习培训的情况，高度评价了"客厅工坊"智慧社区项目在促进新市民就业、创业、家庭和谐和生活品质提升等方面的重要意义。此外，时任总理温家宝视察同德社区时、政治局常委李长春在视察康庄社区时、教育部副部长鲁昕在体验"培风盖碗茶"时、全国成人教育协会副会长陈乃林在指导青羊社区教育三级网络阵地建设时、成都市傅勇林副市长在指导青羊学校资源向社区开放和数字化学习社区建设时，都对青羊智慧社区建设工作给予了高度评价。《世界教育信息》、人民网、四川在线、成都日报等国家、省、市各级媒体对青羊区"市民校园体验学习中心"、"民情茶室"、自主学习共同体等智慧社区建设工作进行了关注，深度展示了青羊区智慧社区建设的成果。

近年来，青羊区智慧社区建设经验得到广泛的关注。如在第二次"全国社区教育工作座谈会"、全国社区教育年会、全国学习型城区建设推进会上，青羊区就智慧社区建设经验进行了交流和展示。青羊智慧社区建设实践受到专家、学者和同行的肯定和认同，也为西部学习型城区建设提供了实践范例。

智慧社区建设是一项系统的社会工程，需要全社会戮力同心，协作共建。任何一个环节的缺失，都会影响到整体的发展。对照智慧社区建设中的学习动力是否充足、学习机会是否充分、学习场所是否足够等三个核心问题，青羊区在以下方面尚需进一步研究和实践：一是学习主体的学习动因和学习需求实现程度的实例分析还比较缺乏，激发学习动因的有效性尚不确定；二是智慧社区建设统筹机制尚不完善，多元参与学习资源共建共享机制还未形成；三是便捷的院落学习中心还处于起步阶段，市民学习需求的实现程度还有较大的提升空间。

第二节　智慧学校的创建

在智慧教育体系中，智慧学校的建设有着举足轻重的地位。它是智慧课堂构建、智慧教师养成以及智慧学生发展的平台和智能支撑，是潜移默化进行智慧教育、促进师生智慧发展的学习环境。

近几年，随着青羊区教育改革的深入实践，"智慧教育"的核心价值理念逐步深入，区域教育发展的主要矛盾已经从"有学上"转变为"上好学"。在基础教育阶段，"上好学"的矛盾要求学校必须提升办学质量，形成办学特色，满足人们的多样化需求。同时，在教育均衡发展的过程中，学校的特色化发展可以有效防止"求同"带来的千校一面现象，丰富并提升学校的内涵，引导薄弱学校创新发展方式，最终实现区域教育的高位均衡发展。2009 年起，青羊区通过深入实施"一校一品，一校一景"工程，从科研和行政上大力支持区域内中小学凝练办学特色，提升办学品质。在"智慧教育"理念的推动下，区域内中小学逐步形成了鲜明的办学特色，有效满足了人民群众对多样化教育的需求。于此，青羊区基于特色化基础上的"智慧学校"理念呼之欲出。

一、智慧学校的内涵特征

从教育产生、学校诞生的那天起，特色就与学校紧密结合。在古希腊，雅典学校重文化学习，斯巴达学校重军事锻炼，柏拉图的学园、亚里士多德的哲学学校无不洋溢着独特的风格；近现代，夸美纽斯以"泛智学校"推进班级教学模式，适应了机器工业时代对人才的大规模需求；杜威的芝加哥实验学校以"实用主义"的价值取向迎合了美国社会的发展；蒙台梭利的"儿童之家"、陶行知的晓庄学校、苏霍姆林斯基的帕夫雷什中学等，都是在一定的教育思想指导下的办学实践，特色非常鲜明。就青羊而言，"智慧学校"概念的提出也正是基于时代发展、社会需要的价值定位。

（一）智慧学校的含义及特征

"智慧学校"是区别于"千校一面"的传统学校的概念。所谓智慧学校，就是指学校在发展过程中，从本校实际出发，通过与众不同、别具特色且持久稳定的内涵式发展方式，秉承智慧教育的实施理念，经过长期的办学实践，形成的社会公认的具有优良的教育理念、办学目标，优质的培养方式与文化传统的现代学校。智慧学校是优化了个性的学校。

智慧学校是建立在现代先进信息技术基础上的内涵发展、特色发展的现代学校。它以网络为基础，利用先进的信息化手段和工具，把学校里分散的、各自为政的信息化系统整合为一个具有高度感知能力、协同能力和服务能力的有机整体，实现从环境（包括实验室、教室、设备等）、资源（包括公文、图书、讲义、课件等）到活动（包括教学、科研、管理、服务、办公等）的全部数字化、智能化，为校园管理、教学科研、校园生活等活动提供智能支撑。

智慧学校在拥有一般学校共性的基础上，有其鲜明的个性，在教育思想、培养目标、课程设置、师资建设、教育管理、校园环境、学校设施等方面均区别于一般学校。具体来说，有如下特征：一是拥有先进的办学理念和教育思想支撑；二是具备独特的、师生共同认同的发展目标；三是拥有一支具有发展特色及专业特长的教师队伍；四是具有相应的教育教学设施及校园环境；五是拥有一批个性特长的学生，并有全体学生广泛参与和支持的校园活动；六是形成独特的、经典的学校文化。

（二）智慧学校的理念

1. 从教育自觉到自觉教育

教育自觉就是遵循教育规律、合乎办学实际、以人的健康成长和为社会培养有用之才为目标的师生共同的人生价值追求。自觉教育则是指对教育传统、教育规律、教育问题和教育发展趋势的正确了解和把握，拥有合理驾驭教育的能力，是学校用主动发展的核心力应对当下改革和教育发展趋势的教育行为。智慧学校的创建是青羊区在教育现代化发展道路上，践行智慧教育过程中不可缺少的一个关键要素。智慧学校的创建及自我认同的过程，是传统学校走向内涵式发展的自觉教育行为。青羊区在推进教育综合改革的过程中，根据区域教育发展特征，践行智慧教育的价值追求，引导全区学校走向自觉教育，成为区域教育综合改革的自觉担当者和主动构建者。

2. 从内涵发展到追求品质

基于特色化基础上的智慧学校创建不是单纯追求与众不同，而是追求在完成既定教育目标和任务上的个性和特色。智慧学校要求学校不仅要完成各种"常规动作"（即正常的教育教学活动），而且还要有自己的"拿手好戏"（即特色化项目）。这种特色化发展不是添加项目，而是学校立足实际，探索自身发展，由内向外生发出来的、能在学生终身发展中留下烙印的文化印记。

青羊区在推进学校内涵发展的过程中，把教育特色化发展作为重要的抓手，引导学校反思自身发展历史，在教育教学活动中形成自己的特色和品质。从内涵发展到特色发展是智慧学校发展战略的聚焦，其目的是追求学校的办学特色和办学品质。智慧学校的创建对教育质量提出了更高的要求，它促使学校管理者和教师在完成既定教育任务的过程中，根据学校发展的实际和自身具备的优势，打造自己的风格和特色，形成学校自身的文化。

3. 从特色项目到学校特色

学校要发展，要办出高质量、创出新水平，就必须要善于抓住主要矛盾，找准促进本校发展的切入点。学校与学校之间的资源条件、原有基础、发展现状等各不相同，可以由不同的切入点来实现发展的重点突破，但挖掘和培育学校办学特色，则应该成为学校把握发展切入点的一个重要方面。办学特色既是历史的积累、传统的筛选，又是在当前学校发展中，通过精心策划打造出的蕴含着无尽能量的教育品牌。在某种意义上讲，特色就是精华，特色就是质量，特色就是生命力，特色就是竞争力。同时，学校的特色建设是一个长期进取和积淀的过程。智慧学校的创建根植于特色立校、特色兴校和特色强校的发展基础之上，要求学校根据自身的实际发起和采纳学校改革的方略，增强对学校文化和传统的自觉和自信。智慧学校的创建通常是先形成自己的特色项目，而后将特色延伸到各项工作中，形成学校的特色，凝练出学校的文化，再经过不断的提炼和升华最终成为学校的品牌，进而在管理层面整体构建，逐步建成智慧学校。青羊区在创建智慧学校的过程中，积极培育学校的特色项目，通过政策支持和科研引领不断做精、做亮、做强学校的特色项目，逐渐形成了一批在全国具有影响力的智慧学校。

二、智慧学校的创建机制

为推进智慧学校的创建，青羊区改革和创新了学校内部管理、校长选拔管理、优质资源均衡、学校特色发展、学校综合评价等系列机制，为智慧学校的创建提供了制度和机制保障。（如图 5.2 所示）

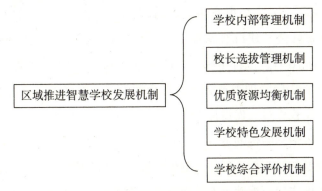

图 5.2　区域推进智慧学校发展的机制结构

（一）完善学校内部治理结构

在区域推进现代学校制度建设过程中，为解决现行教育管理体制存在的政府与学校关系权责不分、校长负责制实为"一长制"、学校"闭门办学"等一系列制约学校主动发展的问题，青羊区根据《成都市中长期教育改革和发展规划纲要（2010—2020年）》中"探索实行学校管理委员会制度"的精神，在原"学校民主管理委员会"的基础上，开展"学校管理委员会"建设，进一步深化学校民主管理，调整学校内部治理结构，探索新型政、校关系的建立，促进学校依法治校、科学决策、民主管理、开放办学。

学校管理委员会（简称"学管会"）是学校民管会的升级版。它是在学校教职工大会（或教职工代表大会）、家长委员会、学生会等三个二级组织的基础上，以民主选举的方式为主所产生的，由学校教职工（含校长）代表、学生家长代表、社区代表、高中学生代表组成，对学校重大事务进行决策监督、民主管理和咨询的学校高一级的自治性组织。学校管理委员会拥有参与审议学校章程、发展规划、学校的办学理念、教育目标和发展目标、学校形象设计书和其他事关学校发展的重大事项，定期听取学校班子的述职和工作汇报及审议、通过学校年度经费预、决算和重大建设项目，对学校依法办学、教育行风和师德师风建设等进行监督及参与对学校、校长、教师的考核评价等权利。

为了指导现代学校制度项目试点学校规范开展学校管理委员会建设，区教育局颁发了《成都市青羊区教育局关于印发〈青羊区公办中小学"学校管理委员会"建设实施意见（试行）〉的通知》。根据文件精神，2011年12月16日，成都市树德实验中学（西区）学校管理委员会成为了四川省首个学校管理委员会。民管会和学管会是为扩大学校办学自主权、制约校长权力过大而设计的基础性制度，是对以"校长负责制"为主轴的现行学校治理结构的进一步完善。它们的设立初步扫除了制约区域教育改革与发展的体制性障碍，为凝聚学校相关利益群体的智慧办智慧的教育发挥了积极作用，推动了青羊教育的民主化和智慧教育的发展。

（二）创新校长选拔管理制度

校长的水平影响着学校的教育质量和水平，培养和造就一支高素质的校长和干部队伍，是创造和提供优质教育资源的前提和基本保证。为保障学校教育的智慧管理，青羊区以校长公推直选、民管会参与校长年度民主考评、建立校长职级制等，作为实现高质量办学效益的干部队伍建设突破口，完善校长选拔管理机制，为智慧教育管理提供了管理保障。

1. 公推直选，为智慧教育的推进提供人才保障

2005 年全国首例学校民管会公推直选校长——升平街小学民管会参与校长公推直选，在传统的学校校长和干部任用体制上打开了一个缺口，实现了现代学校制度建设的制度性突破。青羊区在升平街小学校长成功公推直选的基础上，进一步拓展了"公推直选"的范围，先后进行了区教育局普教科科长、成都市实验小学花园分校党支部副书记、成都市青羊实验中学副校长、青苏职业中学校长、教育局副局长等的公推直选。

2007 年，区教育局党委又将校长选拔逐步实行"公推直选"的制度正式列入干部培养机制，今后学校校长出缺将全面实行公推直选。"公推直选"成为区域内干部选拔的基本形式被固化下来，成为干部选拔的一种常态机制，为智慧学校的创建、智慧教育的推进提供了人才保障。

2. 校长职级制，促进智慧教育管理水平的提升

为深入推进全区优质均衡教育和智慧教育的纵深发展，全面提高校长专业化水平，促进各级各类学校管理水平和办学水平的快速提升，实现"均衡教育，特色创新"的发展目标，青羊区根据有关文件规定以及有关法律、法规和政策，结合区域实际，制定了《成都市青羊区中小学校长职级制实施细则（试行）》和《成都市青羊区校长职级制评审细则（试行）》。2007 年 4 月，校长职级制改革在成都市草堂小学、文翁实验学校、红碾小学、苏坡小学、培风小学、岳家桥小学、清波小学、绿舟小学、万春小学等 9 所涉农学校和新建学校进行试点。

2008 年，教育局党委又根据青羊全面实施教育现代化的新理念和新

要求，着手修订校长职级制考评细则，探索委托中介评估机构开展考评的办法，采取吸纳服务对象、社区居民参与评价的多元化评价，校级干部的职级制考评与实绩考评相结合的整合型评价，被考评对象参与职级制考核标准与办法的研究制定全过程的参与式评价等新模式，完善职级制考核办法。2009 年，区域内全面推行校长职级制改革。并在 2008—2009 学年学科带头人任期考核中，把校长单列为管理学科带头人，进一步推动了校长的职业化和专业化。

校长职级制改革有效地促进了全区优质均衡教育、智慧教育管理水平和办学水平的快速提升。

（三）建立优质资源共享机制

智慧教育是面向全体学生智慧发展的教育。区域教育发展的不均衡严重制约着智慧教育的推进。作为成都市的传统老城区，青羊区二元结构特点较为突出，区内较发达的城区与欠发达的农村并存，这一特点表现在教育方面，就是名校强校和薄弱学校并存，"择校热"问题突出。因此，在青羊，教育均衡发展的关键是扩大优质教育资源的覆盖面，让区域内所有学生都能够公平享有优质的教育资源，择校热的问题才能得到根本化解，教育的均衡发展才能真正实现。

作为统筹城乡综合配套改革试验区及全国教育综合改革实验区之一，青羊区在推进区域义务教育均衡发展的过程中，坚持"城乡统筹　质量领先"的发展战略，通过教育集团化使优质教育资源覆盖到全区每个角落，推进全区义务教育的高位均衡发展。青羊区以三个"基本一致"实现集团学校均衡发展，即发展机会基本一致，统筹规划学校布局；硬件设施基本一致，推进学校标准化建设；师资力量基本一致，促进教师专业发展。同时，在实践中不断创新，以不同方式破解集团化发展中的难题：以"一校一品，一校一景"破解同质化，以"三种模式"（一体式、合作式、联盟式）破解形式单一，以长效机制破解发展不均衡，以第三方评价破解考核难，以跨区联动破解一枝独秀。名校集团化战略，成为青羊区推进优质教育均衡化、平民化、普及化的一条成功之路，为全面消除智慧教育发展的不均衡障碍发挥了突出作用，为区域推进智慧教育创造了良好的条件。

（四）实施学校特色发展项目

如何缩小校际差异，实现错位发展、个性发展、扬长发展？如何深度推进素质教育和均衡教育，提升学校的内涵发展品质？如何促进区域教育质量整体提升，率先实现教育现代化？成为青羊教育发展的新挑战。

当前，区域教育发展的主要矛盾已经从"有学上"转变为"上好学"。为此，青羊区转变发展方式，从以资源配置为核心的外延均衡发展到以学校特色为核心的内涵均衡，全力提升全区学校的整体水平，打造学校的文化品牌。2008年，青羊区教育局下发《青羊区关于启动学校"特色发展项目"的实施意见》，启动了"学校特色发展项目建设"工作。为保证学校"特色发展项目"的有效推进，促进学校的可持续健康发展，又在"一校一品，一校一景"基本策略基础上，提出了学校特色发展项目的"四性"、"八有"。"四性"即优质性、稳定性、独特性、示范性，"八有"主要是指有发展愿景、有办学理念、有人才队伍、有教学改革、有教育科研、有运行机制、有文化建设、有反映学校发展的具有特色的翔实资料。

特色发展是现代学校智慧发展的重要内容。在全面推进现代学校制度建设的过程中，"内涵发展，质量提升，特色发展"是学校智慧发展的必然趋势。青羊区教育局制定了学校特色发展项目考核评价的规范性文件《青羊区学校"特色发展项目"评估指标》（试行）。学校特色项目促使学校特色文化建设呈现百花齐放的局面，形成了一大批各具特色的学校，学校特色发展成为薄弱学校通过机制创新实现跨越式智慧发展的快捷路径。

（五）探索学校综合评价方式

学校评价是学校建设的起点与终点，是改进学校管理、提高学校管理效率、调动教职工积极性、促进学校智慧发展的有力工具。青羊区在传统的政府督导评价基础上，努力探索包括学校自我评价、民管会评价学校和校长、社会第三方教育专业评价和政府督导评价在内的综合评价机制，促进学校均衡、自主、健康发展。

1. 民管会参与评价学校和校长，促使学校办学更加重视民声

办人民满意的学校，是智慧教育的重要体现。在现代学校制度建设过程中，我区尝试改变政府评价学校的单一模式，把评价还给社会，通过民管会参与学校评价工作，建立学生、家长、社区群众对学校满意度的测评机制，作为已有的学校评价的重要的、有益的补充，以促使学校的办学更加重视民声，让人民放心、社会满意。

2007 年，区教育局把民管会对学校和校长的评价结果，纳入学校督导评估考核。2008 年 2 月，教育局党委颁发《关于对校级干部进行年度实绩考评的通知》，学校民管会成员对学校办学在社区满意度的测评占综合测评的 10%。学校民管会真正成为有效参与学校管理的不可或缺的机构。民管会参与评价学校和校长，促进了依法治校和校长素质的提高，为教师的发展和学生的健康成长创造了良好的环境，成为学校智慧发展的重要推动力。

2. 社会第三方教育专业评价，使教育评价更加科学、公正

社会第三方教育专业评价是教育评价科学、公正的重要表现，是推动教育智慧发展的重要工具。

青羊区教育局用项目引入了社会教育中介机构，探索"管、办、评"分立模式。如 2008 年以来，青羊区教育局先后委托成都西部教育评估事务所，进行了青羊区新教师素质达标认证、"学校教育现代化发展水平"评估验收、区域内学科带头人的考评、智慧教师的评选考核等专项评价工作。为准确把握教育服务对象对青羊区教育系统各中小学、幼儿园的真实评价，挖掘社会公众对青羊区教育发展的诉求，2013 年青羊区教育局委托成都市社情民意调查中心开展了青羊区教育系统满意度调查。社会第三方教育专业评价，为青羊教育智慧发展提供了更加科学、公正的决策依据。

青羊区通过学校内部管理改革、校长选拔管理、优质资源均衡、学校特色发展、学校综合评价等系列机制创新，为实现区域教育公平与效率的和谐统一、促进城乡教育优质均衡发展、智慧教育的推进提供了机制保证。

三、智慧学校的实践探索

智慧学校核心价值的有恒渗透，应该体现在学校环境、师生行为、课程设置等各个方面，事实上，创建的过程就是学校个性的打造过程。为此，师生日常行为规范的训练、学校的教科研活动、学校常规活动的开展等，都要有机渗透特色创建的理念和内容。

（一）数字校园的构建

数字校园的构建以直接学习环境为基础，利用计算机技术、网络技术、通信技术等先进的信息化手段和工具，建设由虚拟学习空间、交互式学习中心、数字图书馆、数字校史馆等构成的信息资源库；建设教师工作空间、数字课程体验中心、社区聚会中心、学生网络交流空间等多元、数字的管理系统；建设学校、社区、校外数字基地资源整合平台。

同时引入智慧教室教学系统，建设智慧教室。智慧教室教学系统是一种典型的智慧学习环境，是学校信息化发展到一定阶段的内在诉求，是当今智慧学习时代的必然选择。智慧教室教学系统主要功能有：快速挑人的功能——高趣味性和抽查学生相融合；及时抢答权——体现课堂参与性和公平性；投票功能和翻牌功能——掌握及时的反馈，增强学生间互动；计时器功能——凸显课堂效率；评价表——提高学习积极性；投影仪拍照功能——展示、圈画、评定、修改学生作品，有很好的示范作用。智慧教室教学系统透过智慧教室软件，教师可直接进行教学备课、拍摄教学演示影片、画记解说、课文导读、习作观摩、实时评量、投票互评等教学活动。整合交互式电子白板、ezVision 实物提示机、IRS 实时反馈系统的常用功能，解决以往教师使用电子化辅具进行教学时，必须另外开启软件的不便，辅助教师做更多元的应用。

智慧教室教学系统的运用颠覆了传统多媒体课堂互动性不强的弊端，真正实现了"人机互动"，教师能充分利用智慧教室软件的各种功能，将兴趣提升、语言学习、思维训练有效融合，使孩子们在和谐快乐的氛围中智慧学习，凸显智慧教室的强大功能。

 案例

成都市泡桐树小学作为首批加入"智慧教室"的学校，率先使用了智慧教室教学系统。学校的老师们这样说："在使用的过程中，我们慢慢摸索出一套方法，当下午的课堂孩子们提不起精神，随机挑人功能一定会让每个孩子精神百倍；课堂上的知识出现分歧，即问即答功能可以让我们一眼看出每个孩子心中的想法，教学针对性更强；课后的难点练习，通过精心制作的课件，能使每一个出错的孩子找到原因……而每次课前发投票器的时刻，你总能在我们班上看到孩子们洋溢的笑脸。"

（二）校园文化的建设

智慧学校的特质不仅体现在直接学习环境的智能化，而且还表现在校园文化的独特性上。智慧学校要形成特色、铸就品牌，需要打造良好、经典的校园文化。国内外的诸多名校之所以成为名校，其自身的文化特色和丰厚的文化底蕴无疑是最为重要的元素。智慧校园文化主要通过以下三个方面开展建设。

第一，从物化环境入手，营造文化育人的氛围。智慧学校的物化环境，除了关注教育功能的透射、设计上的整体协调、使用上的简单实效等通常做法之外，还有两个非常重要的方面需要关注：一是用个性化的表达方式来表达学生的个性，二是认识到师生作为校园文化创造者的主体价值。

青羊区围绕区域内各级各类学校的办学目标和核心价值，整体设计，细节入手，对学校物质环境不断进行优化，让每一个细节都承载育人功能，让每一个设计都体现学校的核心价值。如为满足学生学习、阅读、交往和操作的需要，金沙小学做了大量的功能化设计，把教室、走廊、角落连成了开放式的教育空间。在散发着浓郁文化气息的学习环境里，学生耳濡目染、潜移默化中地受到感染，不知不觉中接受教育，并内化成信念与情感。

第二，以制度建设为抓手，保障文化育人的品质。智慧学校的内向制度和外向制度，都需要站在文化管理的高度，体现以人为本的理念。青羊区探索文化管理的方式，将管理的重点放在影响人的思想、观念上。

第三，以校园精神为驱动，提升文化育人的境界。校园精神作为校园文化的核心，犹如一面无形的旗帜，感召和驱动着教师焕发育人智慧，鼓励和激发学生挖掘学习潜能。如石室联中金沙校区以"感恩与责任"为校园文化的主题，以"感恩责任成智慧，润物无声助成长"为引领，让石室联中金沙校区的未来发展回归到教育的核心功能，让感恩成为生活的态度，让担当成为行为的习惯。

文化管理是现代学校管理的核心，也是提升学校办学品位、实现优质教育的关键。创建智慧学校，一定要时刻把握好学校文化建设的总纲，将特色化的办学举措用文化建构的眼光加以提炼，升华特色化办学举措对现代教育和学校管理的意义，使智慧学校的创建富内涵、广辐射、有品位。

（三）以特色项目打造特色学校

根据《国家中长期教育改革和发展规划纲要（2010—2020年）》相关要求，青羊区内学校结合特色建设的实际情况，研制促进学校"特色发展项目"的评估指标体系，对照体系进行挖掘、改进、培育、凝练，形成具有一定特色的办学风格和学校风貌，以特色项目为亮点，突出文化育人的特色。通过学校特色项目建设，激发学校办学热情，促使学校认真梳理和全面总结办学过程中的历史沉淀、发展经验，凸显学校特色，深化素质教育，全面提升学校办学水平，逐步实现区域内"百花齐放"的格局。

成都市十一中以打造"女生教育"品牌为特色，探索女生成才之路。学校针对女中学生的生理、心理特点，开发校本课程，构建女生班特色课程，确定女生班德育目标，形成分年级段德育内容，打造女生班德育"经典"品牌活动。学科教学中实施"扬长补短"的教学策略，对女生班进行专门的学法指导和学科教学研究。分性别的教育虽然不能成为教育的主流，但作为天府之国省会的成都，有着"和谐包容、智慧诚信"的城市精神，有着创全国最佳旅游城市的发展目标，建设一座高品质的女校，在国际国内舞台上展示多元化的办学成就，也是一个窗口工程，成都市十一中就填补了女子完全中学这个空白。

成都市实验小学以"教师发展学校"为特色。其实践与探索指向的主体是教师，针对的终极目标是教师自身的发展，即在项目实施过程中促进教师的自主发展，以教师的发展促进学生的发展，进而促进学校的特色发展与整体发展。该项目底蕴丰厚，基础扎实，目前又以"教师发展学校"制度创新为研究重点，致力于"教师发展学校"的建立与完善。这所学校近年来向青羊区各校输送了大量管理人才。

成都市泡桐树小学以"家校共育，促进学生健康和谐发展"为特色，把学校"和谐教育、自主发展、成人成才"教育理念宣传、渗透、落实到以学校教育为主导的家校教育活动中，形成家校教育合力，达到家校教育相长，促进每一个学生充分、自由、全面、和谐地发展。学校遵循家校共育原则，通过有实效的"沟通—交流—合作—分享"为主题的家校共育活动，了解、满足、超越、引领家长、教师、学生的教育需求，达到家校双方相互理解、互相满意、彼此信任、积极互动的效果，将家长资源转变为教育资源，将家长优势转变为教育优势，实现家校教育相长。

成都市草堂小学立足于本土与校园，提出了以"诗文化"作为特色品牌文化，让诗意浓浓的社区文化与雅致的校园文化相映成趣、相得益彰，让"诗"成为每一个草堂小学人的魂之所系。同时该校提出"执行校长"制度，设立校级教师执行校长岗位和年级执行分校教师执行校长岗位。其中，校级教师执行校长岗位，在全校范围内公推竞聘，任期一个月。学校借此改革了管理评价方式，以团队积分、团队评价、团队自主评价等为核心的团队评价方式，鼓励教师之间多交流、协作，让教师自身的发展过程变为团队关注、帮助的过程。

成都市第五幼儿园以"基于儿童哲学的幼儿园教育活动的实践研究"课题开发园本课程为特色，通过儿童哲学的实践研究，以启迪儿童智慧为目的，以儿童生活中所熟悉的、富有哲理的问题为内容，创设情境，鼓励儿童提问、讨论，表达不同的观点，思考运用不同方法去解决问题；在开放的、动态的、互动的过程中，让他们学习思考、学会思考，形成自己的思想，提高思考能力，从而养成儿童在日后生活中能够主动"为自己思考"以及"寻找意义"的能力。

青羊区还有很多学校都有自己的特色，如全市唯一一所民族学校——回民小学；以"写好字、读好书、做好人"为特色的少城小学；以科技教育为特色的实验小学成飞分校、树德实验中学（东区）；以"非正式社区教育课程建设"为特色的社区教育学院；以巴金品质为核心，深刻挖掘其教育内涵，用智慧眼光、人文关怀，从"理念、环境、制度、行为、课堂、课程、活动、读书"八个方面来诠释校园文化的东城根小学；以"小班化教育"为特色的成都市石室联中蜀华分校……在"特色发展项目"的推进中，学校找准了自己的定位，走出了自己的发展道路。

智慧学校的创建提升了区域内的学校品质，打破了学校发展面临的"瓶颈"，积聚了各级各类办学主体的智慧，促进了品牌的打造，让师生收获了幸福。

第三节　智慧课堂的构建

随着社会的发展，课堂教学目标也在随之发生着变化，其核心思想是课堂不仅要培养具有知识的人，同时也要培养富有智慧的能适应社会发展的人，关注点更多地指向了学生自身的生命和智慧的成长。与此同时，传统意义上传授知识的课堂也被赋予了更多的意义和价值内涵，课堂不仅是学生学习的地方，同时也作为学生生活和生命智慧成长的地方而存在。因此，"让智慧回归教育，让智慧唤醒课堂，让智慧引领教师专业成长，它是时代的呼唤，是教师专业成长的需要，是课堂教学焕发生机与活力的契机，是新时期教育教学改革的重大使命"①。智慧课堂的提出和构建迎合了这种发展。

智慧课堂秉承新课程理念，认为课堂不只是传授知识的场所，教学也不只是简单学习知识的流程，课堂教学是师生共同的成长历程，是授业者与受业者激情、智慧碰撞、融合、生成的过程。

一、智慧课堂的内涵特征

（一）智慧课堂的内涵

要深入理解智慧课堂，可以从智慧教育的三个内涵入手。前文所述，智慧教育内涵体现在三个方面：一是为了智慧的教育；二是智慧地进行教育；三

---

① 田慧生. 时代呼唤教育智慧及智慧型教师［J］. 教育研究，2005（2）：50-56.

是形成教育的智慧。智慧课堂也可以从价值、过程、结果三个角度来理解。

1. 智慧课堂的价值追求

课堂为何而教？智慧教育中"智慧"的内容是什么？答案首先来自知识观的转变。知识观不仅影响着课程内容的选择，同时也对课程目标的设立、课程内容的组织方式等存在重要的影响。第二，从教育的目的来看，教育是一种培养有智慧的人的活动。这里的"智慧"不仅指知识，也包含有道德、自由、向善的品格以及解决问题的能力，正如"教育要不仅仅是一种知识性生存方式，而且更是一种智慧性生存方式"①，课堂教学的目的是培养学生的各种素养，这些素养是为了适应现代社会及未来发展需要的。如果教师的活动是为这一目标服务的，那么教师也就实现了自我在现代社会中的适应与发展。

2. 智慧课堂的实施过程

课堂中的活动如何组织开展？课堂的过程应体现何种状态？如何"智慧"地进行课堂教学？从智慧教育的过程来看，智慧课堂不仅是学生知识积累的过程，更是学生智慧生成的过程，是实现培养智慧的人的教育目的的过程，而培养智慧学生的关键需要有智慧的教师。因此，所有教学活动都必须遵循学生的身心发展规律，符合知识形成（智慧生成）的内在规律。

3. 智慧课堂的认知成果

课堂教学活动之后，应有什么收获？能得到何种智慧？从教育的结果来看，如果把教育看作是对人智慧的培养，那么教育的结果就不再是单一的、模式化的，而是多元的、富有创造性的，培养出的学生不仅能够适应社会的发展，同时也能实现人格的自我完善。智慧是对普遍规律的把握，因而"智慧教育"就需要有综合性的知识结构作为支撑，给学生提供综合性、多样化、精练化的学习资源，使学生既能够把握普遍规律，对事物做出明智的分析和判断，又能够灵活地运用各种知识进行发明和创造。

因此，培育学生的现代素养，完善学生人格成长，促进学生智慧发

---

① 靖国平. 摘要 ［D］// 靖国平. 教育的智慧性格：兼论当代知识教育的变革. 武汉：华中师范大学，2002：1.

展，必须要让智慧唤醒课堂，让学生在课堂教学中注重"感受过程，习得规律，发展智慧"。这样的课堂才是提高学生综合素质的理想课堂，即智慧课堂。智慧课堂不只是关注学生的知识、技能、分数，而是更注重学生的未知世界，引导学生发现自己的智慧，协助学生发展自己的智慧，指导学生应用自己的智慧，培养学生创造自己的智慧。换句话说，智慧课堂旨在帮助学生建构一种前所未有的能够自我组织、自我进化、自我完善、自我构建、自我发展，具有独特个性的完整的集成智慧体系；旨在转变教育实践者的思想观念和行为方式，培养学生的认知能力、反思能力、实践能力和创新能力，实现个体全面、自由和充分发展。

（二）智慧课堂的特征

课堂是师生生活交流的地方，是通过对话不断寻求智慧的地方。一个教室、几排桌椅并不能够称之为课堂，缺少了师生之间的智慧活动的课堂只能称为讲堂。

智慧教育的价值导向认为教学活动是指向学生的生命和智慧成长的实践活动，应是富有智慧的活动，因此智慧应该是课堂建设的途径和方向。结合对智慧教育的理解，青羊区提出构建智慧课堂的三大特质，即生态化、活动化、特色化。

智慧课堂的三大特质分别从师生关系、教与学的关系、过程与结果的关系来把握方向，实现三个维度的建构对话，保障教师在课改过程中的方向性。"三化"课堂与三个维度对应关系如下：

① 生态化：指构建自然、和谐、共生、可持续发展的课堂，实现人际关系的建构对话。这是基于课堂的现代性特征在师生情感关系方面的诠释，即是对师生和谐发展的课堂生命的呼唤，努力构建民主、科学、开放的，自然、和谐、共生的可持续发展的课堂。

② 活动化：指构建开放、互动、多元、重实践取向的课堂，实现客观世界意义的建构对话。这是基于课堂教与学关系的再认识和重新审视。活动关注学生的主动构建和参与，建立开放、互动、多元评价的课堂教与

学的活动过程，激发学生能够主动发展、主动学习。

③ 特色化：指构建科学、个性、高效、具有创新精神的课堂，实现自我修养的建构对话。这是基于课堂过程与结果之间的突破点的确立，是对教学效果、教学风格、发展风格的追求，通过构建教师与学生的个性化风格，培养独立人格及创新精神。

生态化、活动化和特色化三种特质始终贯穿课堂从知识的课堂转变为智慧的课堂，从师本的课堂转变为生本的课堂，从模式的课堂转变为生成的课堂，从低效的课堂转变为高效的课堂的过程中。这一转变过程同时应该具有丰富多元、民主平等、科学合理、开放互动、先进高效、个性创新等六大特征。

二、智慧课堂的实施策略

学校是智慧教育实施的主渠道，课堂是智慧教育实施的主阵地。当前，基础教育课程改革要求无论在理念认识上、行为实践上、组织推进方式上都发生了质的变化，推进思路也必然要做相应的调整。"智慧课堂"正是在这一背景下提出来的。

青羊区在推进区域智慧教育的过程中，在全区层面依托全国教育科学"十一五"规划课题"区域构建现代课堂的实践研究"推进智慧课堂建设。2012 年，青羊实验区制定了《青羊区中小学现代课堂教学规范》，明确学科教学设计、教学实施、教学效果等方面的教学要求，作为加强学科智慧课堂管理，提高课堂教学质量的评价标准；同时，研究制定了教师课堂教学评价标准，形成青羊区《智慧课堂指导纲要》《智慧课堂实施方案（学科方案）》等制度、文件，从制度规范层面来推进区域智慧课堂的构建工作。另外，青羊区在教学设备设施方面进行了大量投入，制定了学校信息技术装备标准，高标准配置了教学多媒体设备、电子白板等，在西部地区率先建立起智慧教室。上述做法为智慧课堂的区域构建创造了物质条件、专业前提及制度保障。在此基础上，青羊区推行了如下措施：

（一）在认识层面努力促进课堂教学主张的形成与优化

1. 由表及里建构

对现代课堂内涵的解读经历了概念认知、内涵理解及主义取向三个阶段。在对智慧课堂探索初期，青羊区主要把"现代课堂"与"传统课堂"进行对比理解；在探索中期，将"现代性"作为理解"现代课堂"的突破口，提出现代课堂的特征、方向，虽然这已深入到现代课堂本质属性的深层探讨中，但仍旧在现代课堂的概念范畴内进行思考；在智慧课堂全面开展阶段，研究思路转从教育本质、课堂教学及人的发展角度来理解现代课堂，提出现代课堂是培养学生适应现代社会与发展需要的课堂。

2. 个性化多元建构

由于政策导向、价值观念、观察视角及实践经验的限制，各级各类教育行政部门、学校、教师及研究人员对智慧课堂基本形态的认识及表达是有差异的。但智慧课堂作为一种课堂形态，是对传统的知识课堂的挑战，其对课堂基本形态、教学模式、思维培养以及创造性的课堂表现是毋庸置疑的。为此，青羊区组织相关人员对"智慧课堂"的内涵进行界定。因为，智慧课堂并不是一个封闭的状态而是开放的非平衡状态，课堂教学在维持自身独立性的同时，也保持对外界的开放状态，比如教学目标的开放、教学内容的开放、教学组织形式和方法的开放、教学评价的开放以及教学空间的开放等，坚持对"智慧课堂"核心价值——即为人的发展的理解，同时保持对"智慧课堂"的个性化表述，可以真正激发出"智慧课堂"的丰富内涵。

（二）在实践层面以研究方式解决课堂教学生成的问题

区域课程改革的推进，既是一个教育专业问题，也是一个行政管理问题；既是一个教师个体成长发展问题，也是专业团队建设问题。从教育专业角度来说，课程改革必须解决对教育规律、特别是课程理念的认识问题；从行政管理的角度来看，是如何将这些认识，按不同级别的管理权限和职责贯彻到教育教学实践中的实践问题。

1. 问题聚焦

不同学校之间由于客观条件如学校设备、设施、师资水平、学生生源等不同，发展方向和定位存在很大差异；一线教师对课程改革的理念、策略、方法和工作目标也有不同的理解。因此，在课程改革推进过程中，不同学校、不同教师个体关注的焦点是不一致的，课程改革目标不能一蹴而就。区域课程改革工作的一项重要职责就是加强统筹，解决学校存在的共性问题，通过共性问题的解决，实现个体问题的解决。

如图 5.3 所示，青羊区实施的主题研修活动，就是将全区的课程改革问题进行聚焦，让教师在现代课堂的理念下去分析、认识不同的问题，形成由上而下的四级研修主题，引领全区教师探索课堂教学理念，在问题解决中构建区域现代课堂。

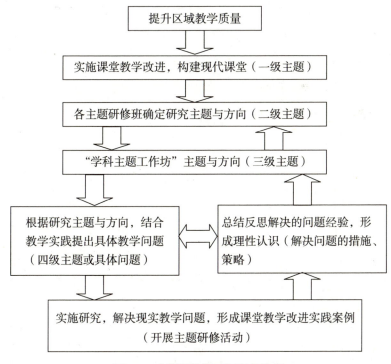

图 5.3　主题研修活动四级结构图

2. 主题统整

基础教育课程改革是一个宏大的课题。不同地区、学校及教师均有各自的思考与经验。如何统整全区的教学、教研力量使之形成合力？在教育实践中，青羊区把构建"现代课堂"作为深化区域课程改革的抓手，以此为主题，统领教学、教研、师培工作。

"现代课堂"作为一个概念落实到具体的学科，需要一个具有特色主题的学科载体。为此，青羊区根据学科特点制定了《现代课堂学科实施方案》，并以此统领全区的教学业务指导工作，分段分科，层层推进。每个学科都设立了关于"现代课堂"的二级、三级研修主题，每个学科依照方案思路开展活动。（如表 5.1 所示）

表 5.1　中小学各学科研究主题一览表

学段	学科	主题
小学	语文	追问目标与落实环节，构建"真善美"课堂
	数学	感悟数学本质，构建现代课堂
	英语	创设语境，构建文化内涵的课堂
	科学	构建以科学求真的精神滋养课堂
	品德与生活（社会）	构建活动型课堂
中学	语文	展开读写双翼，追求温暖润泽的课堂
	数学	构建"主导—主体"课堂教学结构，创设"注重学"的课堂
	英语	倡导自主学习、合作探索的教学方式，构建现代课堂
	物理	探索"自主合作探究学习"支持策略，构建现代课堂
	化学	以活动元为基础，以学案为载体，构建现代课堂
	生物	知识融入情境，构建活力课堂
	历史	构建"生动、活动、互动"课堂
	地理	构建"自主学习、合作探究"的课堂
	政治	构建"生本高效"课堂

学段	学 科	主 题
综合学科	音乐	以体验式教学构建快乐课堂
	体育与健康	优化教学语言，构建实效课堂
	美术	优化课堂教学节奏，构建现代课堂
	信息技术	以创感理念全新思维构建现代课堂

在"现代课堂"构建的框架下，各学科紧扣自己设定的研修主题开展各种活动，如"我心目中的现代课堂"论坛活动、学科主题研修活动、学科教研活动、学科赛课活动、学科培训活动，等等。通过活动，青羊区要求每个学科都要在"现代课堂"理念指导下，鲜明地提出本学科关于现代课堂建设与课程改革的主张与见解，即要对本学科教学观、学生观、评价观、课程观等形成结论性认识，以此把现代课堂理念落实到具体学科中去。这样，现代课堂的理念就有效地统整了区域课堂教学改革与发展。

3. 回归原点

随着课程改革的深入，教师在教学实践中产生问题已不能从外界找到很满意的答案，特别是一些深层次的教学问题，一些关于教育教学的元问题。例如，在构建现代课堂过程中，课堂价值取向成为教师不断追问的话题：课堂教学是为谁而教？课堂教学的价值何在？应该在课堂上教什么？怎么教？在反复的叩问与追寻中，课堂价值观不断得到完善，体会不断丰富，教学实践也越来越清晰。在这个问题的不断追问过程中，教师弄清了"人之教"与"器物之教"的区别、"有用"之教与"无用"之教的内涵、功利之教与价值之教的表现、过程之教与结果之教的取向。这种思维转变的方式以及从根本进行思考的策略，帮助教师解决了很多问题。

（三）在组织形式层面整体协调推进区域课堂教学变革

在深化课程改革进程中，无论是学校、教师、教研部门、教育行政管理部门都有这样一个共识：要切实有效地推进课程改革，需要整合全区各方力量，形成合力，共同打造深化课程改革平台，才能实质推进智慧课堂建设。

1. 统筹推进

为了在全区课改形成合力，青羊区创造性地开展了师培活动、教研指导活动，形成了点、线、面纵横交错、立体推进的研究方式。

（1）面——区域内整体横向推进

基于深化课程改革中专业指导支持薄弱、教师建设需要加强的问题，青羊区按照教研培一体的思路，开发出教师继续教育研修平台"喜雨师社"，形成以"主题研修"为框架的骨干师培模式，创新了"一校一周集体调研"的教研形式。同时，通过加强区域内教育质量监测，开展青羊区首届教育学术节，实施"现代课堂"主题赛课活动，引导教师大面积参与活动，进而改变教学观、改进教学行为，加深对现代课堂的认识与理解，促进课堂的改革与构建。

（2）线——学科内整体纵向推进

中小学各学科根据学科特点制定《现代课堂学科实施方案》，每个学科都设立了关于现代课堂的二级、三级研修主题，每个学科按方案思路开展活动；每个学科都在现代课堂理念指导下，鲜明地提出学科课程改革主张与见解，并以此统领全区的教学业务指导工作。针对学科教研员在智慧课堂的推进研究中具有的关键作用，青羊区要求学科教研员应对本学科教学观、学生观、评价观、课程观等形成结论性认识，即通过观念指导将现代课堂理念落实到具体学科中去。在此基础上，各学科依此思路与方案相继开展了"我心目中的论坛"、学科主题研修、学科教研、学科赛课、学科培训等活动。

（3）点——学校个性重点推进

各学校根据自身发展需要，根据师资实情，在现代课堂三级主题下选择研究点，形成本校的研究子课题，或是学科研究小课题，以校本研修为平台，深入开展研究活动，推进本校现代课堂的构建。

2. 团体协作

主题研修活动由各学校按学科分类，推荐骨干教师参与，组成研究团队，以"构建现代课堂"作为一级主题，依据各级各类学校，如小学、中学、幼职教设立二级主题，同时每个学科在二级主题下设立三级主题，作为各学科研修班团队的研究课题。这些骨干教师在接受培训后把三级主题带回学校，根据学校实际设立四级主题，以校本研修的形式开展研究。

目前，青羊区中小学共设立了 20 个关于现代课堂研究的子课题，成立了 3 个研修协作团队，同时还有以学校学科教研组为单位承研的学科小课题 65 个。这些课题作为校本教研活动的重要载体，将构建现代课堂、深化课改的问题细化到学校内部，开展实地研讨，为区域推进现代课堂提供了众多生发点、支撑点，切实把研究落实到每一堂课中，落到每一个教师身上。

三、建立智慧课堂评价体系

课堂教学是一个复杂的系统，也是师生双方遵循一定规律共同运作保持和谐的过程。这个过程既是一个信息加工过程，也是一个情境创设过程，同时也包含对系统中的构成因素的合理组合及有效调控。智慧课堂的合理建设可以优化学生的心理素质，促进学生主动、积极、善于学习的综合协调功能。智慧课堂的评价体系是否适切直接关系到课堂教学设计的指向。如何在影响智慧课堂评价体系的诸多因素以及复杂的环境中构建适当的课堂评价体系，是能否有效提高智慧课堂效果的关键。青羊区在区域层面探索并建立起一套智慧课堂评估指标体系，作为智慧课堂评价体系的核心及参照物，这一探索过程主要围绕以下三点进行。

(一) 实现评价观念的转变

评价的目的是为了促进师生的共同发展。要想营造让教师乐教愿教、使学生爱学善学的校园氛围，一方面必须更新教育观念，采用多样性的评价方法，以便更全面地收集和反映学生学习结果和行为变化历程的信息与资料，从而促进学生的充分发展；另一方面也应多方面了解教师的教学工作，而不是过多地侧重于考试、考核这种评价手段。

（二）将学生在课堂上的表现作为评价的主要内容

任何课堂教学的效果都必须通过调查学生的学习状态才能得以实现。课堂教学是否以学生发展为本，学生有最深切的感受和体验。智慧课堂提倡通过了解学生在课堂上如何讨论、如何交流、如何合作、如何思考、如何获得结论及其过程等行为表现，来评价课堂教学的水平。同时也提倡关注教师的行为，即关注教师如何组织并促进学生的讨论、如何评价和激励学生的学习、如何激发学生学习的热情和探究的兴趣等，来评价教师课堂行为表现对学生的"学"的价值。

（三）体现学生丰富多彩的个性发展与学习历程

智慧课堂是师生共同创造奇迹、唤醒各自沉睡的潜能的时空，离开了学生主体活动，这个时空就会破碎。教学改革的实践证明：任何一种有效的、成果的教学，都必须是学生主体参与的。换句话说，没有学生的主体参与的教学，不是成功的教学。学生主体参与教学对优化课堂教学，促进学生主体性发展具有十分重要的意义。学生主体参与教学实质上是在教学中解放学生，使他们在一定的自主性活动中获得主动发展。①

目前，对学生的学习评价侧重于那些容易用纸笔测验的、简单的知识与技能，对评价学生在高层次的创造技能、应用技能等方面的能力重视不够；至于测量学生学习中的情感与态度，更是显得力不从心。智慧课堂评价体系应通过多种多样的渠道和方式来评价学生的课堂表现，关注学生的个别差异，以反映不同学生的学习过程和取得的进步。

为了构建"生态化、活动化、特色化"的"三化"课堂，进一步推进青羊区教育现代化实施，明确"现代课堂"的方向与目标，青羊区结合课堂教学实际及对"现代课堂"核心理念的理解，运用系统科学的理论，制定了《成都市青羊区"现代课堂"教学评价指导纲要》（以下简称《教学评价指导纲要》），《教学评价指导纲要》中详细制定了课堂评价体系。

---

① 教育部师范教育司. 黄爱华与智慧课堂［M］. 北京：北京师范大学出版社，2005：52.

青羊区智慧课堂评价表

【说明】评价的一级目标为现代课堂教学的应有特征，这些特征是通过一定的载体（要素、过程、结构、状态）来反映的，对这些载体的描述是评价体系的二级目标，即要点。需要说明的是，《教学评价指导纲要》所确定的载体并不是绝对的、不可变的，要点中对载体的描述也并非完整的。我们只不过给大家提供一个思路，一个方向，一些典型线索。

本评价表旨在为教师提供一个教与学的反思性工具，提供一个达成"现代课堂"要求的评价线索，通过评价不断地引导教师和学生形成合理的教学观念和教学行为。各个学校、各个学科、各位老师在使用时，请结合学科特点、学校实际、本人关注点对本纲要内容进行细化分解，或进一步量化。

特　征	载　体	要　点
民主平等	师生关系	1. 充分尊重学生人格，师生、生生间相互理解，彼此信任，共同合作 2. 以良好的人际关系促进学生主动参与、合作探究、乐学善学
	学习环境	1. 倡导教学民主，课堂氛围和谐；学生心理安全感强 2. 营造平等交流的课堂教学环境，能为每个学生创造参与课堂教学活动的机会，展示自己的能力和才华
	控制方式	1. 通过相互交流与沟通实现双向控制，师生处于人格平等的"对话"状态 2. 重视课堂教学活动中的情感、动机、信念等人格因素的价值，从学生内部的诱因着手，组织调控课堂，引导学生主动参与
个性创新	学生发展	1. 关注学生的个性差异，关注每个学生的心理特点、认知能力、社会化程度等方面的特征及其差异 2. 鼓励全体学生积极参与，让不同层次的学生都能学有所得 3. 每位学生都有积极的情感体验，表现为好学、乐学、会学，并形成正确的价值观

续表

特　征	载　体	要　点
个性创新	学生思维	1. 学生在学习过程中主动探索、独立思考、敢于否定、勇于创新 2. 学生在教学活动中善于与人合作，善于倾听意见，善于表达交流 3. 倡导学生多角度提出或解决问题，着力培养学生的创新精神
	教学风格	1. 教师充满自信，教学功底扎实，有较为丰富的组织和协调能力，有独特良好的教学风格 2. 有教改创新精神，体现出教师的个性化色彩和学生的创新能力 3. 用教师自身教学艺术的魅力和力量，创造出常教常新的课堂教学情境
丰富多元	学习目标	1. 重视"三维"目标落实。挖掘教材内涵，落实过程与方法、情感态度与价值观等课程目标 2. 面向全体兼顾差异。学生能基本掌握知识和技能，在学会学习和解决实际问题方面形成一些基本策略 3. 培养学生收集和处理信息的能力、获取新知识的能力、分析和解决问题的能力以及交流与合作的能力
	学习方式	1. 树立正确的学习观，开展有意义的学习，充分体现学生的主体性，激发学生学习兴趣 2. 引导学生主动参与、乐于探究、勤于动手，适时开展研究学习、发现学习、自主学习、合作学习 3. 注重指导学生学法，引导学生质疑、调查、探究，在实践中学习
	学习资源	1. 关注学生已有经验、生活环境、时代背景，为学生的学习设计、提供合理的学习资源，并促成新的学习资源的生成 2. 恰当调控人、物、环境资源
	课堂评价	1. 关注形成性评价，发挥评价促进学生发展、调控过程、引导激励和改进教学的功能 2. 组织学生认真参与课堂教学评价活动，开展自我评价、同学评价、师生评价，提升教与学的能力

特　征	载　体	要　点
开放互动	信息交流	课堂信息渠道通畅，信息来源广泛，横向拓展，纵向延伸。信息交流适度有效，信息传递方式灵活
	组织调控	1. 精心预设，关注生成，正确处理教学过程的预设和课堂动态生成之间的关系 2. 有效调控课堂，根据教学状况灵活处理问题
	情境问题	1. 重视联系实际，拓展学生视野，创设学习信息丰富并利于学生思考的情境，促进学生发现问题、提出问题、分析问题、解决问题 2. 以问题为中心展开教学，调动学生动脑、动手多方式解决问题，强调学生参与和积极主动解决问题
	互动引导	1. 教学中互动模式多样；有效实施反馈、控制 2. 能根据课堂教学的实际情况对课堂教学作较及时、适当、自然的调控
科学合理	教学内容	1. 教学内容适合学生的发展水平，容量合理，符合课程标准和认知规律，对学生的思维启发有一定的深度 2. 加强课程内容与学生生活以及现代社会和科技发展的联系 3. 关注学生的学习兴趣和经验，精选终身学习必备的基础知识和技能
	方法策略	1. 教学方法选择恰当，有利内容呈现和目标实现，符合学生认知规律，学生能主动参与教学活动 2. 重视学法的指导，体现因材施教 3. 准确把握教材，突出重点，突破难点；帮助学生构建合理的认知结构 4. 恰当使用媒体，实验操作规范
	教学结构	1. 教学环节安排合理，突出重点和难点 2. 教学思路清晰，教学模式有效实施 3. 能给学生充分探索与思考的时间和空间，体现学习自主性、探究性、合作性
先进有效	教学思想	教学行为符合新课程改革理念，符合学生身心发展规律，符合教育教学规律
	教学手段	1. 选择恰当的媒体，媒体的使用适时、适度、适量、有效 2. 充分发挥信息技术的优势，为学生的学习和发展提供丰富多彩的教学环境和有力的学习工具

四、智慧课堂构建的实践成效

（一）课程体系的创新

在以往的课程实施中，学生多处于被动、受控的状态。智慧课堂让学生由过去被动的、缺乏主体地位的状况，向能够自主地、独立地、主动地学习，能够有自主意识这样一个理想状态过渡。课程是教育改革的主要阵地，课程体系的创新是教育改革取得进展的重要突破口。因此，学校课程体系的创新主要从以下三个方面开展研究：一是开展校本课程系统化研究，实现国家课程和地方课程的深度融合——一方面把国家的课程校本化，另一方面制订学校的校本课程计划，两者结合就构成智慧学校教育教学课程的发展蓝图；二是开展课堂教学的研究，教学的本质是教师"教学生学"，因此课堂教学应以教会学生"学会学习"为主要目标，教学评价一定要看学生如何去学习、老师如何指导学生学习，而不只是看老师讲得怎么样；三是开展对学生的研究，教师要研究学生的内驱力、学习的主动性、学生的认知基础，才能有针对性地进行课堂教学的设计，课堂教学应树立以学生为中心的理念，立足学生实际，发展学生智慧。

例如，成都市实验小学经过长时间的探索，摸索出"自主学习模式"和"自主活动模式"。"自主学习模式"是一种以学生的自我学习需要为前提，以"发现—探究—升华"问题增强学生的主体意识、激发学生的创新精神、提高学生的创新能力为目的，以学生自主活动为手段，以学生内心体验为中介的学生自我心理建构模式。这套模式引领学生在问中学、在创新中学、在比较中学、在归类中学、在做中学、在教中学，并创设"前置式研究学习"和"任务活动模块学习"。"自主活动模式"是以人的内在动力为基点的学习方式，强调以给予学生自主学习时间为前提，以学生积极主动参与教学活动为基本形式，以促进学生自主发展为目的，建立在学生自主决定、自主选择、自主控制、自主评价、自主反思、自主构建等基础上的一类教学活动范例。其模式主要有：讨论式活动模式、操作式活动模式、实验式活动模式、表演式活动模式及实践式活动模式。

（二）课堂理念的转向

课堂是学校教育的"主阵地"，是践行新课程及其理念的主要场所，因此可以说课程改革最终能否成功，关键是要看课堂中能否发生预期的改变。在"智慧课堂"倡导的理念下，青羊区各校结合自身发展实践，提出了个性化的主张，如"生本课堂"、"双主体课堂"、"体验课堂"、"活动课堂"、"谐动课堂"、"灵动课堂"等。从学科角度来看，各学科都根据自身需要找到了富有学科特点的问题与主题，深入研究后提出了自己的现代课堂主张，如小学数学的感悟数学本质的课堂；小学语文通过对教学目标与环节的再认识，追求真、善、美的课堂；小学英语追求浸润文化的课堂；中学化学倡导活动的课堂；中学历史倡导人文课堂；等等。不同的提法，基于不同的思考角度，但众多教师及教研员在"现代课堂"理念指导下建构起来的智慧课堂，均是以培养现代人的综合素养为明确的终极目标的。

几年前，中学课改是推进课改的滞后区。近几年，区域内的中学却把课改工作推进得有声有色。每个学校都把"课堂教学"改革作为攻坚任务，作为提升教学质量的抓手。100%的学校都提出了自己的个性化课改主张，课堂教学模式丰富多彩，如"121"活力课堂、"三高"课堂、"双主互动课堂"、"三案一体"自主合作课堂等。（如表 5.2 所示）

表 5.2　中学及部分小学课改主张

学段	学　校	课改主张	主要理念
小学	实验小学	活动课堂	以学生为主体，以活动促发展
	泡桐树小学	谐动课堂	"三动"：活动、互动、主动 "两谐"：氛围和谐，过程和谐
	金沙小学	幸福课堂	生活课程化，课程生活化
	草堂小学	诗意教育	科学之真，人文之善，艺术之美

学段	学　　校	课改主张	主要理念
小学	东城根街小学	生态课堂	让教育回归本然，回归人学
	康河小学	多元课堂	形式、内容、评价多元的课堂
	胜西小学	生态课堂	让学生实现生态化发展
	战旗小学	和美课堂	和而不同，各尽其美
	……	……	……
中学	石室联中	生本课堂	以学生为本，以合作学习为平台，成就自主发展
	石室联中蜀华分校	"121"活力课堂	落实"三讲三不讲"，自主互动
	石室联中西区	自主学习课堂	小步子，快节奏，勤反馈
	树德实验中学	双主互动课堂	主题研究做引领，集体备课为核心，课堂效益是关键
	树德协进中学	协进课堂	打造协调、协作、协进三层课堂文化
	树德实验西区	体验式课堂	全方位、多维度推行学习体验
	树德实验东区	"271"高效课堂	变苦学为乐学、肯学、会学、学会
	青羊实验联中	"三案一体"自主合作课堂	预学案、学习案、反馈案合并，自主学习和小组合作相结合
	青羊实验中学	"三高"课堂	依托导学案，实现高信息备课、高密度节奏、高强度思维的课堂
	成都市第三十七中	行知课堂	学生在做中学，尝试在先，思考在先，学习在先，教师讲解在后，教学做合一，行知合谐统一
	成都市第十一中	学讲练课堂	以学导讲，以练推讲
	成飞中学	四步活学课堂	把课堂还给学生，把创造还给老师（导入、探究、讲解、练习）
	文翁实验中学	"1331"学教课堂	"听说读写"课堂，输入知识—大脑加工—输出知识

（三） 教学理念的更新

长期以来，陈旧教学观念支配下的教师总将教学目标的确立直接指向知识的传授，让学生最大限度地识记课堂传授的知识，教师只关注教，忽视学生的学，学生成为被动接受知识的容器。新课程要求从"教会学生知识"转向"教会学生学习"，教师必须成为教育活动的创造者，"智慧"地开展教学活动。

例如，成都市泡桐树小学在教学理念的改变上做了三个方面的探索：一是改变教师教学理念，从教给知识到教会学习，每一门课程都不是只关注知识是否掌握，而是教授给学生自主学习的方法和主动思考的能力；二是改变学生的学习方式，从接受式学习到探究式学习，在教学过程中，教师通过创设问题情境，有意识地培养学生提问、质疑的能力，引导学生深入到探究知识的过程中；三是改变学校课程设置，从学校到家庭和社会，"一切为了学生，一切为了学生的发展"。泡桐树小学每周五下午的班级特色课程从思想上瓦解封闭性，从内容上建构开放的、与儿童个性相符的课程。学校给有特长的教师、家长提供舞台和平台，聘请他们为学校特色课程的志愿者老师，开设书法、武术、布艺、抖空竹、泥塑、国学等课程，发展学生的兴趣爱好，让他们各具特色、学有所长。值得注意的是，智慧课堂不仅要为学生提供学习的条件和机会，还要尊重学生的需要和意愿，让学生智慧地学习，在学习中发展智慧。这就要求从学习氛围的营造到课堂教学的实施，都应有利于学生主体地位的落实和学生智慧的发展。

智慧课堂既是一种课堂形态，也是一种课堂理想。在智慧课堂中，教师和学生为了共同的目标，为智慧的生长而努力，使师生之间形成互依、互惠、协同与合作的关系。在智慧课堂中，教师不再是达成学校目标的工具，而是学生成长的同路人，学习既是学生的一种人生体验，也是教师的一种生活方式。学生在教师和同学的相互支持中，体验到归属感、认同感、安全感、凝聚力以及彼此间的接纳和支持，体验到一种全新的师生关系。可以说在智慧课堂中，教师和学生共同演绎着学习共同体，智慧火花随时随处可见。

第六章
智慧教育的师生涵养

第五章论述了智慧社区、智慧学校及智慧课堂的建设，本章则主要围绕智慧教师的养成以及智慧学生的培养展开论述。

智慧教师应是有自信、学识渊博、灵敏、尊重主体、尊重教育规律、追求教学艺术的教师，而培养的智慧学生应是掌握丰富的知识、运用恰当的学习方式，并有较强的思维能力和个性，灵敏聪慧的学生。青羊区在推动教育现代化的过程中，通过建立智慧教育的组织空间，充分发挥教育行政部门、学校、教师和学生的能动性，把办学的主动权交给校长，把培养学生的教育教学主动权交给教师，把发展的权利交给学生。

第一节　智慧教师的养成

陶行知在《古庙敲钟录》一文中说："农不重师，则农必破产；工不重师，则工必粗陋；国民不重师，则国必不能富强；人类不重师，则世界不得太平。"[①] 这句话对教师的作用做了很好的注解。教师作为教育最核心的构成要素，是教育事业发展的基础，是提高教育质量、办好人民满意教育的关键。智慧教育的实施，离不开多方面因素的作用，而教师作为其中一个最积极、最活跃的因素具有重要作用。要办好智慧教育，关键在于智慧教师，这就需要培养和造就一支具有健康人格、创新品质、多元智能、国际视野、乐教善教，具有青羊智慧的高素质专业化教师队伍。下文主要从"什么是智慧教师"、"如何培养智慧教师"、"如何发挥教师的智慧"、"如何智慧地管理教师"等四个方面进行论述。

一、智慧教师的内涵特征

智慧教师是智慧教育系统的构成要素，就是通过自身多元的教育实践，使学生在理智、才智、心智等诸多方面得到一定提升的人。智慧教师具有健康积极的人生态度、较高的思想政治素质，拥有专业研究的热情与能力以及广泛的兴趣，并能不断发展自我，同时具有创新意识与时代感；智慧教师同样富有学识魅力和人格魅力，能与学生、家长、同事等多方面建立起良好和谐的人际关系；在教学过程中，智慧教师精于传授知识，更

---

① 陶行知.陶行知全集［M］.成都：四川教育出版社，2000：31.

善于激发学生的智慧，关注学生的学习，更关注学生的成长；智慧教师注重引导学生形成健全的人格，建立正确的世界观和价值观；智慧教师注重培养学生的实践能力和创新能力，增强学生的社会责任感。简言之，智慧教师既能"慧心"，又能"慧行"，还能"慧德"。

按照智慧教师所处的不同发展阶段和所具备的不同教育智慧，智慧教师大致可以分为三种类型：一为"慧德之师"，即教师要具备良好的师德水准和职业道德，成为学生良好品格和健全人格形成的导师；二为"慧能之师"，即教师具有高超的教学艺术和教育水准，具备转识成智的教育智慧；三为"慧美之师"，即教师要达到"各美其美，美美与共"的教育境界。

二、智慧教师的培养策略

青羊区历来重视教师教育和培养工作，在多年的探索和实践中，建立起了较为成熟的教师多元成长平台和较为完善的多层次教师培训机制，例如引领教师队伍专业成长的"四项工程"——教师全员素质提升工程、名师发展工程、助跑新人工程和校级干部发展工程等。智慧教育提出以后，针对智慧教师的成长特点，青羊区在原有教师培训体系的基础上，不断探索和研究，对教师培训体系进行了更新和完善，形成了全新的智慧教师养成理论及实施办法。智慧教师的培养策略涵盖多方面内容，下面从创新管理机制、搭建成长平台、完善培训体系增强辐射效应四方面来论述。

（一）创新智慧教师管理机制

智慧管理是智慧学校的重要内容。青羊区内各级各类学校根据学校特点，探索适合自己、适应社会发展方向的管理方式，建设管办分离、民主管理、社会参与、开放办学的现代学校制度，整合家长、社会资源，深入推进学校、家长、社会"三结合"育人新模式，形成社会参与、自主发展的管理新方式。青羊区在智慧教师的管理和使用上，坚持"统筹管理、均衡配置、人尽其才"的原则，以教师"区管校用"为抓手，不断深化管理体制改革，促进教师队伍合理流动，通过均衡配置教师资源促进教育公平。

1. 区管校用

为破解教师资源均衡发展这一难题，青羊区在建设统筹城乡教育综合改革试验区的过程中，从管理体制入手，以"有利教师发展、有利质量提高、有利学校发展"的"三有利"为导向，积极探索教师"区管校用"管理体制改革。

在实施过程中，青羊区成立了专门的教师管理机构——教育人才管理服务中心（以下简称"人才中心"），将全区教职工的人事关系纳入人才中心统一管理。在教师人事关系方面，实行"区管人员身份，学校合理使用"，全面推进教师聘任制度。全区教师与人才中心建立聘用关系，统一进行身份管理，教育局根据学校需求统筹实施派遣任教。在师资配置管理上，实行"区管总量控制，学校按岗配备"，逐步建立教师编制"总量控制，动态管理"机制。教育局根据学校生源变化和教育教学任务增减情况，每年进行教师配置调整，按岗位配备教师。在教师岗位设置方面，实行"区管岗位结构，学校按岗定员"，教育局按照相关规定，设置学校管理岗位、专业技术岗位和工勤岗位数。同时，加大岗位结构比例管理力度，从核定的总岗位数中划出相应比例，用于对中、高级岗位实行集中调控和管理，并根据统管人数及结构变化逐年增加相应岗位数，逐步实现义务教育阶段学校岗位结构比例无显著差异。

通过改革，把教职工的身份关系由"单位人"转变为了"系统人"，打破了学校对教师的"一校所有制"，从人事归属上弱化了学校对教育人才流动的限制，破解了教职工全区流动的瓶颈问题，较好地促进了教师资源的均衡配置。

2. 干部教师交流机制

结合智慧教师"区管校用"的实施，青羊区积极建立干部教师交流机制：一方面，依靠行政手段要求教师进行强制性交流，主要内容为在同一义务教育学校任职满9年的校长、副校长，必须交流；在同一义务教育学校任教满6年的教师，且男不满50周岁、女不满45周岁的，都纳入应交流范围。每年干部、教师交流人数不低于应交流人数的15%；交流教师中，骨干教师比例不低于15%。另一方面，依靠利益杠杆激励教师主动交流，主要通过完善激励导向机制，从待遇、职称评审、岗位聘用、评优评先、干部的选拔任用等方面对支教教师和农村地区教师予以倾斜，鼓励教师有序流动。通过上述政策引导和激励，有力地促进了教师由优质学校向涉农学校和薄弱学校的合理流动，实现城乡教师的深度融合。

3. 暖阳工程

以人为本、重视人的生存和发展是现代教育的不懈追求。教育家叶澜认为："没有教师生命质量的提升，就很难有高质量的教育。"一支经常沐浴"阳光"的教师队伍，会把关爱的阳光洒向每位学生、每个家庭。青羊区积极开展关爱教师工程——"暖阳工程"，即以免费体检、鼓励运动的方式，来保障教师的身体健康；以心理辅导、强化激励的方式，来帮助教师客服职业倦怠；以提高福利、加强慰问的方式，来帮助教师解决实际困难，从住房、福利、培训、时间和精神五个方面来关爱教师，确保其能安心从教、有尊严地育人。同时，通过健全教师关爱的体制机制，保证学校固定公用经费5%用于教师慰问，10%用于教师培训，为广大干部和教师提供派出学习、出境考察、免费体检、免费培训等机会，着力于实实在在地提高教师的生活质量、生命质量。

（二）搭建智慧教师成长平台

平台既是成长的阶梯，也是展示的舞台。为促进青羊教师专业、持续和智慧地成长，青羊教育搭建了教师学习、展示和晋升平台。

在学习平台方面，青羊区正逐步搭建覆盖区内、省外、境外的三层"智慧教师培养平台"：在区内依托中国教育科学研究院构建"教研培一体化培训模式"，开设专家讲坛，国家省市专家定期开讲，实现全员培训；在区外借脑高端学府，举办清华大学、北京大学、北京师范大学、中央音乐学院、北京体育大学、华东师范大学高级研修班，校级干部、各学科骨干教师实现 100%省外培训提升；在境外，依托建立了国际战略合作关系的国际教育行政机构与组织，派遣校长和教师赴英国、加拿大、日本、韩国、新加坡、中国香港等国家或地区进行半年或一年的跟岗学习，开阔视野，汲取国际教育先进经验。帮助教师不断积累教育智慧，提高自身综合素质和专业化水平。

在展示平台方面，青羊区通过举办青年教师风采大赛、教学技能大比拼、区级学科赛课和学术研讨课等方式，为教师提供成长和展示的平台。例如，青年教师风采大赛每两年举办一次，通过演讲、才艺展示等方式，培养人才、发现人才。尤其对青年教师中脱颖而出的佼佼者，更是为其提供破格使用的机会；教学技能比拼和赛课等，则组织教师进行讲课、教学设计、课件制作、板书设计、书法等方面的比拼角逐。各种平台强调"全员参与、练比结合、注重实效"，通过平台上的活动进一步促进教师们大练扎实的基本功，努力提高教学技能，争当教学排头兵。

在晋升平台方面，除了传统的职务（职称）由初级向中级、高级晋升外，青羊教育还依托《标准》的实施，建立了合格教师、骨干教师、精英教师和专家教师这一成长体系，引导教师，尤其是面临发展瓶颈的中青年高级教师不断向前发展。同时，青羊区不断完善名优教师成长体系，建立了符合教师专业成长规律的区教坛新秀、区优秀青年教师、区学科（技能）带头人、区特级教师（校长）名优教师成长体系，激励和引导教师不断发展提升。

（三）完善智慧教师培训体系

青羊教师培训工作注重全员覆盖、突出重点、追求实效。在长期的培训实践中，不断总结完善，并形成制度。

1. 新教师培训：五步培养法

在新教师培训上，青羊以"专业管理，五步培养，三年考评"为抓手，促使新教师快速成长；按照"一年见习，二年入格，三年合格，四年升格"的目标，采取"管、训、评"分立的办法，即由人才中心负责管理，区教科院和任职学校负责培训，第三方负责考评，构建一个完整的新教师专业成长实施体系。对新进教师的培训则通过体验式学习、岗前培训和户外拓展训练、"青蓝结对"、后续培训、达标考核认证等"五步培养法"，全面提升青年教师的素质与水平，帮助其迅速成长为青羊教育的合格教师、骨干教师。

第一步：体验式学习。新教师与教育局签约后，人才中心根据新教师情况，安排到本区的各示范学校，在优秀教师的带领下开展为期一个月的体验式学习，直观感受示范学校的校园文化和名优教师的人格魅力，为尽快适应青羊教育打下良好基础。

第二步：岗前培训与户外拓展训练。正式上岗前，区教科院对新教师进行综合素质培训。首先是对新教师业务素质的培养，其次是开展主题为"励志磨炼，激情上岗，苦乐共享"的户外拓展训练，对新教师进行情感、意志以及团队精神的培养。

第三步："青蓝结对"。上岗后，组织新教师与区内名优教师和任职学校的骨干教师、名优教师进行"青蓝结对"，"多对一、一对一、一对多"，避免人才培养中的递减现象，确保新教师通过"转益多师"、"博采众师之长"策略达到超越师傅、超越前贤的目的。

第四步：后续培训。在以后的2—3年内，区教科院根据《青羊区教师素质认证标准》，有目的、有计划地组织新教师进行集中培训，指导新教师所任职学校开展校本培训，使新教师明确发展方向，缩短成长周期。

第五步：达标考核。以考促学，以考促提高。教育局委托教师评估事务所根据《青羊区教师素质认证标准》和《青羊区教师素质认证标准实施办法》，从第三年开始对每个新教师进行三个阶段的考核认证：一是表现认证，即通过教师述职和学校、家长、学生评价，来确定教师的在校表现；二是水平认证，即通过深入课堂听课，查询教师日常工作、学习资料来发现教师的教育教学、自我反思和创造性学习等各方面的能力；三是发展性认证，即通过与专家组现场对话的形式，考察教师职业发展愿景以及思想境界等内容，确定教师的人生自我定位。同时，新教师考核成绩的优劣也是对区教科院和任职学校培训效果的检验。

2. 骨干教师培训：三结合一发展

骨干教师的培养方面，青羊教育不再囿于教学的基本知识和技能，还注重提高教师的理论水平，增加教师的文化素养，提高教师的专业化水平和研究能力。为此，青羊区初步构建了骨干教师"三结合一发展"培训模式，开设"青年骨干教师研修发展班"，通过研究和培训相结合，专业学习和综合学习相结合，导师辅导和自主学习相结合，促进教师不断提升，由骨干教师向精英教师、专家教师发展。

一是研究与培训相结合。借助科研"查新"方法，使教师学会学习；通过学习教育理论和阅读教育名著，使教师学会反思；通过直接参与课题，使教师学会研究；通过新课标教学研讨，使教师学会实践。

二是专业化学习和综合性学习相结合。开展以新课标精神和教育名著理论为支撑的教学研讨，开设多种门类的欣赏课、培训课，鼓励教师打破科学界限学习、听课、评课，通过国学经典的学习提升教师的文化基础和人文素养，促进教师综合全面发展。

三是导师辅导与自主学习相结合。在教师集中培训外，成立教研员培训者组成的导师团，把课程延伸到课堂外，对学员进行"一对一"跟踪培训。导师与学员一起学习，一起听课评课，一起研讨问题，导师有针对性地给予学员点拨和帮助，并在校、区、市等各级教研活动中积极为其搭建体验与展示平台，激发学员自身能动性。

3. 名师培养养成计划

名师是教师群体中的佼佼者。名师必须师德高尚、学识渊博，得到师生的高度认可。名师的成长是一个漫长的过程，并且很难直接培养而成，只能通过给予良好的成长环境，逐步养成。青羊区积极实施"名师养成计划"，致力于打造一批青羊名师，通过积极营造名师成长的良好环境，包括学术环境、工作环境、心理环境和政策环境等；积极搭建骨干教师向名师过渡之桥，包括组建优秀、骨干教师梯队，聘请专家、教师担任导师，邀请若干全国或省级名师来本地区讲学、上示范课；强化骨干教师培训及外出参观考察；定期举办多层次的赛课及教师示范等活动，为名师的培养创造诸多机会和条件。同时，青羊区为名师提供较为优厚的物质、精神待遇，调动骨干教师钻研成长的积极性，使之走上名师之路。

（四）增强智慧教师辐射效应

智慧教师在教育教学实践中主要表现为对教育教学工作的规律性把握、创造性驾驭和深刻洞悉、敏锐反应以及灵活机智应对的综合能力。所以，智慧教师的最大特点就是强调个性在教育实践中的作用，任何追求教育工作中具有个性的教师都可能成为智慧教师，一般教师和智慧教师可能只有一步之遥。在基层工作的中小学教师，他们在讲台上的一举手一投足都显示出教育智慧，这些丰富的教育教学实践也为智慧教师的养成提供了实践基础。在智慧教师的培养过程中，青羊教育积极搭建相关平台，充分发挥教师的智慧。

1. 开设智慧教师工作室

为充分发挥名优教师在深化中小学教育教学改革及现代课堂中的指导、示范和辐射作用，进一步激发其致力于教育教学改革，形成既有利于名优教师自身不断完善和发展，又有利于促进骨干教师培养的人才工作机制，青羊区积极开设智慧教师工作室，主要包括"特级教师工作室"、"特级校长工作室"和"全国优秀班主任工作室"。工作室按照"名师引领，同伴互助，研训结合，注重实效"的原则进行组建，由在职特级教师（校长）、全国优秀班主任领衔，担任工作室导师。通过培养对象个人申报、导师本人遴选提出，或教育局根据骨干教师培养的需要提名等方式，每个工作室选拔5—7名区内不同学校的教师为成员，并确定为导师本人的培养对象。导师带领工作室成员，结合教育教学、教育管理实践进行课题研究，以项目研究或指导带教等形式，引导学科发展，实现特级教师（校长）、名优教师与普通教师的联动培养的突破。

教育局为工作室提供专门的办公场所和专项经费，积极为导师创造举办或参加学术讲座、参加高级研修班、选送进修以及国内外参观考察等机会，让其继续学习提高，并帮助其形成研究成果和推广。工作室管理周期为三年，教育局对工作室实行年度考核和期满考核的管理制度，其中期满考核由教育局聘请第三方评估机构进行，考核为"优秀"、"合格"等级的，自动进入下一周期的建设；考核为"不合格"等级的，撤销工作室。

2. 成立功勋教师联合会

为积极践行"学有良教"，借助组织、制度的良性作用，凝聚良师，发挥智慧教师在推动智慧教育发展中的整体"作战"能力，"聚沙成塔"，使青羊逐步发展成为成都、四川乃至全国颇具影响的"基础教育人才高地"，青羊区应时成立青羊教育系统功勋教师联合会。

功勋教师联合会定位于青羊教育的人才集聚地、名优导师团、精英成长营、高端服务队，肩负"智囊团"、"孵化器"、"成长营"的三大功能。功勋教师联合会实行星级会员制度，会员由区内"教育专家"、"精英教师"组成，享有"一卡通"（地铁、公交出行年卡、市内景点年卡）、特殊津贴、带薪学术假、高端培训、学术专著经费奖励、个人工作室专项经费等优越的物质、精神待遇。通过功勋教师们的团队协作、引领示范、培养带动，力争用五年时间建立一支80人的教育专家队伍、400人的精英教师队伍和2000人的骨干教师队伍，实现区域内教学名师满覆盖。

 案例

功勋教师遴选条件

（1）师德高尚，爱生如子，堪为楷模。在省、市内外同行中受到高度赞誉，有崇高的教育理想和执着的教育追求，有系统先进的教育思想和教育理念，能够勇于开拓创新，引领区域现代课堂理念下的课堂教学，产生深远影响。

（2）发扬奉献与服务精神，带头推进教育均衡化、现代化和国际化，热心教师发展事业，能有计划、有策略地培养青年教师，所带领的教师团队发展趋势良好。

（3）身心健康，乐观向上，善于自我调节，坚持终身学习，能智慧工作，幸福生活。

（4）获得教育部、省委、省政府表彰的省特级教师及其他荣誉称号的教师、成都市特级教师（校长）、市级学科带头人、区特级教师直接成为青羊区教育系统功勋教师联合会会员；区学科带头人等优秀教育人才可向青羊区教育系统功勋教师联合会提出申请，经青羊区教育系统功勋教师联合会审批通过后可成为会员。

3. 开办"名师讲坛"活动

为深入推进"名师发展工程"，进一步展示中小学名优教师的综合素质，为教师创设登台亮相、脱颖而出和施展才华的舞台，发挥名师带动、辐射和示范作用，扎实有效地开展教师培训工作，青羊区积极举办中小学"名师讲坛"活动。

"名师讲坛"每月举办一次，地点主要设在涉农学校，由市级学科带头人以上的名优教师现场主讲。讲坛根据不同对象的不同需求，设置不同的专题，主讲教师根据自己多年来的学习和研究，形成具有一定教育思想和理论高度又有丰富实践内容的讲坛讲稿（包括人生体验、成长历程、心路走向、教育感悟、实践智慧等）。讲坛以主题演讲为主，并将演讲和互动交流相结合。同时发挥名师的示范、辐射、带动作用，促进区域教师整体素质的不断提升，建立良好的学术研究氛围，增强名师的社会声誉，使名师在良好的环境中发展自己、提高自己、超越自己，从而打造一支高水平的名师队伍，有效推进青羊智慧教育的发展。

三、智慧教师的评价体系

建立发展性的智慧教师评价体系，是促进教师队伍良性发展的重要保障。青羊区依据国家教育规划纲要，研制区域教师发展标准，完善教师准入、退出机制，引入多元评价主体，创新评价方式，初步建立了规范科学的智慧教师评价体系。

(一) 研制智慧教师发展标准

标准是引领，是航向，也是检验的依据。培养智慧教师队伍是一个长期的系统工作，首先需要做的就是构建科学的标准体系。近年来，青羊区在教师队伍建设中取得了显著成绩，教师发展已经从数量的需求转向质量提高的阶段。然而，站在新的起点上，如何破解"教师职业倦怠现象、教师队伍结构和教师资源配置的优化以及国家级教育学术领军人才数量不足等"瓶颈问题，都无疑指向了教师充分的专业化发展问题。

1.《青羊区教师专业发展标准》的内容

青羊区通过国家级课题的组建和研究，构建了《青羊区教师专业发展标准》（以下简称《标准》），进一步明确了智慧教师专业成长的四个阶段，即合格教师、骨干教师、精英教师及专家教师阶段。不同阶段教师的具体标准如下：

合格教师是具有合格的师德修养，有责任心和从事教育工作的热情，系统学习完成了教师教育专业基本课程学习和训练，拥有必要的知识、能力来计划、组织和开展成功的学习、教育、教学的教师。骨干教师是具有较高的师德水平和素养，喜欢从事教育工作，能够有效地计划、组织、实施、监控和评价学习、教育、教学过程，使教学课程适应学生个人和群体的需要，拥有有效持续的专业学习记录，能够展示其成功的教学经历，能够不断自觉增强自身的专业实践能力的教师。精英教师是热爱教育事业，师德高尚，具有很强的事业心责任感，具备深厚学科知识和熟练的教育教学技能，形成了比较系统的独特的教育教学风格，得到同行高度认可、业绩优秀、教学水平高的教师。专家教师是具有高尚师德和极强事业心与责任感，热爱教师职业，爱生如子，知识丰富，能力突出，具有系统化、理论化教学风格，教学成效卓越，能够向同行、专业机构和社区提供教育教学专业指导和帮助的教师。

同时，《标准》制定了教师专业成长的三级指标体系，包括专业理念与师德、专业知识、专业能力三大方面，内容覆盖职业理解与认识、教育教学的态度与行为、学科与课程知识、实践性知识、通识性知识、教学能力、反思与发展能力等 11 个项目，共 43 个具体指标。

2. 《青羊区教师专业发展标准》的作用

《标准》用明晰的指标表述教师专业素质的要求，用具体的办法促进教师的专业成长，为各个成长期的教师发展提供基准和方向，为全区教师量身定制了科学有效的成长阶梯。《标准》的出台及实践，促进了青羊教师专业化、可持续及智慧地发展。具体表现在以下几个方面。

（1）促进教师专业发展

《标准》尽可能地涵盖了教师职业生涯所经历的主要发展阶段，体现了教师专业发展的阶段性与连续性，可以帮助教师了解自己的特点，认识自己的不足，进行有效的反思，并通过反思，创新教学实践，让教师采取更积极主动的专业发展行动，从而提高教师素质，改进专业实践，达成教师高质量教学，促进教师向更高层次发展，达到促进教师专业发展的目的。

（2）改进教师培训模式

《标准》明确了不同发展阶段教师的专业发展标准，为教师培养和培训提供依据。结合《标准》，青羊区为不同等级的教师量身定制不同的培养方案，打造精品培训课程，从而有利于改进教师的培训模式，提高教师培训的针对性。

（3）为评价教师提供依据

对学校而言，《标准》的实施可以作为聘用、提拔和评价教师的依据；对教育行政部门而言，它还可以为教育行政部门对青羊区各个学校的教师发展进行指导、监控与评估提供依据。

结合青羊教育实际，《标准》直面现有制度问题和现实情况，激发起教师终身学习的热情，消解了现有职称制度遗留问题，丰富和完善教师选拔、培养、评价、激励机制，促进教师队伍高位提升。

（二）建立教师准入和退出机制

一方面，青羊区对教师准入机制坚持"逢进必考"、"优中选优"的选拔原则，依照《标准》，秉持"四重取向"，即重师德、重能力、重实绩、重潜力，真正做到"优选"，从源头上为智慧教师队伍建设把好关。2013年，通过公开招聘、接受免费师范生等方式，共补充教师86名，其中研究生23名，本科63名，研究生比例达到26.7%。

另一方面，青羊区也积极探索教师"出口"，在全国率先出台《成都市青羊区教职工退出岗位实施办法（试行）》，对学历不达标、未能竞聘上岗、年度考核不合格、师德严重失范、无正当理由拒绝服从合理工作安排或违反相关法律法规的教师进行转岗、待岗、解聘等退出安排。

教师是否退出既有定性标准，也有定量要求。对于"师德败坏"的教师实施一票否决，如索收家长礼物、体罚学生等，将直接予以辞退。而对于仅是因工作懈怠、教学态度、教学技能的问题而考评低于70分，则"待岗"、"托管"一年，教育局给予其改正错误、学习提高的机会，将他们退回人才管理服务中心重新培训，合格后再让他们回到学校上岗。

教师退出也有严格合法的程序，最大限度地保护教师们的合法权益。教育局不直接参与对每位教师的年度考评，但要求学校必须严格按照《标准》和考核项目认真考评，要组成具有公信力的考核小组，按照程序，对每位教师进行全方位、多角度的综合测评，决不能走形式、走过场。对每所学校最终提交上来的"基本合格"和"不合格"教师名单，教育局还将组织专家团队一一进行复核，从而做出最终的"转岗"、"待岗"或"解聘"等决定。而在正式发文前，教育局又把退出方案发放到每位教师手中，广泛征求学校和教师的意见，"充分保证每位教师的知情权"。（如图6.1所示）

（三）探索多元化评价

通过探索，青羊区形成了通过区教育局提供《标准》，区教科院提供学业质量监测报告，学校组织教师、学生、家长对照《标准》多方评价的考核机制。

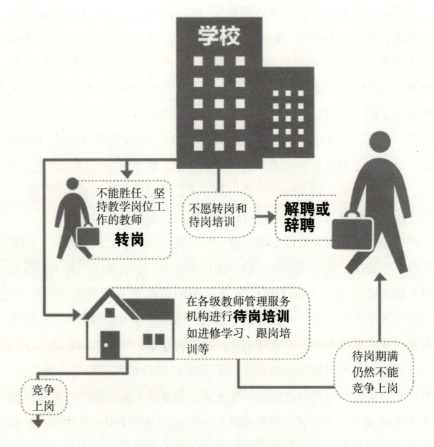

图 6.1　青羊区教师退出机制程序

依据《标准》，区育局可以让每个年龄段、每个层级的教师都能从中找到可供量化和测评的要求，使教师们在其中找到自己的位置，同时看到进一步发展提高的成长阶梯。不仅教师可以对照条款——自评，学校、学生和家长考评教师也有了范本。如果说《标准》是教育局对教职工定性的考核测评，那么来自教育科学研究院（所）的监测报告，则是"用数据说话"的第三方参考评价指标。青羊区采用 ACTS（学业素质与能力评价考试系统）开展学校学业质量监测，建立了一个以"知识、技能、能力"

为显性"三维",以"方法、过程、策略"以及"价值、情感、态度"为隐性"三维"的考试与评价模型,通过它可以使学校能客观准确地评判考试测评中每位教师的业绩。在监测指标的设计和样本采集上就考虑得非常周全,既有学生个体的差异,也有不同题目难易的分析;既有横向总分监测,也有纵向进步情况的监测。如同一班级,语文教师的学业质量监测为优,数学教师的监测质量仅仅是合格,那就不能不去追问这位数学教师的工作是否称职了。此外,"学业成绩不是考核的唯一标准",区教科院还给学校一并提供有关学生体质健康测评、国际理解课程实施情况等测评报告,学校可结合多种报告来评估每一位教师的工作。

区教育局对整个教师队伍的监管和区教科院提供的评价数据,对每位教师的考核评价工作,主要还是由其所在学校来完成,因为学校最清楚自己的员工过去一年里的工作得失。每学年末,教职工们都会拿到一份由区教育局印制的《中小学(幼儿园)教师教书育人综合评价手册》。手册是按照"发展标准"和学业监测情况设计的对教师业绩进行年度考核的量化表。总的说来概括为"师德"和"师能"两部分,其中包括教师职业精神、职业知识和技能、身心素质、教学效果等内容。而每一项又分为自评、互评、学校评、学生及家长评、教研员评等多个测评维度。为保证教师考核更加准确、公正,各学校在实际操作中又创新出各自的考核评价办法。

 案例

针对部分家长担心纸质打分如果被教师知道后,给自己孩子"穿小鞋",不能客观准确进行评判,青羊区树德实验中学便自主研发了一套"网上远程评教系统",发放给每位学生和家长独立的账号,通过远程登录,他们就可以对每位教师的职业道德行为进行评价。

系统对教师的师德内容进行细化,并按照"5、3、2、1"的分值量化,分别对应"优秀"、"满意"、"基本满意"、"不满意"四个等级。学校发给每位家长和学生一本详细的《评价指南》,指导他们客观公正地考核,并特别保证"所有评价均是匿名方式，学校任何教师都不会看到评价的来源"。

学校严令禁止任何教师去打听学生和家长的评价结果，一旦发现，做考核不合格处理。教师们的师德考核结果将在新学期的开学工作会上公布，对学生和家长满意度均低于70%的教师，将直接失去年度晋级评优的资格，并扣除一定的年终奖励绩效；而对满意度低于60%的教师，除降级扣薪外，还将给予诫勉谈话、调离或暂停其工作的惩罚；严重的将予以解聘。

四、智慧教师培养的实践成效

青羊区对智慧教师队伍建设的创新举措，培养和造就了一支师德高尚，具有良好人文素养和科学素养，掌握现代教育手段，富有实践创新能力，适应素质教育要求的高素质基础教育人才队伍，促进青羊教育事业的和谐、可持续发展。

（一）教师师德高风尚

近几年，通过举办师德系列教育活动，强化教师师德师风的学习，加强教师职业能力培养，教师的专业化水平显著提高，涌现出了一批师德高尚、爱岗敬业、素质优良的优秀教师。到2012年1月，青羊区有1071人次分别获国家、省、市、区名优教师称号，占教职工总数的27.5%。"2011年度感动中国十大人物"的赴甘孜州支教的胡忠、谢晓君老师夫妇，就是青羊教育战线涌现出的先进典型。2013年，《西部教育》《新青羊》、青羊电视台对邹敏、杨安国等优秀教师典型事迹进行了宣传报道，深化了教师"四德"（社会公德、职业道德、家庭美德、个人品德）建设，树立了人民教师的光辉形象，在全社会进一步营造了尊师重教、弘扬正气的良好氛围。

（二）教师成长高效能

通过对《标准》的具体实施和落实，青羊区中小学专任教师培训进修时间达标比例达 100%；专任教师到境外学习进修的比例达 72.4%，是市均水平的近 3 倍。在学历达标上，各学段学历达标比例均已超过成都市 2015 年标准；到 2012 年 1 月，本科和研究生学历总人数达到 3361 人，占学校专业技术人员总数的 87.3%。

通过梯次提升体系，不同年龄、不同专业结构的教师都得到提升。据统计，2013 年，青羊区共有 38 人荣获省市级荣誉称号，其中 1 人被评为省优秀教师，6 人被评为市学科带头人，5 人被评为市优秀青年教师，4 人被评为市教坛新秀，17 人被评为市优秀班主任，5 人被评为市优秀德育工作者。功勋教师联合会教师团体在 2013 年有论文科研成果获奖 202 篇，其中市级 136 篇，省级 30 篇，国家级 36 篇；执教公开课 101 节，各级交流发言 274 次，指导青年教师 595 人，其中区内 67 人，支教 50 人次，发表论文 132 篇，个人学术专著 3 本。在区级 2013 年智慧教师评选中，共产生区级各类荣誉教师 563 名，其中区特级校长 1 名，区特级教师 80 名，青羊名师 60 名，区学科带头人 120 人，区优秀青年教师 88 名，区教坛新秀 72 名，区优秀教育工作者 142 名。这些数据不仅反映了教师队伍的良好素养，也反映了教师个人的迅速成长。

(三) 区域师资高均衡

青羊区坚持教育人才区域统筹，合理调配，通过城乡互动、集团内派等形式，有效实现了区域学校师资均衡，并形成了共享优秀教师资源的交流机制，使得区域内师资在年龄结构、职称结构、骨干结构上不断趋于合理化，校际之间师资力量的差距在缩小，三环外学校名优教师数量从 2008 年的 47 人增加到 2012 年的 405 人，所占比例从 3% 提升到 22.8%。学校的社会声望日益提高，群众的满意度不断提升，大大地缓解了"择校热"。

区教育局还将青蒲两地干部教师队伍培训与互动交流纳入《青羊教育人才队伍建设五年发展规划》，分批为蒲江培训了 65 名校级干部、182 位名师、2300 多名教师，为当地增添了教育持续发展的力量；同时，青羊区选派了 68 名优秀青年骨干教师和 3 名优秀校长赴甘孜得荣县，开展教育支援。

这种大范围的教师流动，使校际之间各具特色的校风、学风得以推广传播，新老教师互相影响，区域内和谐的校园文化建设得到进一步加强和整合，造就了青羊教育"学有良教"的优良局面。通过多年的探索革新，青羊教育在人才队伍建设上取得了较好的成效，青羊教育的高位均衡日渐完善，得到了社会的极大认可。

教师是促进学生全面发展、提高教育质量的关键。培养智慧教师，完善和落实教师发展标准，引领和促进教师专业发展，创新教师队伍发展模式，培养和造就一支师德高尚、业务精湛、结构合理、充满活力的具有青羊智慧的高素质专业化教师队伍，将是青羊智慧教育不变的重大课题。

第二节　智慧学生的培养

智慧教育的核心目标是启迪学生的智慧，其教育核心在于引导学生发现自己的智慧，协助学生发展自己的智慧，指导学生应用自己的智慧，培养学生创造自己的智慧，使学生能够建构一种具有自我组织、自我进化、自我完善、自我构建、自我发展，具有独特个性的完整的集成智慧体系。智慧教育"回到人的发展上"，回到"培养什么样的人"的根本问题上，它超越了知识，更超越了分数，它让学生真正像学生，拥有生命，拥有思想，拥有智慧，拥有个性。可见，智慧教育不仅要关注教，更要关注学，关注学生智慧地学、智慧地成长。教师无论采取何种教学模式，其目的都是培养聪颖、智慧、灵动及发展的学生。

一、智慧学生的内涵特征

对智慧教育的探索与实践过程实际上也是对"培养什么样的人"这个问题进行回答与解读的过程。培养智慧学生是青羊区教育改革实践给出的答案。

（一）智慧学生的内容

本书前面章节已对"智慧"的定义和词源进行了探究。"智慧学生"概念的提出则是建立在现代心理测量学研究基础上的。陈浩彬、汪凤炎认为"智慧"就是"个体在其智力与知识的基础上，经由经验与练习习得的一种德才兼备的综合心理素质，主要由聪明才智与良好品德两大成分构成"[①]。这一定义，与文化心理学上将智慧分为关于待物的智慧（简称"物慧"）和关于做人的智慧（简称"德慧"）两种类型相契合：物慧是指个体经由练习或经验习得的一种新颖、巧妙、准确地解决复杂物理（此处"物理"指客观事物中所蕴含的规律）问题或疑难物理问题的能力；德慧则是解决复杂或疑难人生问题的能力。[②]"智慧"实际上是人在后天所获得的某种能力，这种能力可以使人更好地应对这个世界，创造更美好的世界，这种能力也将随着人的不断学习实践而不断提高。基于此种理解，智慧学生的内容主要包括：

① 智慧学生是通过一系列有目的的教育活动培养出来的。在这种培养过程中，学生自身的经验和练习是非常重要的，对学生来说，这应该是一个主动自主的过程。

② 智慧学生应当通过后天的学习而不断获得"聪明才智"和"良好品德"，亦即"物慧"及"德慧"。也就是说，智慧学生作为一个自然人，应当博闻广智，掌握在自然世界更好生存的规律；作为一个社会人，应当

[①] 陈浩彬，汪凤炎. 智慧：结构、类型、测量及与相关变量的关系 [J]. 心理科学进展，2013 (1)：108-117.

[②] 郑红，汪凤炎. 论智慧的本质、类型与培育方法 [J]. 江西教育科研，2007 (5)：10-13.

悦己纳人，遵循和创造幸福人生的法则。

③ 智慧学生应当具备知行合一的综合能力，并通过这种能力来发展自我、成就自我。他们不仅应有较高的智力水平，更兼具较高的情商，即超越小聪明而兼具大德行。

（二）智慧学生的特点

与聪明学生相比较，智慧学生除吸收和接纳已有的知识外，而更富于探索精神，善于思考并付诸实践。以往的教育经验更多重视的是"聪明的学生"而不是"智慧的学生"，青羊区在智慧教育的探索过程中逐步转换了教育理念，提出智慧学生应具有如下品质。

1. 做自己的主人

智慧的核心是使人获得自由，使人的个性自由全面地发展。智慧学生应有强健的体魄、坚韧的心智、独特的个性并能顺应自己的天性和兴趣进行自由的发展，为最终达到自我实现奠定好基础。

2. 做学习的主人

智慧学生也能够自由选择学习内容和学习方式，合理安排学习进度，养成独立思维的习惯，能够批判性地看待知识，自由地选择知识和运用知识。同时，智慧的学生应能正确反思和评价自己的学习，善于实践和创造，能够敏锐地发现问题，且喜欢创造性地解决问题，真正成为知识的主人。

3. 做社会的主人

作为未来社会的建设者，智慧学生应当胸怀天下，放眼世界，珍爱生命，保护生态，关心社会问题，热心社会公益，敢于表达，勇于实干，做一个优秀的小公民。

青羊教育培养智慧学生，重点在于让学生参与进来，不仅从认知和行为上参与进来，更要从心理上认同起来，从情感上支持起来，让学生能够不断生长智慧，自我培养，自我发展，自我实现。

二、智慧学生的培养策略

培养智慧学生，除了明确培养目标外，更要清楚当前教育面临的困难，确立与智慧教育相契合的新理念，谋划切实可行的方案。通过对"求善求仁、求美和谐、求知求真、求实践行"的追求，青羊区不仅从"慧心"、"慧知"、"慧能"、"慧行"等方面立体推进区域智慧教育，还率先在全市乃至全省开始了拔尖创新智慧学生的培养，逐步探索并形成了具有青羊特色的智慧教育发展模式。

（一）关注学生心理，培养慧心学生

智慧学生不仅拥有健硕的体格、发育完善的智力，还体现为学生内心的强大和充盈。青羊教育专注学生的心理健康，就如同撑起了学生起飞的双翼，让学生能够在阳光、积极、向上、乐观的状态下去追寻更广阔的天地。智慧教育不再只是外在形式上的探索，而是发自内心的以人为本，关注个体的体验感受，让学生从内心深处得到成长的快乐，消除不必要的成长负担。

2011 年 5 月，作为成都市第一个区域性心理健康教育中心——青羊区心理健康教育中心正式成立，通过设置的正向舒缓室、身心平衡室、潜能激发室、童趣绘本室、沙盘游戏室、团体活动室、个体成长室、心灵滋养室等九大功能室的顶尖设施，开展有针对性的未成年人积极心理健康教育的普及与服务。中心对所有来访者进行全方位的公益开放，让他们在这里放松身心、拓宽视野、获得启迪、丰富生命，真正实现"让心灵，去旅行"。同时，通过中心的成立，将青羊心理健康教育的多年发展从点到面进行整合，深入开发"心海护航"课程体系，完善学校心理健康教育的软、硬件配置。这不但推进了心理健康常识在学生、家长、教师及社会人士中的广泛普及，还进一步完善了区域未成年人心理健康教育的工作机制，成为联结学生、教师、家长及社会的沟通"枢纽"与心灵"高地"，拓宽了心理健康教育的范畴，继续引领中西部的心理健康教育。

2012 年 3 月 15 日，小轩第一次来到青羊区心理健康教育中心，表现出很平静的状态。他对于沙盘室里所摆放的各式玩具似乎没有表现出和其他小朋友一样的兴奋，而是淡淡地问辅导者（以下简称"Z"）："我们要干吗？"当 Z 拿起沙具问他是否喜欢，是否愿意来玩沙盘游戏的时候，小轩慢慢地环视周围的玩具，轻轻地点了点头。在 Z 的陪伴和鼓励下，小轩开始了第一次对于沙盘的体验，建构了自己的第一个沙盘世界。

由于是初次见面，在小轩对自己的沙盘世界进行了描述后，Z 与小轩还进行了一些谈话交流，并约好了下次见面的时间。在谈话中，小轩的语言表达较为流畅，思路也较为清晰，但小轩的语言似乎只停留在自己身上，没有对其他任何人进行描述。

2012 年 3 月 22 日，小轩第二次来到心理健康教育中心，这次小轩主动说自己很喜欢沙盘，一直期待着这天，他表示"玩沙盘比和朋友在一起玩更快乐"。简单地谈了这几天的感受后，小轩用很信任的眼神恳请 Z 继续玩沙盘游戏。

这次小轩和第一次一样，选定了一格玩具，然后不快不慢地从那一格（只从那一格）里依次拿出玩具依次摆放在沙盘中。他首先放了四座高大的楼房在左上角，然后放了一个海底世界在右边，又放了十余辆私家车，最后放了一个休闲的亭子和一座塔。整个过程用时 3 分钟。

小轩对沙盘世界的描述：这里是很大的房子，我们可以住进去，也可以让很多的人住进去。楼下的海底世界是给小朋友们玩的，亭子是给老年人休息的。停车场的车有很多，有的人正在开着车往外走。这里很好玩，我们在这里很开心。

Z：你说楼房可以住很多的人，那你最希望谁住在里面呀？

小轩：我的好朋友。

Z：他们愿意来住吗？

小轩：当然啦，我有很多的好朋友！

Z：那你可以告诉我你好朋友的名字吗？我想认识他们。

小轩：……（思考了近半分钟）反正我有很多的朋友。

这次之后，小轩的班主任老师告诉Z，小轩从以前对同学的不以为然变得开始想主动交流了。以前的他在没有文具的时候会直接去抢他人的，而最近一次需要用尺子的时候，他想问同学借，但又害羞不知道怎么开口最后求助老师。他开始愿意主动表达情绪，流露情感了。

这个案例是青羊区开展心理健康教育的一个缩影，它折射出了青羊实践智慧教育过程中对学生健康的深层次认识和思考。几年来，青羊区心理健康教育工作初步形成了良性运转、健康发展的局面，有效地推动了区域内的学校及社区形成重视心理健康辅导、提升青少年心理素质的良好风气。区内各学校现在都能做到心理咨询成常态、心理健康入课程、心理活动进班级，普遍重视心理健康教育、注重心理师资培养、切实关注学生心理品质提升。

（二）借助智慧教室，培养慧知学生

课程改革要求变革学校的教与学的方式，强调自主、探究、合作的学习方式。青羊区采用行政、科研、学校合作研究的方式推进智慧教育的实践。借助现代课堂理念打造的智慧教室，就是创新了智慧学习环境，有效地支撑了学与教方式的变革。智慧教室是一种能够优化教学内容、便利学习资源获取、促进课堂交互开展，具有情境感知和环境管理功能的新型教室。它既能够从视觉、听觉等多角度呈现教学内容，还能够及时根据外界环境变化调节室内温度、灯光、声音，让学生在舒适的环境中参与学习；另外高速安全的网络设置，也能让师生及时获取学习资源，并完成交互式合作学习。依托信息技术在课堂中的应用，青羊区的智慧课堂改变了某些教学原则、教学内容和教材形式，从而改变了学生认知事物的过程，为培养智慧学生奠定了坚实基础。

新技术的应用仅仅是智慧课堂的一个方面，要培养智慧学生，更重要的在于对教学观念和教学方式的转变。如何从学生的需求和兴趣着眼，大胆改革创新，培养学生对知识的兴趣以及探索知识的能力，青羊区各学校

做了许多有益的尝试。

 案例

　　新学期伊始，树德协进中学的学生们就得知一个新消息，"新课改"从该校高一每周的5节语文课中"挪用"了一节开设成阅读课，不仅如此，新开的阅读课的上课地点还从教室"搬"到了图书阅览室。刘真言同学一脸兴奋地说："不用笔记，无须分析段落大意，不用听老师唠唠叨叨讲个没完，更爽的是还没有作业，超棒！""放养，不等于不养。核心在于以学生为中心，调动他们参与的积极性。事实上，每次课学生们都是带着任务的。每个月都有个阅读研究主题。比如，余秋雨是本月'主打'，这个月的阅读课学生都要研究他的作品。其中，喜欢《文化苦旅》的学生可以组成一组，就文中他们感兴趣的话题进行讨论，形成报告。"该校语文教师李昌龙说："光是写还不够，每个小组还要出一名代表，在其他同学面前阐述自己的观点和想法，接受'检验'。"阅读课的开设也是对"研究性学习"进行的尝试。通过一阶段的学习，有的学生做出了PPT向大家介绍自己的读书心得，还有的像模像样地做了本小册子——"你看，你看，很精美，就像真的出版的书一样！"

　　青羊区树德协进中学的课堂改革，只是智慧课堂的一个例子。诸如"灵动课堂"、"谐动课堂"、"双主互动"等课堂主张和实践，正悄然使青羊的教育阵地发生着巨大而深远的改变：学生们在课堂上表现得活跃而又有序，他们操作实践、交流研讨、探究发现、情境体验……教师提倡学生理解的多元，鼓励学生自圆其说的一家之言，学生从课堂中获得了尊重，获得了豁然开朗、创造发展的愉悦，养成了合作分享、探求真知的习惯。

（三）拓宽课程内容，培养慧能学生

　　较强的实践能力、创新能力是智慧学生的突出特点之一。要培养这些能力，除依靠课堂上的知识学习，还需要给学生更多的时间和机会去尝试

各种与生活相关的活动和事物，让他们在动手动脑中实现智慧的增长。青羊区通过推进"2+1+1"项目，保证每个学生通过义务教育阶段的学习，获得两项艺术特长、一项体育特长和一定的生活技能。此外，区域内每所学校也都开发了独有的校本课程，如三环外的文翁实验学校的"国学课程"、泡桐树小学绿舟分校的"绿色课程"、康河小学的"川剧文化"、万春小学的"剪纸"、实验小学明道分校的"陶笛"特色课程等。

 案 例

"快！动作快！加油！"这是紧张而激烈的全国青少年奥林匹克竞赛的比赛现场。在一个长约 6 米的场地上，中间有四个栏杆和一个小坡，机器人选手们正轮番上场，各展跨栏技巧，进行紧张的跨栏比赛。成都市实验小学西区分校的参赛选手们全神贯注地盯着自己设计的机器人，裁判们在计时的同时也为选手们捏了一把汗，跨栏成功了也情不自禁地为他们呐喊助威。在成都实验小学西区，不仅"农村的小孩子玩机器人"并通过选拔参加国际比赛，孩子们还有魔幻厨房、乐悦书斋、织彩天地、标本陈列室、原色画室、多彩 e 界、国球世界、科学圣殿等二三十门趣味课程可以学习。他们在其间流连忘返，真正体会到了"玩中学"的乐趣。

从 2009 年开始，青羊开始试水将原有的学生科创活动、体育竞赛活动、艺术展演活动进行进一步的挖掘和提升，使之能够成为更多学生所喜闻乐见的节日活动，并成为充分展示和激发学生创造力和想象力的素质教育大舞台。经过认真地推究和广泛地征求意见，确立了在区级层面推行以三年三大节为载体，高水平、高起点提升学生综合素质的行动计划。三年三大节，是指按照三年一个轮回的原则，每年轮期举办学生体育节、科技节、艺术节，全方位提高学生体育、艺术和科技修养，培养学生的个性特长，挖掘学生的创造潜能。青羊的三节教育作为对开展"2+1+1"项目的很好检验，它不光只是从显性的角度去发掘和培养学生的兴趣爱好，而是系统地、深入地开展对学生人格塑造、习惯培养、品性养成的无形浸润。

现在，青羊"三节"素质教育实践模式已成为展示青羊素质教育成果的重要窗口。

青羊智慧学生拓展营在每周五所进行的系统课程培训也是智慧学生培养的核心课程。该课程由第三方（某国际文化交流中心）负责，对学生体能、学术能力、人文素养和社交能力进行全方位培养。这一课程内容包括合理的个人发展计划、团队建设性活动、国际文化体验课程、全球领导力课程、专业体能和健康训练、创意设计课程、21世纪创新型竞争活动等。该课程强化了社会实践、科研实践、心理辅导等环节，意在将学生培养为具有创造性思维、批判性思维、多元文化知识结构、懂得分享、懂得尊重、懂得感恩、具有极强的社会责任感和奉献精神的世界青年。在这些课程中，智慧型学生和外教老师在全英文口语环境下，学习城市环境规划，探讨回声定位，用意大利面和棉花糖制作宝塔，用饼干和QQ糖制作火星车，用气球、吸管制作外星人，进行手球比赛，等等。此外，师生们还走出校园，开展社会实践活动，如来到云桥湿地，学习有关湿地的知识，领略湿地的魅力；前往金沙遗址，探寻古蜀文明的奥秘；开展"88天环游地球"的课外阅读活动，了解世界多地风土民情。在课程的第二阶段，还开展专项活动，将孩子们集中到北京，开展连续12天的"二十一世纪全球英才领导力集训营"集训。学生们在课程中逐步养成对知识以及新事物"尝试—反馈—观察—挑战"的思维模式，在团队活动中不断练习协商沟通解决问题，尝试理解他人的思维，在动手操作中，思维和动手解决问题的能力一步步得到提升。他们，正在成为有影响力的智慧少年。

（四）构建大教育体系，培养慧行学生

为了拓展未成年人受教育空间，青羊区在持续多年实践"家校共育"的基础上，秉承大教育理念，整合丰富的教育资源，探索建立素质教育社会大课堂，由教育局联合公安、医院、企业、社区、少年宫、科技馆、博物馆、体育协会等有关部门，提供不同类型的社会资源优惠或免费服务中小学生参加社会实践活动，为学生提供多元的、多样的、自主选择的活动

空间，让教育成为社区的文化中心，让各种人文、自然资源成为文化育人、实践育人的有效载体，为智慧学生的培养创造社会空间。如作为"新星少年俱乐部"的总部，青羊区青少年宫针对不同兴趣爱好的未成年人发展的需求，开出活动菜单，把学生喜爱、学校需要的活动和专业人员送入学校。在活动项目的选择上，重点推出了遥控式航模、海模、击剑、跆拳道、编织机、生存拓展训练等学生平时接触机会较少的项目，以体验式、探究式学习方式为主的开展新课标的实践活动，将国学、历史、自然、生物、地理共冶一炉，开辟了一个没有围墙的学校。

 案　例

　　2012年11月11日，成都市实验小学A城红绿灯频道的小干部以"文明小使者"的身份参加了成都地铁公司"文明出行，走进校园"文明乘车之主题体验活动。活动前，成都地铁公司的叔叔、阿姨通过生动的PPT展示和讲演，为学生宣传、讲解，还通过现场"你问我答"互动，让学生看图找问题，让活动进入高潮，A城公民也在积极思考中牢记乘坐地铁，文明出行的规则。活动中，十位A城公民代表以"文明小使者"的身份来到了骡马市地铁站，展开文明劝导和宣传的现场体验。活动现场，小使者们引导乘客购票、进出闸、排队候车、安全乘坐电扶梯，并寻找文明乘车的乘客，担任地铁宣传"小天使"，为文明乘车的乘客派发宣传册。学生们的热情引导和耐心讲解赢得了乘客们的称赞。活动结束，学生们也获得了"文明小使者"的荣誉证书。

　　为保障社会资源与学校教育教学的有机结合，青羊区建立健全社会大课堂实施的保障制度，包括组织保障、经费保障、评价激励、课程建设、信息资源平台建设等；盘活资源，逐步编制区域社会实践大课堂活动手册和课程；开展研究性学习、社区服务、社会实践以及学科教学等丰富多彩的课外、校外活动；积极发挥家长、教师志愿者的作用，鼓励家长积极参与学生社会大课堂活动。

学生在多元的活动中，不仅收获了快乐，更得到了锻炼和成长。2012年中小学生艺术节，青羊先后组织了28场艺术展演活动，学生创作展出的美术作品接近8000件；同年，青羊学生艺术团的校园剧《阿爸、阿妈》荣获"文轩杯"四川省第七届中小学生展演活动艺术节表演类一等奖、全国二等奖。近两年，青羊学生在国内外各级青少年科技比赛中获得4097个奖项，其中，实验小学西区分校在国际机器人奥林匹克竞赛中取得3金、3银、3铜；树德中学东区获国内外科创奖项600余项，并有63项获得国家专利。青羊区每年组团参加全国青少年创意大赛，2010年夺得了团体奖2金1银、个人奖17金13银、优秀组织奖的历史最佳战绩。

（五）重视科学研究，培养拔尖创新型智慧学生

1. 成立区级青少年拔尖创新人才发展跟踪研究样本库

培养拔尖创新人才，首要任务是甄别具有特殊智能优势和发展潜质的学生，从而帮助他们顺利进入拔尖创新人才的后备梯队。

在项目之初，青羊就组织专家团队和专业机构，开发科学的样本选择工具，设立鉴别指标体系，选拔适宜的学生作为研究对象。所制定的选择指标包括学生学习水平、身体素质、心理素质、志趣爱好、家庭环境、家长意向（是否配合支持）等。

接着通过制定筛选方案，并筛选出符合研究需要的学生。筛选分两步：先由学校根据指标和学生表现进行推荐，然后再进行专项测查。测查内容包括：学习水平，以笔试方式重点测查学生的智力水平；学生创造力状况，通过设计实践活动评估，重点测查学生的创新意识；心理素质通过专项心理状况评估分析，重在对学生的韧性与毅力、执着精神进行评价。2012年10月，青羊在全区小学五、六年级启动"智慧型"学生选拔活动，共选拔出样本学生108名。

样本学生选毕，青羊又积极组织样本学生开展综合素质培养活动，如英语口语表达能力、演讲能力、心理辅导等课程的培训，在活动中注意收集数据、信息，为每一个学生建立个体发展跟踪档案。通过观测指标及信

息、数据收集方式，项目组研究确定了个体发展跟踪档案中的记载内容、信息呈现方式、信息收集方式，同时，建立了学生个体发展跟踪档案信息使用规则与要求，以便定期分析信息，评估学生成长态势。

2. 建立富有活力的选修课程体系

提供适合学生个性发展、灵活而有活力的课程，是培养创新人才最为关键的一环。青羊根据加德纳的多元智力理论，充分尊重优秀学生的特殊才能，将正规的学校教育与校本课程、专题培训活动相结合，制定了灵活而有挑战性的课程，为创新人才成长提供适宜的环境与条件。

在学校教育课程中，青羊鼓励教师创造性地实施国家课程，根据智慧型学生的特殊需求，为他们加深、拓宽学习内容，促进其兴趣的满足和能力的提升。

在校本课程建设上，主要从两个方面开展：一是各校面对全体学生的校本课程，如同辉小学的陶泥、战旗小学的机器人、康河小学的川剧、草堂小学的诗歌书法、文翁实验的国学教育等，这些丰富多彩的课程为学生构建了多元化、宽领域的创新环境和舞台；二是针对智慧型学生的兴趣特长，由学生和导师共同选定小课题进行研究，如泡桐树小学的廖燕青、刘曼莉老师同孩子们进行的是"英语口语思维训练研究"，李思敏老师和孩子们则一起研究"神话故事的阅读和理解"，泡桐树小学绿舟分校的王曦老师和孩子们放飞"羌族梦想"，花园（国际）小学的罗春晓老师和孩子们开展"Global Village（地球村）知多少——我以我眼观世界，你以你眼看中国"，东城根小学的黄勇老师和孩子开展"藏文化研究"，草堂小学的彭晓爽、刘佳老师和孩子们则"从中日动漫看中日文化"等。这些选点小却精当的小课题，让学生兴致勃勃，充满了探究的欲望和收获的喜悦。

3. 建立一支专家教师辅导团，为人才培养提供智力支撑和专业指导

创新人才培养对师资提出了更高的要求和挑战。青羊智慧学生培养项目组组建了以中国教科院派驻青羊实验区的专家为核心，联合第三方顾问团队和本区内学科教学专家的专家指导组，为项目实施提供学术保障，规划项目方向和步骤，审核课程和教学方式，观察和评估师生状态和表现，

同时，引领指导教师团队工作。

智慧学生培养项目组为每一个学生都配备了指导教师。指导教师选拔的是本区年富力强、极富创新精神和实干精神的教师。另外，还在社区、高等院校、科研机构、志愿者等中招募教师，形成校内校外共同培养的模式。

2012年9月，青羊在全区优秀教师中选拔出108名，作为该项目实验教师团队，为他们举办了3场高规格的专题培训（国际人才理念、创新人才教育、智慧型学生培养），进行创新人才培养的知识构架和理念更新。在项目推进过程中，青羊不断对这批优秀指导教师进行强化培训，通过课题研究到高校接受继续教育、到国内外有关机构进行研修，通过网络和会议进行学术交流与研讨等多种形式，提高他们的理论水平和实践指导能力。

4. 建立完善的运行保障机制

青羊制定了《青羊区中小学关于加强创新人才建设的意见》等政策文件，在科研管理、人事制度、经费使用、考核评价、人员激励等方面制定了相关配套措施，并先行先试，逐步完善；统筹项目研究相关经费，设立创新人才培育专项经费，对项目工作组的重点任务给予支持；对项目所缺乏的重要研究人员实行外聘，赋予其充分的科研管理与操作自主权；鼓励创新人才培育基地，加强体制机制改革与政策创新，大胆探索，先行先试。

智慧学生所在学校、家庭集合各方资源，加大对学生成长环境建设的支持力度，并及时总结推广实施过程中创造的典型经验和成功做法，为加强创新人才建设营造良好的社会氛围。

三、智慧学生的评价体系

学生评价体系是当代教育的热点问题之一。青羊区致力于通过合理的、科学的、充满人文关怀的评价体系，让每一个个体得到适切的肯定、支持和指导，发展得更好；同时，也改变教师、家长的思想观念，引导学校、社会形成"人人都是人才，人人都能成才"的理念，从而给学生创造更宽松、更具个性发展的环境，促其智慧成长。评价不是"盖棺定论"，不仅要总结过去，而且要用发展的眼光，着眼未来；评价不但要关注学生今天的学业成绩，而且要关注学生明天的发展前景；评价是加油站，目的是促进学生在原有水平上不断发展。多元化的评价体系可以通过引导学生的兴趣和求知欲，强化学生学习和发展的内在动力，在主动性的学习状态中去自觉地探索知识。

（一）创新综合评价，促进每个学生成为优秀

青羊率先提出改革"三好评价"，一石激起千层浪，霎时间引发了一场激辩。以往的"三好"评选，一是有名额限制，大多数学生得不到激励；二是"三好"要求过于全面，只有"一好"的学生往往被忽视；三是由于传统的"三好"评选中，成绩优秀往往成为重要的衡量标准，客观上使得学校、家长甚至是学生自己要求埋头苦读，造成学生特长的抑制和创造意识的消失。青羊区改革"三好"评选，使得各具特色的激励方式不断推陈出新。

 案例

2011年9月1日，在青羊实验中学附属小学舞台中央，一群阳光、自信的学生成为了开学典礼上绝对的主角，舞台下面的学生都以羡慕和敬佩的眼神注视着台上的同学。即将举行的是一年一度的"新星少年"授星仪式，而台上的就是获得本年度新星少年称号的学生代表。在这次授星仪式中，200余名学生分别获得美德星、智多星、健康星、才艺星、启明星的称号，约占学生总人数的25%。其中有一位学生受到了同学们的广泛热议，他就是就读于四年级二班的张珀瑞。这位文化成绩平平，甚至还达不到班上的中等水平的学生，因为在音乐方面的独特天赋和勤勉努力，被授予才艺星的称号。

"新星少年"评优体系的应用中授星仪式其实就是青羊探索激励学生、调动学生积极性和主动性的真实写照。该评价体系是在了解学生过去、重视学生现在、着眼学生未来的发展基础上提出的，结合德育评估的复杂性、动态性、开放性的特点，"立足过程、关注全面、多元评价、促进发展"。在具体实施过程中遵循发展性、激励性、主体性和个别差异的原则，评价内容涵盖了美德、文明、学习、劳动、艺术五大领域，并由"成长快乐营"、"快乐点滴"、"星光大道"三个依次递进的组成部分记录学生争卡夺星的全过程。

青羊区推出的"新星少年"是面向全体学生的，让评优成为与每个学生都相关的事情——不设置严格的名额限制，每个学生达到五星的评比要求，就能够在"新星"中找到自己的位置，努力成果就能够得到认可。"新星少年"评选尊重了学生的主体性，这不仅体现在新星的名称和评价标准是经过学生讨论、修改和认可的，而且新星的申报是可以选择的，学生可以根据自己的特点，选择其中的一项或者多项。在小学六年中，学生只需要获得四次校级"新星少年"表彰，就可以自主申报相应的区级"新星少年"。这个评价体系针对每个学生的发展背景、智力成熟水平、兴趣爱好方向的差异，在评选的过程中更加强调学生的纵向比较，强调努力的过程，增强评价的激励功能，弱化评价的选拔功能。

 案例

春天开学后的一天，青羊实验中学的告示栏上张贴出了"春令营"公示名单。这次春令营，是学校组织的第一次大型"远游"实践活动，以"奖励优秀"的形式出资。公示吸引了全校所有学生和教师的眼球。排名靠前的"冉吉"引起了不少争议。有一些同学纳闷了："怎么冉吉在50名以内？他成绩平平，成绩排序绝不在年级前50名。他怎么可以优先参加春令营？"

面对这样的疑问，校长给出答案：这次春令营的入营标准，不仅仅看重成绩，还看重学习的态度、学习的过程、学习的方法、学习的投入程度和学习的结果。像冉吉这样具有"强势能力"的同学，在优先入营之列。七年级三班的冉吉，成绩不突出，他的"强势能力"是"玩"四驱车。今年一月的成都市青羊区中学生四驱车比赛中，他获得了"超级直线立交跑道"竞赛冠军。

春令营回来，冉吉的课堂表现得到改善，成绩也从班上第 12 名升到第 7 名。像冉吉这样，作为"强势能力"学生入选春令营的还有 6 位。"跳高能手"吴潇也从班上第 10 名进步到了前 3 名。

不以学业成绩论英雄，源于青羊实验中学的"素质教育三维评价模式"，即从"学业成绩分+学习素质分+品德操行分"三个维度对学生给予评价。根据学校每学期开设的选修课与活动课，学生可自由选择一至两门，每选择一门，可获得"参加分"；坚持一学期修完一门选修课或活动课，可获得"过程分"；最终参加选修课、活动课考评，可获得"结果分"；如果参加了全国、省、市、区一级竞赛有获奖，还可获得"强势能力"加分，以上分数合在一起，构成"学习素质分"。

青羊区多元化的评价方式主要体现在：一是由绝对评价向增值评价转变。"今天的我比昨天的我进步了多少?"，这是许多学校改革评价的新思路，不能要求所有的孩子都达到同一个标准，但是可以看到他每天的进步。为此，金沙小学有了不断升级的"银太阳"、"金太阳"公民，草堂小学有了"好习惯连锁店"，青羊实验中学有了"超越进步奖"等。二是由单一评价向多元评价转变，改变以往只重智育、只重分数的习惯，更加注重学生的综合素质和特长。青羊区每个学生从入学的第一天起就有了一份属于自己的"成长档案"，每一次进步，每一次学期末同学的评分、老师的评语都无一例外地记录在这个神奇的"X 档案"里。评价不再仅仅是某次考试排名多少、考多少分，而是时刻关注学生点点滴滴的成长过程。在青羊区，创新综合评价的教育改革实践让学生的个性得到了尊重，激活了生机勃勃的教育生态环境，使得学生多种智能和谐发展，个性化得到发展。

（二）运用质量监测新手段，实现对学生的科学评价

从 2010 年开始，青羊区集合中国教科院青羊实验区专家力量、省市

区教研系统专家力量，研制出了青羊区监测指标体系。通过质量监测体系的构建，青羊开始了科学监测、评估、决策的教育发展新历程——

完善了学生综合素质发展性评价体系。运行监测体系，青羊进行了学生学业水平监测、义务教育校际均衡监测、教育现代化监测、学校办学绩效监测四大监测。比如，基础教育中音乐、体育、美术等薄弱学科的调研监测，引起了学校和老师的重视，使其树立了全面发展观。2011年上半年实施的小学生体质健康发展现状监测，为我区建立科学的学生体质健康监测体系提供了全面、详细的信息和资料。

青羊将现有的区域质量监控和全市的抽样质量监控，纳入监控系统，初步构建以信息技术为手段的、符合我区实际的学业质量检测和评价方法，提高分析评价呈现的水平。部分数据信息以信息地图方式呈现，建立了更加直观丰富的教育数据信息地图。

（三）结合网络技术，实现对学生的发展性评价

针对传统评价手段机械，教师"苦"，学生"懵"；评价主体单一，互动"差"，家长"慌"；评价内容僵化，"重"结果，"轻"发展；评价时间滞后，"缺"时效，"欠"反馈，青羊区不少学校开始了传统和现代的结合，开始利用先进技术，构建网络评价系统，实现对学生的及时、全面、发展、互动的评价。

比如泡桐树小学构建的"小学生发展性评价网络平台"，不断改进发展性评价的实践系统，使之逐渐完善。"我的简介"、"我的目标"、"学业成绩"、"进步与成长"、"认识自我"、"特长发展"、"我的健康"、"精彩瞬间"是发展性评价的八个方面。这八大板块涵盖了学生的学校生活、家庭生活和课外生活，全面呈现了学生的发展状况和成长历程，构建了个性化的评价平台。该平台上，对学生每阶段的计划、学习目标、习作、综合实践、相册、健康记录、成绩，以及老师的评语、学生的评价等日常校内外生活历程，都会做客观记录。因为互联网环境下的短信、视频、语音、广播等多种媒介的运用，学校教师、学生、家长可通过各自的用户名，一

站式访问学校的网络平台，及时、全面地进行评价。学生个人评价网赋予学生更大的权限，让他们成为评价的主体，针对自己以及同伴在成长中的表现进行自评与互评。

（四） 建立针对拔尖创新型智慧学生的评价制度

根据项目组方案，青羊建立了科学的综合评估体系，以全面翔实地反映学生取得的个人进步、具有的优势以及对学生未来发展和能力提高的建议，进而帮助学生发现其自身的优势与弱点，并制订具有针对性的个性化成长计划。

根据项目组的实施方式，青羊的测评分两大部分：一是学生综合素质评估，主要由学生所在学校和家长完成，内容涵盖学生学业成绩、兴趣特长、校内重大活动表现、小课题研究、社会实践活动、生活技能、家庭变化等。这部分评价以档案袋形式呈现，由指导教师、学生和家长共同收集，力求全面客观地反映出学生的个体特点和发展方向。二是第三方专业评估，该评估主要针对学生在由第三方教学的综合素质拓展营中的学习。评估内容主要包括综合领导力、英语应用能力、英语学术能力、综合学术能力，每一方面都有相应的更为具体的评估指标。比如英语学术能力评估是以学院托福（TOEFL ITP）考试来测试，综合学术能力评估以 CIEE 申请面试（CAI）为指标。学期末，第三方会根据日常评估、月阶段性评估，出具学生的全方位评估报告，根据各项素质要求为学生做出具体表现分析，并对学生每个方面给出评分。

四、智慧学生培养的实践成效

以上智慧学生的培养策略和评价体系的构建，均着眼于每一个学生的发展。经过多年的实践探索，青羊区智慧学生的培养效果已逐步显现。

（一） 学生公民意识增强

公民教育既是现代社会国家发展所需，也是学生为幸福生活奠基所要。培养智慧学生，首先就是要培养其做一个合格的小公民，即做一个独立自理、有责任心、有民主意识及国际视野的人。青羊通过学生的综合实践课程、学校民主管理、推行国际化战略等，培养了学生的公民意识。

如实验小学开展的"小学生公民意识培养"的实践研究，在学校的雅园公民手册里，鲜活的照片记录下孩子们自理能力成长的点滴。统计发现：学校94%的低段学生能够完成系鞋带、打红领巾、整理书包等基本技能；87%的中段学生掌握了打扫、洗碗、洗衣等简单技能，并能够在家中清洁自己的房间；76%的高段学生能够完成做饭、做简单家常菜等较复杂的生活技能。100%的学生都参加过校内外各种公益活动，每年约36%的学生经常参加学校或社区的公益活动。

又如树德实验中学（西区）开展的"同学议事会"的研究，使全校学生的民主意识大大增强。学生敢于对学校中存在的问题提出自己的质疑，同时学会了调查，形成了观察的眼光和关注的心态。为了解决问题，学生又学会了合作。就某一议案，学生学会了听取别人的意见，认识自己的不足；学会了从别人那里吸取好的点子，充实完善自己的提案。通过议事会，学生掌握了一套民主议程，从议案的提出、调查、生成，到会议的开展、辩论，从议案的修改到最后的表决，等等。议事会是在真实情况下模拟政协、人大，以发现问题，提出建议，这些都是需要策略的。同学议事会代表在能说、能做中逐步提高综合素质。最初议事会上，有代表提出的议案很快被议事成员反驳或否决，很明显是最初的"功课"没有做足；现在的代表在开会之前会对议案进行全方位思考，做多个预设。议案近50%是在议事过程中自行解决的，议事会提供了学生辩论的平台。

（二）学生素养不断提升

学校为学生提供多样化的教育来满足不同学生的兴趣、爱好、特长及潜能的需要，促进了学生全面发展和个性健康成长。

在全国享有盛誉的科创特色示范学校——树德实验中学（东区），即原成都市第二十四中学，在科创发明教育方面，始终坚持以创新精神和实践能力的培养为突破口，狠抓以科技创造发明教育为主的特色教育，通过开设科创课，开展科技活动月、体育艺术月、学科竞赛周等丰富多彩的课外活动，极大地发展了学生的能力和提高了学生的综合素质。学生在各级各类竞赛中取得优异成绩。其中，科创发明作品获得国际、国内各级奖项600余项，并有63项获得国家专利。由于科创方面的优异成绩，每年均有大面积的学生享受高考加分政策或直接保送至四川大学。

(三) 学生更具国际竞争力

近年来，青羊区学生多样化发展已经成为现实，表现在：一方面在成都市第十一中学、树德协进中学、青苏职中等学校就读的学生能够有机会接受国际教育，参加国外考试出国深造；另一方面，区内实施的国际理解教育课程帮助学生挖掘自身潜力并成长为能够主动参与国际竞争，并能够在国际舞台上有所作为的人才。

在2010年FLL欧洲国际公开赛华东直选邀请赛、第十一届国际机器人奥林匹克竞赛、2011年魅力校园——海峡两岸青少年文化艺术交流展演活动、第十三届世界夏季特殊奥林匹克运动会、英国领事馆青年酷派——绿色校园行动全国总决赛、我们的时代——狄更斯创意写作和纪实摄影大赛、第四十三届世界儿童画展等大型国际比赛中，青羊区学生均表现突出，赢得佳绩，展示出他们在创造发明、音乐舞蹈、环保设计、协作摄影、绘画、体育等多个方面的杰出才能。

在推进素质教育的时代背景之下，青羊人用一颗细腻的心去贴近教育的内在，用一双敏锐的眼睛去探望现代教育的前路，力求让每一个学生享受到最适合的教育。一路走来，有荆棘与迷途、有泪水与艰辛，但是再大的风雨、再多的坎坷也阻挡不了青羊教育那一颗为孩子追慕无痕的心。万壑春风此中来，因为那一张张在幸福的生命中鲜花般盛放的笑靥，就是青羊教育最坚强的底气，最权威的证明。

第七章

智慧教育的质量保障

提高教学质量，关系着教育的生存与发展。教育质量监测就是有目的地对教育质量进行系统地评价、监督和施加影响，使教学质量达到预期的目的。科学的教育质量监测是提高教学质量、促进教育现代化的重要途径之一，也是智慧教育发展的必然要求。

青羊区根据"发展为标、科学规范、激励引导"智慧教育的要求，建立起了以素质教育要求为依据、学生发展为核心的教育质量监测体系，扭转了单纯以学生学业考试成绩和学校升学率评价中小学教育质量的倾向，促进了学生全面发展、健康成长，为教育质量的全面提高提供了可靠保障。

第一节　智慧教育质量监测体系构建

为整体促进智慧教育的有效实施，青羊区按照《基础教育课程改革纲要（试行）》《国家中长期教育改革和发展规划纲要（2010—2020年）》精神，整合了教育质量评估机构及资源，建立起科学多样的评价标准，开展由政府、学校、家长及社会各方面共同参与的教育质量评价活动，定期发布监测报告，加强教育的监督与检查，并进一步构建教育问责机制。

一、智慧教育质量监测体系构建的目标、意义

青羊区按照科学发展观的要求，以国家、省、市教育改革和发展规划纲要为指导，以培养全面发展、具有创新精神和实践能力的人才为目标，以提高教育质量为核心，全面构建提升智慧教育质量的评价体系。通过监测，准确把握区域教育质量的现状，为科学诊断青羊教育现代化发展现状提供教育决策，为改进和优化教育行为提供科学依据。力争通过3—5年的努力，建成功能完善、西部领先的区域性质量监测中心，构建起具有青羊特色的"三·三·三智慧教育质量监测体系"。

具体来看，青羊智慧教育"三·三·三智慧教育质量监测体系"有三大目标：一是为政府决策提供服务，有效诊断教育中存在的问题，为相关政策制定提供依据，对学校教育质量状况进行评估，有效推进政府职能的转变；二是为引导社会提供服务，弄清区域教育均衡发展的现状与问题，促进教育公平的实现；三是为提高教育质量服务，把握青羊智慧教育的实

施状况，通过弄清学生在德智体美诸方面的全面发展状况，准确掌握全区教育的质量水平。

目前，青羊区正结合本区实施的教育现代化、教育国际化、教育均衡化和学生学业质量监测项目，逐步建立健全"三·三·三智慧教育质量监测体系"，不断完善标准，在实践中不断丰富体系内容。

二、智慧教育质量监测体系构建的指导原则

"三·三·三智慧教育质量监测体系"注重与学校监测相结合、行政管理和学术研究相配合、终结性监测和过程性监测相统一，并以促进教育现状的改进与发展为导向。

1. 科学性原则

依据党和政府的教育政策法规，遵循学校教育教学规律和学生的身心发展规律，确保监测评价办法和数据信息运用的科学性、合理性。

2. 发展性原则

构建有利于不同学段教育相互支撑、协调发展的基础教育质量架构，根据中、小学不同学段、不同类别学校之间的基础差异，进行分类监测、分类指导，促进学生的全面发展。

3. 过程性原则

坚持过程与结果并重、形成性评价与阶段性评价相结合的评价原则，对区域教育发展水平进行及时性的连续监测、专项监测，及时反馈信息，时时掌握发展态势。

4. 激励性原则

坚持激励与改进相结合，以监测促质量，以改进促发展，不断提升区域教育发展的整体质量。

三、智慧教育质量监测体系构建的关键环节

（一）厘清三个关系，服务三大对象

"三·三·三智慧教育质量监测体系"计划在两到三年时间内，从区域、学校、学生三个层面进行推进和构建，为学校建立新型教学管理制度、改进课程教学现状、整体提升区域基础教育水平和质量提供帮助，为学生、教师、家长提供优质服务。青羊区"三·三·三智慧教育质量监测体系"的应用模型如图 7.1 所示。

图 7.1　智慧教育质量监测体系应用模型

（二）做实三件事情，构建三大体系

"三·三·三智慧教育质量监测体系"的建立必须是基于掌握国标、梳理省标、研究区标的基础上进行的，是以各级各类学校必须达到规定的发展水平基本标准为重要的考查指标，旨在构建属于青羊的具有区分度和特色的监测体系、评价体系及督导体系。

（三）整合三类数据，用好三项成果

自 2012 年开始，青羊区启动数据整理工作：一方面是建立和完善全区性的纵向教育数据库，便于政策制定者和教育者获取和利用有效的教育数据信息；二是整合并兼容省市调研数据、国家统计数据，进行数据分析、特色案例总结、问题反馈，监测和研究相结合指导改进实践。

四、智慧教育质量监测体系构建的内容

根据青羊基础教育质量的实际状况，借鉴国内外基础教育质量监测的经验，现阶段"三·三·三智慧教育质量监测体系"建设的内容主要包括以下几个方面。

（一）建立准确有效的数据指标体系

建立准确有效的数据指标体系，是促进教育质量标准实践应用的关键因素。教育质量是各国教育改革关注的核心问题，准确有效的教育数据系统是教育管理和科学决策的重要依据。2012 年，青羊区启动了"数据质量运动"，旨在建立全区性的纵向教育数据库。纵向的数据质量系统是一项长期工程，包含了必要的数据库，涉及从小学到高中教育过程中的各个环节，关注教育质量中的五个模块——教育现代化监测、教育国际化监测、教育均衡化监测、学生的学业质量监测、学生的体质健康监测，真实记录学生的学业成长轨迹。它强调数据采集要建立统一的标准与技术规范，并力求做到使数据具有可比性，以教育质量监测体系的建立和实施扭转现实中过度行政干预、校长和教师缺乏专业自主意识和能力的局面。

（二）精选学校教学质量的监控与评价内容

青羊中小学教学质量的监控与评价的内容主要包括：学校贯彻执行国家课程计划的情况（三类课程及课时执行情况）、教师课堂教学、学生学

习质量评价、学生道德面貌和行为习惯状况的评价五个方面。

小学教学质量的监控与评价，主要以课程标准规定的内容和要求为依据，以评价课程标准的达成度和合格率为主要指标，以每学年全区统一组织的质量监控及小学毕业考试为过程性评价和结果性评价，强调教学的高效益和教学的发展增值程度。同时，对学校的教学质量进行跨年度的比较评价，衡量学校教学质量的发展情况。小学阶段三至五年级主要学科每学年监控一次。

初中教学质量的监控与评价，主要以课程标准规定的内容和要求为依据，以评价课程标准要求的达成度和合格率为主要指标，以七年级入学成绩为起点水平，以每学年全区统一组织的质量监控与初中毕业学业水平考试为过程性评价和结果性评价，强调教学的高效益和教学的发展增值程度。同时，对学校的教学质量进行跨年度的比较评价，衡量学校教学质量的发展情况。初中阶段各年级主要学科每学年至少监控一次，包括七年级数学运算能力、八年级语文阅读与写作能力、八年级英语听力水平与阅读能力等专项。

高中阶段有关学科的质量监控和评价以及高中学业考试和评价，以课程标准要求的达成度和合格率，作为高中学校的整体办学水平和成效的主要评价指标。高中教育阶段的学业质量监控和评价，既有水平性评价功能，又有终结性评价功能。它主要看高一年级起点水平和高考结果之间的关系，强调教学的高效益和教学的发展增值程度。高中阶段各年级主要学科每学期各监控一次。

每学年，青羊将中小学各年级的学业质量监控和评价做统一考虑、整体规划，确定各年级各学科的学业质量监控的内容、涉及范围和时间安排，有利于学校和质量监控部门的工作安排。

（三）按区实施区域性学业质量监控与评价

1. 坚持每学期开展一次学业质量监测

自新课程实施以来，无论外界氛围如何变化，坚持区内每学期至少开展一次学业水平监测或调研。青羊学业测评工作是依据全区教育工作整体进程来安排的，分年度、分领域实施，逐步形成了依靠教研和教育督导的实施体系。

各中小学根据学生在校学习期间德、智、体、美诸方面的综合素质及个性发展的关键指标，根据学校的实际情况，制定校本化的评价实施方案。要以发展性评价理念为指导，充分发挥评价的激励、导向、诊断、矫正功能，强化过程性评价，做好中小学生的综合素质评价。

2. 常规测评与专业测评相结合

除了以调研、统考等形式对语文、数学、外语、科学等科目进行常规测评外，青羊在对学生学业水平的教育测评内容方面，还进行了以下三个方面的尝试与探索。

一是关注薄弱学科学业水平。基础教育中音、体、美等学科是课程实施中的薄弱学科。为了引起学校老师的重视，树立全面发展观，青羊于2006年12月逐步启动和实施了区域音、体、美学科学业水平调研检测；2011年4月，又对青羊小学生实施了体质健康专项监测。

二是对学生综合学业水平进行监测。为了深入贯彻全面发展的教育质量观，促进学生综合素养的形成，青羊于2007年5月启动了"学生综合学力水平调研检测"。这是一项新的探索，突出对学生综合学力的检测，综合多个学科，以语文、数学、英语、科学等学科内容综合制卷，不同学科的内容以相应的比例混合在每一题型中，力求多维度地全面检测学生的学习力。这不仅考查学生的基本知识和基本技能，也适度考查学生的创新与综合实践能力，并渗透情感态度和心理素质的测查。

三是尝试对学生学科学习的单项能力进行专项测评。为了精确分析学生的学习状况，可以对学生的某学科的学业进行单项能力的细致监测与分析。配合成都市中学生学业水平监测工作，青羊区于2010年10月起尝试对全区七年级学生数学运算能力进行单项测评。这样的测评，亦如2011年上半年实施的小学生体质健康发展现状监测，也是学科单项水平监测。监测严格按照《国家学生体质健康标准》水平五年级内容，选择6项内容进行测试，包括身高体重、肺活量、立定跳远、仰卧起坐、50 米×8 往返跑及视力测查。这些监测数据为建立科学的学生体质健康监测体系提供了全面、详细的信息和资料。

3. 开发多种形式的监测工具

青羊区对学业水平测评工作的意义解读有别于传统意义上的对学生的考试——除甄别选拔功能之外，还有更多的意义与价值。如要了解全区教学水准，可以统考，也可以通过抽样方法对学生群体状况进行整体监测。在监测手段上可以习题试卷为主要形式的纸笔测试，也可以面试交流的形式了解学生的学科素养。如音乐、美术、英语口语等项目就采用面试方式。有些学科，还以实验操作的方式测试学生的动手能力，如科学水平测试、体质健康测试。在测评学科成绩的同时，还辅以调查问卷的方式测评学生学习心理状况。

4. 直观呈现教育数据信息地图

青羊将提升学业质量监控和评价的水平，为学校提供更为丰富的评价资源，以信息技术为平台，整合现有评价方法，积极开发"青羊基础教育质量监测平台"，将现有的区域质量监控和全市的抽样质量监控纳入监控系统，初步构建以信息技术为手段的、符合青羊实际的学业质量检测和评价方法，提高分析评价呈现的水平。其中部分数据信息以信息地图的方式呈现，更加直观多元。总之，根据监测目的，根据学科特点，采用灵活多样的监测手段，对提高监测效果与目标实现具有重要作用。

目前，青羊正在全区小学中进行教育评价改革实验。在学期期末考试后，全区小学三、四、五年级的学生，都拿到了一张学业素质能力评价表。这张评价表上不再仅仅是一个简单的"分数"，而是包括了学生在知识应用、技能应用、能力倾向等 3 个方面 16 个指标的数据。这些数据不仅提供学生达标的信息，同时还提供学生与群体比较、与他人比较的信息，呈现出多元、多维的评价、甄别、诊断等特征。ACTS 在按不同的知识点、技能项和能力项分别合成分数的基础上，进一步合成总成绩。以语文科目为例，反映学生成绩的，就包括字词、写作、表达、分析、课外阅读、自我认识、语言理解等 16 个指标数据。青羊正在推广的这种素质教育学业评价技术，"试题编制时就会考虑对学生综合能力的考查，老师根据题目考核内容，对学生的答案进行分项打分，形成一个学生能力的详细列表"。这种评价方式比较全面，老师和家长可以根据学生的能力短板，进行有针对性的提高。

（四）建立以增值评价为主导的评价体系

教育增值（也有译为教育附加值）的基本含义，是指一定时期学校教育对学生成长发展所带来的积极影响，或一定时期内学校教育活动对学生增加的价值。其基本假设是学生入学时的水平与毕业时的水平的差异，或学生在校期间的变化情况，这可以归因于学校。据此，学生变化的幅度，即教育增值的大小，可以看作学校、培养计划、课程和教师的教育成就。[①] 目前，"三·三·三智慧教育质量监测体系"的构建正稳步推进，初步形成对学校与教师的增值评价方法。例如，曾实施的三、五年级语文、数学、英语调研考试，以增量评发展，以变量评价学校与教师的教育教学实绩；在此基础上，还将进一步建立以增值评价为主导的质量监测评价体系。

五、智慧教育质量监测的管理机制

智慧教育质量监测是政府行为，为确保测评工作的客观、准确，监测机构应当具有相对的独立性；为确保教育质量测评结果的科学性，测评机构和数据采集都应具有很强的专业性。青羊区成立智慧教育质量监测指导委员会，负责对监测工作的统筹与指导。通过联系市级相关部门，构建市、区、校三级监测管理体制，组建区质量监测研究指导小组，在区质量监测办公室的指导下，负责本区域质量监测的应用与研究。区教科院各学科教研员牵头组建质量监测指导小组，负责本学科质量监测应用工作。各级各类学校相应组建校级质量监测工作推进小组，加强质量监测工作的研

---

① 沈玉顺，卢建萍. 制定教育评价标准的若干方法分析 [J]. 高等师范教育研究，2002（2）：21-26.

究。（如图 7.2 所示）

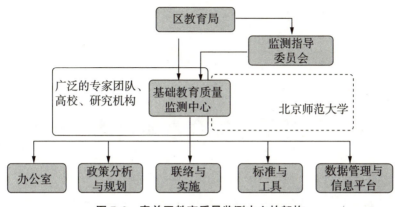

图 7.2　青羊区教育质量监测中心的架构

　　在监测体系的建构过程中，仅仅依靠监测中心的力量是不够的，还需要调动教育行政管理人员、中小学校管理人员、中小学校学生家长这三方的积极性，来逐步完善监测评价机制，试点引领机制，共建共享机制。

六、智慧教育质量监测结果的应用

　　智慧教育监测结果的运用应达到鼓励学生努力学习，增强学生学习热情与兴趣，提高学习质量的目的；达到促使教师努力工作，关爱学生，提升自己，提高教学质量的目的；达到规范学校管理，全面推进素质教育，全面提高教育教学质量的目的。通过对质量检测结果的合理使用，要改善学校管理和教师的教学评价理念，改善教师的教学状态和教学的评价状态，改善学生的学习状态和学习质量状态，并能产生引导学校、教师、家长和社会树立正确的教育质量观，破除应试教育的消极影响，促进儿童青少年的身心健康发展的趋向。

　　按照青羊常规监测制度、结果公布制度、总结表彰制度的要求，每年学业质量监测均以青羊区中小学生学业质量分析报告和课业负担监测分析报告形式呈现，及时反馈，督导改进。

第二节　智慧学生综合素质监测

　　教育是面向未来的事业，培养国家和民族的未来。学生素质的高低决定着一个国家、民族的素质。面向现代社会和未来社会的发展，需要在人才发展的观念上进行更新和改进，为未来培养全面发展的合格公民是国家教育发展的根本。立足学生综合素质的全面发展和不断提升，积极探索并形成区域学生综合素质培养机制、监测系统，是一项艰巨而又非常紧迫的教育发展之事，是实现教育转型及影响社会转型的重要抓手。对此，青羊区秉持着"有质无痕"的素质教育观认为："应试"和"素质"在教育领域中的简单二分法是粗糙的、不科学的，"素质"理应是一个综合的包容性强的概念，应试能力是其中重要的一个组成部分，除此还应有身体的健康、心理的成熟、视野的开阔、品行的端正、意志的坚定、艺术体育爱好与持续发展……要求每个学生在所有能力素质方面等量齐观式地发展是不现实、不科学的错误素质观；要因人而异，因材施教，个性发展，差异发展，这就是青羊教育的素质观和质量观。

　　学生综合素质发展提升工程应在遵循国家教育部基本规定、要求的前提下，从区域教育发展整体规划到学校内部教育活动的重构与实施上进行综合考虑，改进观念，落实要求，不断促进学生综合素质的全面提升。这就要求我们从贯彻新课标，建立健全全面而系统的学校课程管理体系，构建并实施国家—地方—校本三级课程，建立学生综合素质评价标准，改革学生评价方式等诸方面，进行改革和创新。随着素质教育的深入实施，构建区域学生素质教育课程基本框架和以此为目标的学生综合素质监测体系，已成为促进区域教育发展改革的基本诉求；坚持不懈地进行全方位的学生综合素质监测，已成为衡量学校办学改革和全面发展的基本要求。

一、以智慧教育发展要求建构和改变人才评价观念

传统的学校管理中，考试成绩在学生评价中占有极其重要的位置和极大的比重，这严重而狭隘地压缩了学校教育的基本内涵，使大部分学生都像工业流水线上生产的产品。这已严重阻碍素质教育的深入实施，更是使教育走向单一化、狭隘化、产品化的最主要原因。要破除这样的谜局，需从改变评价观念入手。教育行政管理的层面推出一系列利于改革的方法和措施，使学校教育活动走向多元而富有成效，让以往被压缩的学校教育内涵重新回到学校之中、课堂之中以及活动之中，让学生的学习活动真正成为其健康发展、快乐成长、智慧培养的途径。

学生评价与实施智慧教育有着密不可分的关系和逻辑，在很多地区常常会纠缠于先有评价的标准，还是先实施教育活动改革尝试的争论。这其实是相辅相成的，没有标准不利于改革实施，而没有尝试则会使一切都成为空想。这里不是要对这个问题进行更深的论述，而是强调实施智慧教育没有可照搬的成熟模式，也不能等待国家颁布完整的方案后再去照章执行。用什么方式和内容来合理评价今天的学生，是一个摆在所有教育人面前必须思考的问题。今天的学生是祖国的未来，必须用未来公民的要求去加以培养，在推进智慧教育的进程中，时代呼唤着更加理性的教育和实践。从评价的角度说，应从更加多元的视角及标准去加以解读，学生综合素质评价改革就源于其中。

什么是学生的综合素质？又如何加以评价？青羊区推出的"新星少年"星级评价体系的实施原则是"立足过程，关注成长，多元评价，促进发展"；"新星少年"星级评价的对象是面向全体学生，不再有名额限制，不再片面追求"高而全"，每一位达到星级评定要求的学生都能获得对应

表彰。这样，让每一位学生在"新星"中找到自己的位置，在自信中寻找成长的目标。

 案例

2006 年，青羊区在小学阶段改革"三好学生"评优体制，正式取消"三好学生"称谓，尝试推出"新星少年"——"美德星"、"智多星"、"健康星"、"才艺星"、"启明星"的评优体系，改革传统的限指标、重成绩的"三好学生"评选方式，让更多的学生能看清自己、充满自信，学校管理及其教师教育的观念向多元、发展、尊重、民主转变。

美德星：具有孝敬、诚信、尊重等优秀道德品质；能够在学校、家庭、社会中体现出爱心和责任心；勤俭节约，遵纪守法，知荣明耻。

智多星：学习态度端正，学习习惯良好，学习成绩优异，知识面广；乐于帮助同学提高学习成绩。

健康星：体质健康标准达到良好及以上，热爱运动，坚持锻炼，养成了良好的运动习惯；具有良好的心理品质和积极的心态。

才艺星：具有初步的发现美、欣赏美和创造美的能力；积极参加各级各类艺术活动和比赛，有艺术特长。

启明星：热爱自然、亲近自然，具有较强的环保意识；积极参加各级各类科技、环保、劳技等活动，成绩突出；具有创新精神。

这样的变迁不只是一次名称或称谓的变化，而是从培养目的到人才观念、培养手段和评价方式的变迁和重建。自 2011 年起，教育部全面推进和实施"体育、艺术 2+1 项目"，青羊区以《体育、艺术 2+1 项目实施方案（试行）》要求为蓝本，结合区域改革实际，积极尝试并着力推动全区学生评价机制改革，以现代社会人才素质要求为价值取向，改革学生的评价制度，在义务教育阶段全面研究和实施学生综合素质评价改革。即以"新星少年"评价取代传统"三好学生"评选，并开创性地实施"青羊区青少年学生体育、艺术、生活技能 2+1+1 工程"，落实了中央政策的号召，对全面培养和提升学生的综合素质起到了积极的推动作用，受到学生、家长的广泛认同，智慧教育的思想得到更直接的体现。

教育的发展有时会不断重复着螺旋递进的循环和往复，正如我国春秋时代的大教育家孔子所主张的有教无类、因材施教思想在今天仍然是教育发展的精髓和至上梦境。20世纪80年代多元智能理论和真实性评价理论在美国兴起。1983年，加德纳提出的多元智能理论已风靡全世界，当前有20多个国家在研究多元智能的开发，而以多元智能理论为指导思想的学校则不计其数，多元智能理论呈现出方兴未艾的趋势。真实性评价的兴起则是对传统标准化测验的批判和反思。教育的每一次大的变革都将对未来起到积极的推动作用。

二、结合区域教育发展实际丰富育人内涵

学生的评价绝不是目的，方法更是多种多样，结合区域教育发展实际，赋予智慧教育以丰富的育人内涵，才是教育改革及其发展的最终目的。基于评价而进行的培养和教育变迁、行为改革、行动创新，会更具有时代意义和智慧性格。为进一步推动学生综合素质的发展，推动新课程改革，实践智慧教育，如上文所述，结合区域实际，青羊区开创性地提出并在全区中小学实施"青少年学生体育、艺术、生活技能2+1+1工程"。其中，增加的一个"1"是指学生应至少掌握一项生活技能，如洗衣、做饭、整理书包、整理房间、超市购物、银行存储、购票、填写申请等，而这项增加青少年学生生活技能的要求正是在当前中小学生普遍缺失基本生活技能的窘境下产生的。

为保障这项工作的顺利实施，全区以统一下发的《青羊区中小学生体育、艺术、生活技能2+1+1工程实施方案》为要求，做出如下规定：全区所有义务教育段学校，每周五下午必须开展学生"新星少年俱乐部"活动，以必修课或选修课形式，让每个学生在体育技能、艺术学习、生活技能的修养上有所收获，并通过日积月累的学习，掌握2项体育运动技能、

1 项艺术特长和 1 项生活技能；体育、艺术、技能老师和班主任及外聘教师等应通力合作，学校德育处、教务处有效安排专门课程对学生进行实训；同时，班主任、家长委员会等应加大宣传，组织家长进行培训，倡导家长在家庭中要求子女与自己同做家务，共同旅游，承担更多生活事务，从而增加接触，加大感悟，加强学生生活技能的练习和巩固，并在学期末以汇报的形式进行必要的展示和测评，以检测学校、家庭共育目标的实施与完成情况。

三、有效创设张扬学生生命表达的活性载体

学生的教育生活是在不断生成演进中自我得到不断修正和提升的过程，这一过程应富含生命特征及内涵。

青羊区在实施和推进学生综合素质培养及其评定监测中，主要的措施可以概述为"三结合"和"三年三大节"。"三结合"指的是：一是将学校课程建设与实施学生体育、艺术、生活技能 2+1+1 工程相结合；二是将学生体育、艺术、生活技能 2+1+1 要求与学生综合素质发展个性化评价相结合；三是将"学生体育、艺术、生活技能 2+1+1 工程"修习结果与"新星少年"、省市"新三好"和"优干"等评选工作相结合，促进学生综合素质的全面提升。"三年三大节"是青羊以三年为一个轮回，在全区检验展示青少年学生"体育、艺术、生活技能 2+1+1"项目的建设成果。即每学年轮换举办学生体育节、科技节、艺术节活动，高水平、高起点地全面规划学生综合素质培训年度行动计划，以确保全区义务教育阶段学生"2+1+1"工程项目的有效实施和目标达成，全方位地提高学生体育、艺术和科学素养，培养学生的个性特长，挖掘学生的创造潜能。

 案例

2009 年，青羊区学生体质健康达标率为 98.13%，优秀率为 32.27% 以上。青羊的特殊儿童在雅典举行的第十三届世界夏季特殊奥林匹克运动会上斩获 5

枚金牌、3枚银牌、1枚铜牌，实现了四川省在此项大赛中金牌零的突破；青羊的学生机器人代表队2010年参加在韩国举行的第十一届国际机器人奥林匹克竞赛，为中国队夺得本次国际大赛的唯一一枚金牌。

四、让学校文化品格精彩绽放在学生个性化评价中

学生的评价实际上与学校的办学发展是密不可分的，所谓标准化的评价方式往往会导致学校的教育行为变得狭隘和功利，这将极大地影响学校办学发展所需的外部环境和内驱动力，不利于学校自身发展。对此，青羊区鼓励学校开展学生综合素质个性化评价的校本研究并实施。

鼓励学校制定和开发专属于学校自身的智慧学生综合素质个性化评价方式，这种做法有如下积极意义：一是让学校对促进学生综合素质的发展和提升有一个全面的思考和设计，而不是照搬照抄被动执行；二是融合学校办学的各方力量，构建起支撑学校办学及其发展的核心要素——学校文化——学校办学的核心竞争力，并呈现"一校一品，一校一景"之多彩局面；三是让学生在学习中有权利"自由"地选择学习内容，感受学习的快乐，增强爱校、爱家、爱集体的意识和荣誉感。

青羊区义务教育阶段学校普遍采用了学生综合素质个性化评价方法，即以学校为单位，以多元智能、真实评价等理论为依据，积极开展学生综合素质评价的校本化研究与实施，力争使学校办学目标与学生评价相结合，以研究促改革、以评价促进办学目标的实现，既支持教师的教育实践，又尊重学生的个性发展。

 案例

成都市泡桐树小学是一所全市知名的传统名校，它非常重视学生的过程性评价，要求学生每天给自己一个评价。一个学期下来，每个学生都有了一

本《自主管理手册》，成为学生学习成长中不可多得的宝贵记忆。

成都市草堂小学开设了"好习惯连锁店"——让学生在自我评价、同学互评、好习惯评价记录的日积月累中修正自己，让教育在"无痕"的进程中不断发挥效能，促进小学生自觉养成好习惯。

成都市新华路小学根据多元智能理论，设置了"文明新星"、"多元学科星"等学生评价新内容，多维度促进学生的不断进步。

成都市青羊实验中学采用"素质教育三维评价模式"对中学生进行更为严格的评价，既看"学业成绩分"，更看重学生的"学习素质分"和"品德操行分"，这三个维度都分别赋予了不同的内容要求和评判标准，旨在让中学生能全面发展。

……

这样的实践在全区中小学还有很多很多，拘于篇幅不便一一列举和赘述。学校的办学和管理凝聚着学校管理一班人，乃至区域教育发展的核心思想和要求，学生的个性化评价仅仅是繁花中的一点可视化的学校改革成就，但却反映着青羊教育人对教育本真的不懈追求。这是一条需要不断完善和赋予崇高智慧的路，相信有着一颗炽热教育之心的青羊人会有更多更好的创生和成就。

第三节　智慧学校办学效能监测

智慧教育追求的是高水平的素质教育，为促进学校的良性发展，自2008年起，青羊区在事业单位实行绩效工资的大背景下，率先实施"学校办学效能评估"，开展了基于增值的学校绩效评估体系建构的探索实践。

一、学校办学效能评估的内涵和意义

几年来，青羊区一直进行着基于增值的学校办学效能评估体系建构的探索实践，期望通过督导模式的创新和督导评价的多元来促进学校教育改革与发展，推动区域教育质量的整体提升。经过几年的探索实践，青羊区对智慧学校办学效能评估监测有了一些新的认识，形成了比较定型的模式和规范的流程。

（一）期望解决的问题

学校办学效能的增值性评价理念的提出，是从一个新的视角去审视区域学校评价，为智慧学校办学效能评估提供了新的思路和方法——以学生、教师和学校的成就衡量学校办学效能，旨在用发展的眼光关注学校在原有基础上的提升幅度，这既解决了因起跑线不同带来的评价不公问题，缓解了教育评价中长期以来存在的因校际间客观存在的生源、资源差距等社会、历史因素而导致的公正问题，使学校评价变得更加科学，又建立起以考量增值为主、促进学校内涵发展的新机制，使区域智慧教育理念和基本主张得以有效实施和提升，为学校提供更加广阔的空间，促进学校的主动发展、可持续发展。通过基于增值的学校绩效评估的探索实践，能够更加科学、公平公正地评价学校，明确政府责任，为区域教育行政部门的资源投放提供依据，促进学校间的均衡发展，调动学校发展的内在动力，引导学校走内涵发展之路。通过评价，能够发现学校间的差异并进行归因分析，明确教育主管部门和学校各自的职责，帮助学校查找到自身的优势和劣势，明确发展的方向，调动其办学积极性。

（二）增值性学校办学效能评估的意义

增值性学校办学效能评估旨在引导学校构建现代学校制度，走特色发展、内涵发展之路，激发学校的办学激情。提高学校办学效益是教育督导评估的最基本出发点，基于增值的学校办学效能评估旨在破解学校评估惯用方式中存在的多种不足和问题，让评估成为学校自身发展、主动发展、智慧办学的动力。

构建现代学校制度就是要协调政府、学校、社会的关系，逐渐建立"依法办学、自主管理、民主监督、社会参与"的办学模式和管理体制；走特色发展、内涵发展之路是区域实现校际之间人财物基本均衡以后学校发展的基本趋势；而强调"提高办学效益"就是要正视学校因为生源差异、资源差距以及社区环境、历史积淀等客观差异，调动管理者对现有资源进行合理配置、有效整合，形成合力，使之能够产生最佳的管理效益。用增值的理念来进行学校办学效能评估就是承认学校间办学起点有差异，以学校、教师和学生的充分发展所取得的成效为依据而实施的衡量学校办学效能提升的新方式。

（三）学校办学效能增值评估的基本内涵

在学校评估工作中，引入学校办学效能增值评估的根本目的是激励和帮助学校改进教育工作，引导学校教育教学改革更健康、更有针对性地发展，促进学生更加有效地学习、教师更加有效地教学、学校更加有效地进行管理。基于增值的学校绩效评估不是要推翻原有的评价体系，而是要对科学评价有所追求，提高评价的科学性和指导性。

衡量一所学校办学水平如何，关键是看其办学的效能如何，是否每一个学生都得到了应有的提高。仅仅从培养优秀毕业生的角度上说，一所把入校时成绩优秀的学生培养成优秀毕业生的学校，未必算得上高水平、高效能的学校；而一所能把入校时成绩平平或较低的学生培养成优秀毕业生的学校，才真正称得上是高水平、高效能办学的学校。以教育增值为指标构建学校办学效能评估体系，消除了一般学校和薄弱学校的不公平感，使他们在与自己过去进行比较的增值上看到了希望，激发他们的改革激情，从而增加改进学校教育发展的内动力。基于增值的学校办学效能评估同时也给一直名列前茅的"名校"带来了适度压力，促使他们不只是在争夺资源上做文章，转而更加关注在改进学校管理和深化教学改革上做文章。

在英、美国家，教育增值评估与学校效能提升密不可分，教育增值评估是提升学校办学效能很直接的武器和内容，这不仅仅是一个概念的问题。基于增值的学校办学效能评估是对学校年度教育教学工作的全面评估，其中不但关注学生的学业成就，更关注学生参加各种文艺、体育、综合实践活动的参与度和成绩，更关注学生的体质健康水平、思想道德和心理健康品质的发展水平。学校教育增值评估是每个学生教育增值的总括反映，这必然把学校和教师的注意力引向全体学生，使其更加关注各种类型的学生，使素质教育更加易于落实、更加深入地落实。

二、实施学校办学效能增值评估的原则

对客观存在差异的不同学校实施基于公平的合理评价，本就是一项艰巨而需直面矛盾的事情。建立科学的学校质量观、发展观，调动大多数学校的办学积极性、自觉性和坚韧性，引导学校关注全体、注重全面、发展特色、持续提升，是进行学校监测与评估的最根本目标。基于教育增值的学校办学效能评估，经实践检测应遵循以下的基本原则和实践思路。

（一）均衡导向原则：以均衡为导向促进资源的合理投放

教育主管部门为了促进学校间均衡发展，往往要进行人、财、物等资源的投放，但投放不应是建立在印象、关系甚至政绩等方面，而是应建立在以数据为基础、以均衡为导向、以需要为出发点而进行的评价结果上。建立校际间均衡监测体系能有效明确各学校间办学条件上的差距，为教育局的资源分配提供科学的依据。青羊区连续两年进行的校际均衡监测数据显现，全区学校校际间均衡的差异系数正不断缩小就是例证。

（二）增效明责原则：以增效为目标激发学校内在发展动力

学校办学效能增值评估就是要通过连续的年度评估，将评估结果进行

横向与纵向的比较，发现学校间办学效能上存在的差异，对差异进行归因分析，明确教育主管部门和学校各自的职责，帮助学校查找到自身的优势和劣势，明确发展的方向，调动其办学积极性。

（三）动态评估原则：以持续性的跟踪评价为手段促进学校不断发展

通过学校间和学校自身动态对比分析，不断发现区域内学校间的差距和学校的进步与不足，并通过有针对性地资源投放和工作重点的转移，促进学校间的均衡和学校的发展。

（四）公平公正原则：以办学改进为内容实施学校发展个性化评估

所有的指标设计都要兼顾不同层次学校的实际——既要保证区域教育"高位均衡化、率先现代化、充分国际化"的战略目标，又要使区域教育"学有良教 质量领先 办智慧教育"的理念更多惠民，更要使每所学校都能看到自己的努力获得的成效。评估方式上要淡化学校间的横向比较，重点比较一所学校一段时期内的教育教学变化状况。

（五）科学实用原则：以科学决策与简单实用为要求创新评价系统

在评价指标体系上，要尽量反映学校办学条件和结果的现状，这样数据容易采集，分析难度小，分析结果能明显反映出存在的问题。在评估手段上，要开发基于网络平台的绩效评估系统，评价将在过程中进行，学校能够得到及时的反馈，同时随时比较和其他学校间进步幅度的差异，能够及时改进。

三、学校办学效能评估体系的建立与实施

经过几年的探索实践，成都市青羊区形成了比较定型的基于增值的学校办学效能评估模式和规范流程，对学校办学水平、智慧发展状况进行了监测。

（一）学校办学效能评估的价值取向

历经几年的实践表明：增值性学校办学效能评估是提升学校办学竞争力、促进智慧教育良性发展的重要手段。因为增值性学校办学效能评估是以学校发展增量为唯一评价的标准，旨在衡量学校办学以年度为周期的办学增量，以学生、教师和学校的成就来衡量学校办学的效能，用发展的眼光关注学校在原有基础上的提升幅度。这种方式，可以很好地规避传统意义上名校、优质学校所占有的先天优势——名校、优质学校带给社会的传统认识往往会导致学生生源比一般二、三类学校要好，传统重视结果的评价方式往往是给这类学校锦上添花，似乎其办学的直观效果永远是不可超越的。

事实并非如此。如上所述，基于增值的学校办学效能评估可以将名校、优质学校和一般学校拉到一条水平线上"一较真功"，用学校办学的效能高低说话，用数据说话。简单地说，基于增值的学校办学效能评估就是以学校的办学增量为标准进行"以入量出"的评估，确保以下核心价值的顺利实现。

1. 通过评价促进学校管理智慧不断生成

学校办学效能的增值性评估有效"拉拢"了各类学校的评估起点，让各类学校在评价中处于公正、公平的地位，以学校办学的效能提升为标准，还原评价的真实性、客观性和科学性。这样的评估将调动大部分学校的办学积极性，促进学校管理智慧的不断生成。立足自身、立足发展、立足未来的办学思想，将得以更好地发挥。

2. 通过评价促使学校教育智慧不断萌生

以以入量出的办学效能增值评价为主的督导评估是促使学校聚焦内涵发展的有效机制，将利于智慧教育理念和主张的有效实施和提升，为学校发展聚集更多的教育智慧和发展空间，促使学校教育智慧不断萌生，实现学校的健康可持续发展。

3. 通过评价激励师生"智慧合作，共生共进"

强调"提高办学效益"就是要正视学校间事实存在的客观差异，以学校发展中的动态数据，调动管理者对现有资源进行合理配置、有效整合，激发学校内省自我管理中存在的优势、劣势和发展方向，从而形成发展合力，激励师生智慧合作、不断进步。

（二）区域性学校办学效能评估的指标体系

1. 指标设置

智慧教育是动态的、灵活的、赋予生命的教育，任何一所学校能真正称之为智慧学校，经历"找准位置、鲜明个性、彰显特色"的历练是必不可少的。对学校进行增值性评估有利于帮助学校找准自己的位置，塑造鲜明的学校形象特征，彰显文化特色，不断提升办学水平。青羊区的增值性学校办学效能评估指标分为三种类型：警戒指标，达标指标，发展指标。

（1）警戒指标。属于一票否决指标，考评结果表现为是或否。警戒指标是指学校依据相关法律法规、文件政策所必须履行的职责，涵盖了行风建设、财务管理、校园安全、师德等，引导学校依法规范办学。按照依法治校的要求，学校如果出现违法违纪行为，将失去当年度评奖资格，年终绩效监测等级为不达标。

（2）达标指标。属于基础工作指标，考评结果表现为分数。达标指标则涵盖了本年度教育局的主要工作以及学校教育教学工作的基本要求，是学校办学的基本规范。按照政府年度工作目标，学校根据自身职能职责完成规定任务，职能部门学年终根据学校完成情况评分。评分结果作为学校基础工作是否达标的依据，是能否进入年终评奖的前提条件。

（3）发展指标。属于效益指标，考评结果表现为分数。发展指标包括学生综合素质发展、教师成就和学校展台三部分，实行定量评估，每项赋有一定分值。学生综合素质发展重在考核一学年中学校在学生身体素质、综合素养、学业成绩等方面的发展水平和取得的成就。学校展台指学校工作的具体成效，包括科研、教育教学、个性发展和特色创新等方面，着重反映学校的个性和特色。发展指标采用分值量化，但是并不仅仅只加分，还有可能减分。

以"投资软环境"之"社会满意度"考核为例，设计公式为：

学校得分 =（调查的实际满意率-70%）×10

这意味着，虽然此项目的设计加分最多为 3 分，但如果实际调查结果（第三方数据）显示学校的满意率低于 70%，那么该学校在此项目上将会被扣分。若实际调查的满意度仅为 68%，那么该校此项得分为（68%-70%）×10=-0.2，即此项考核学校将被扣 0.2 分。

按照科学发展的要求，学校的成长应在既有基础上，不断提高办学效益，不断促进自身发展。成都市青羊区在发展指标设计和监测时，突出"成果与效益、定性与定量相结合"的原则，坚持学校办学效能评估的导向性、基础性、客观性和可操作性，既激励一般学校奋起直追，又施压于名校不能举步不前。评估中既要考虑学校间的横向比较，更要看重学校自身的纵向发展，从评估认定上直接体现教育均衡化及教育现代化的发展要求，以评估监测引领学校发展。

2. 指标体系

智慧教育的动态性体现在两个方面：一是智慧教育体系对于外部变化的迅速反应，能够保持信息和物质交换渠道的畅通；二是学生和教师对于外部变化的迅速反应，能够保持自己在新环境中的适应性。构建"增值性学校办学效能评估指标"体系，需要以区域教育管理的宏观调控和前瞻性为引导，激发学校自觉发展的个性需求，并将其转化为学校的中长期规划。

青羊区增值性学校办学效能评估指标体系由两部分组成：第一部分为输入指标，其主要指标由财政投入、有形资产、无形资产、人力资源等 4 个一级指标和 12 个二级指标组成，主要考查和分析评估学校教学资源的占有情况（如表 7.1 所示）；第二部分为输出指标，其主要指标由教师专业成长、学校成就、学生成就、学校发展与改进等 4 个一级指标和 10 个二级指标组成，主要监测学校的"产出"成果和办学效能。（如表 7.2 所示）。

表 7.1 青羊区学校增值评价学校办学条件指标体系（输入）

一级指标	二级指标	三级指标	操作说明
财政投入	经费投入总和	生均教育经费（单位：元）	
		公用经费（单位：元）	
		事业发展经费（单位：万元）	主要是学校在一个年度内的硬件投入、校舍改造等的经费
		预算外经费（单位：万元）	学校除财政拨款外可支配的经费（包括捐资助学、营业收入等）
有形资产	校园	生均用地面积（单位：m²/生）	
	校舍	生均建筑面积（单位：m²/生）	
	计算机	① 生机比；② 师机比	
	多媒体设备	多媒体设备套数与班级数的比例	
	图书	生均册数	
	教学仪器	达标比例	
无形资产	区域环境	中心城区/一、二环路之间/二、三环路之间/三环路外	
	社会认可度	示范校、窗口校、普通学校	
人力资源	校长素质	业务荣誉获得情况	取其最高等级一项
		行政荣誉获得情况	取其最高等级一项
	教师素质	现有专任教师的学历结构	
		现有专任教师的职称结构	
		现有骨干教师情况	
	学生来源	高中（中考成绩）	
		初中（调考成绩）	
		小学（3 年级调考成绩）	

表 7.2　青羊区学校增值评价学校办学效能评估指标体系（输出）

一级指标	二级指标	操作说明	
教师专业成长	教师结构	新增教师学历情况	
		专业学科结构	
	教师提高	骨干教师情况	
		当教师获奖情况（教育行政部门及教育业务管理部门获奖及市级以上学会二等奖以上）	
		教育研究成果发表（市级以上正规刊物）	
学校成就	课题立项与结题	国家、省、市、区课题立项	
		国家、省、市、区课题考核、结题	
	成果应用	形成特色	
		成果推广	
	社会影响	家长、社区的满意度	
	学校获奖	政府、教育行政部门、教育业务管理部门、市以上教育学会	
学生成就	学生基础学业能力	中、高考情况	
		会考情况	
		抽测年级学科考试情况	
	综合素质发展获奖		
学校发展与改进	发展	学校年度绩效考核情况	
	改进	学校在前一阶段效能评估中突出问题的改进情况	

　　注：表中输入、输出指标的二、三级指标往往与本地区社会、经济发展状况、教育发展要求相结合进行动态设置，其指标内容和要求会因地区不同而不同。

3. 评估流程

　　增值性学校办学效能评估主要由三步构成：一是学校按评估指标体系要求完成工作，通过网络反馈工作推进情况，包含学校的自评；二是相关管理部门、责任督学依据评估指标体系和年度工作推进情况，通过网络对学校工作进行指导、监督、审核、反馈；三是学校根据指导意见改进工作，提升办学水平。评估方通过网络实时呈现阶段结果、年终结果，评估结果引导学校发展，年终结果与学校绩效挂钩。在评估方式上，对学校进行分级分类按比例综合评定，同类型学校横向比较，统一平衡，使学校既看到自身的进步，同时也大致了解本校在全区学校中的横向比较情况，形成良性的激励机制。

4. 信息化手段

自 2009 年 9 月起，以增值评价为主导的增值性学校办学效能评估在青羊区全面实施，共对全区 60 余所（家）中小学、幼儿园、直属事业单位进行了发展性评估。为解决集中入校评估耗时耗力、信息反馈慢等问题，课题组开发出基于网络环境下的"学校办学效能评估平台"，使督导评估工作更加简便快捷。该网络平台主要实现了如下功能：一是简化了评估程序，为学校教育教学工作服务，为学校发展服务；二是使关注过程成为常态，重视细节、关注过程，通过评价推进工作、改进工作；三是自动生成评估结果，每个学校都可以通过柱状图一目了然地把握自己学校与其他学校的差距，还可以对比不同年度的结果，看出学校发展的进步幅度；四是动态及时反馈，比进步、看改进，以评促改。

通过网络平台实现评价的过程化和信息化，使增值评价真正为区域教育质量的整体提升、智慧学校的发展做出贡献。

5. 数据化思想

建立准确有效的数据指标体系，是推进区域教育改革发展质量标准分步实现的重要保证。国家教育"十二五"规划明确提出了"建立质量保障体系，全面提高教育质量"新要求，并从国家层面对建立质量保障体系进行了说明：教育质量保障体系是确保教育质量的一系列制度安排和体制机制的总和，包括教育质量标准体系、条件保障体系、教学管理体系和评价监测体系等各个环节；强调从树立科学的教育质量观、建立国家教育质量标准体系、建立教育质量评价体系和强化教育质量制度与投入保障等方面入手，解决国家级教育质量保障体系的构建问题，这为实施地区教育质量管理提供了直接的方向和指导。教育质量是各国教育改革关注的核心问题，准确有效的教育数据系统是教育管理和科学决策的重要依据。

对学校办学水平进行增值性评估时，数据化思想的应用即是对学校发展指标进行的数据化转化，让学校的各项发展指标可测量、可监控和可最大化利用，为整个区域的教育改革发展提供最真切的数据和决策参考。通过数据分析和信息整合，把学校教育教学活动中众多的信息有效地进行互联，并综合运用于教育管理和科学决策中，为学校逐步走向智慧办学源源不断地提供可持续支撑的核心推动力。

自 2009 年 3 月以来，青羊区教育局先后组织信息技术人员，逐步建立和完善增值性学校办学效能评估指标体系平台、网络管理平台和以学校为单位的全区学校办学条件基础数据库，最终实现学校基础数据、办学管理、发展评估三库合一、动态管理、时时更新，以现代化的评估方式对全区学校进行教育质量管理。2012 年，以全区"数据质量运动"为代表的教育质量管理数据化系统建设工程取得重大进展，建立完善的全区性纵向教育发展数据库，为全区教育行政管理、科学决策、教育研究等提供了更加丰富可靠的数据信息。数据化系统工程建设主要分为两个方面：一是学校办学条件（学校资产）基础数据库的建设，主要用于学校占有办学资源数量，包括财政投入、学校有形资产和无形资产的管理和考查；二是学校网上年度绩效评估管理系统的升级和完善，主要用于增值性学校办学绩效评估考核。简单地说，数据化系统是"一个平台、两个端口"——一端是学校，另一端是监测单位，所有中小学、幼儿园、监测单位都通过平台接受或实施监测。

四、引入学校办学满意度测评新机制

学校评价的目的是进一步加强学校办学的质量管理，其目的是让社会满意，让人民放心。在实施学校办学效能评估的同时，引入学校办学满意度社会评价和第三方评价已成为一种现实的需要，让社会实时关注学校办学及其改革发展将更好地促进学校办学效能的快速提高。一个能为学校提供改进学校管理、提高管理效率、调动教职工积极性的有效评价，将对学校保障和提升教育质量发挥重要作用。

（一）民管会测评使学校办学更加开放

青羊区尝试改变政府评价学校的单一模式，把评价还给社会，让学校在与社会的直接对话中发现存在的不足和问题。通过民管会参与学校评价工作，建立学生、家长、社区群众对学校满意度的测评机制，是学校办学效能评估的重要内容。它促进学校更加开放地办学，让人民满意、社会放心。

1. 社区评价

全区以成都市成飞小学为试点，探索性地开展了"社区评价学校"的研究。成飞小学民管会以社区作为主要代表，以关心下一代工作委员会、居委会、少先队或学生会、教职工代表大会和家长委员会为渠道，组织社区居民广泛参与学校办学效能评价，对学校的校风、教风、学风、师德表现、办学满意度等进行全面评价，取得了很好效果。

2. 职能转变

自 2007 年起，成都市青羊区教育局已正式将学校民管会评价学校、校长的结果纳入学校督导评估考核序列，实行量化打分，从管理机制上进一步促进教育行政管理的民主化，由政府管理学校转向家庭、社会参与管理，加速全区教育管理现代化的建设进程。2008 年 2 月，教育局党委颁发《关于对校级干部进行年度实绩考评的通知》，由学校民管会牵头进行的学校办学满意度社区测评分值已占到学校办学效能综合考评总分的 10%（如表 7.3 所示），足见学校民管会已真正成为促进学校质量提升的不可或缺的力量。民管会参与评价学校和校长，促进了依法治校和校长素质的提高，为教师发展和学生健康成长创造了更优、更好的环境。

表 7.3　校（幼儿园）校级干部测评量化表

项　目	教育局领导测评	校（园）长测评	其他班子成员测评	教职工测评	业务部门测评	民管会测评
正校级	20%	/	15%	40%	15%	10%
副校级	10%	10%	15%	40%	15%	10%

（二）引入第三方评估实现"管、办、评"分离

在建立新型公共教育服务型政府过程中，不可避免地会出现政府更多地依靠社会专业中介力量，开展技术咨询和评估的需求。这也是服务型政府职能转变的实质性举措，引进专业评估机构对学校办学质量的技术评价机制，是必须也是必然的。《国家教育事业发展第十二个五年规划》（以下简称《规划》）把健全基本公共教育服务体系作为"十二五"教育改革发展的重大任务，适应我国教育公共服务需求历史性变化，构建更加完善的教育体系。改革开放30多年来，我国已由生存型阶段全面跨入发展型新阶段，经济社会发展对教育和人才的需求发生了深刻变化，人民群众对高质量的基本公共教育服务的需求更为迫切。《规划》明确了"十二五"时期基本公共教育服务的范围、标准和实施的重大保障工程，要研究建立以基本公共教育服务均等化为导向的公共教育财政体制和分配方式，让广大人民群众共同享有更加均等化的基本公共教育服务；要研究制定基本公共教育服务体系监测与评价指标体系，通过评估、督导来引导地方加快完善基本公共教育服务体系。

2008年，青羊区成立了成都西部教育评估事务所，着手研究区域教育发展评估的问题。事务所由教育局审批，民政局登记管理，接受区教育局和区民政局的管理、监督、检查，系民办非企业单位，由民间自筹非国家财政性资金设立，从事非营利性社会服务活动的社会组织。事务所的主要业务范围有：接受政府和教育行政部门的教育决策咨询；接受政府和教育行政部门委托，对学校特色发展、现代化建设等项目的实施进行评估，结果经认定后，对社会公布；接受学校委托，提供专业咨询和服务；教师专业发展认证评估，适时发布认证公告；社会力量办学新增设专业可行性评审。

 案例

成都市青羊区教育局用项目引入了社会教育中介机构，探索实施学校办学绩效考评的"管、办、评"分离模式，委托"成都西部教育评估事务所"

对区域内新教师认证、学校评价、骨干教师、智慧教师等教育事务进行评估。进行评估的第一个项目是《青羊区新教师素质达标认证》。成都西部评估事务所按照《成都市青羊区教育局2008年对上岗三年教师职业素质认证工作实施方案》和《成都市青羊区教育局关于新上岗教师职业素质认证的通知》的要求，本着独立认证、客观公正、坚持标准、实事求是的原则，在2008年10月至2009年5月，对全区59名上岗三年教师的职业素质进行达标考核工作。2009年6月至2010年3月，青羊区教育局委托成都西部评估律师事务所，对全区47所中小学"学校教育现代化发展水平"进行评估验收，取得了较好的效果。几年来，成都西部评估事务所还先后参与了对区域内学科带头人的考评、智慧教师的评选考核等专项工作。

引入第三方评估的新尝试，对区域教育管理制度的完善和创新起到了积极作用，对促进城乡教育优质均衡发展和整体办学水平提升提供了科学的制度保障和配套机制，为实现区域教育公平与效率的和谐统一，促进城乡教育优质均衡发展、智慧教育的实施提供了有力支持。

第四节　区域教育发展水平监测

青羊区以促进学生全面发展为目的，以提高教育质量为核心，全面构建区域教育发展水平监测体系，对全区中小学、幼儿园教育均衡化、教育现代化、教育国际化进行全方位地监测监控，提升质量，办智慧教育。

一、区域教育发展水平监测的主要内容

青羊实施智慧教育的基本目标是"学有良教　质量领先"，推进的基

本策略是教育发展的均衡化、国际化和现代化。现阶段，这三者是相辅相成、相互促进的关系：第一，区域教育发展水平高位均衡是基础，主要解决新经济结构背景下区域内"教育公平"的问题；第二，充分国际化是先导，主要解决的是"教育特色"的问题；第三，率先实现教育现代化是核心，主要解决的是"教育质量"问题。

在相当长的一段时期内，教育发展的均衡化、国际化和现代化是地区教育改革发展的重要内容。《国家中长期教育改革和发展规划纲要（2010—2020年）》提出的"二十字方针"——优先发展、育人为本、改革创新、促进公平、提高质量，为建设发展教育强区指明了方向。为保障区域教育发展目标的顺利实现，在全区实施教育发展监测是必须而必要的。青羊区域教育发展水平监测主要从校际均衡、教育现代化达标和教育国际化发展等方面加以实施。

二、区域教育发展水平监测体系的构建与实施

（一）校际均衡监测

对于县级区域来说，促进义务教育均衡发展的主要任务是缩小区域内校际间的办学差距，让人民满意，让社会放心。只有定期对校际差距进行客观、准确的监测，才能及时把握区域义务教育阶段学校的差距和差距变化的趋势，及时发现薄弱学校存在的问题，科学指导、调整和改善区域教育资源的配置与投放。

1. 监测目的

通过常态化的教育均衡监测，准确把握区域内学校之间的差距及变化趋势。通过对均衡系数的测算，对差异较大的指标进行预警和提出行政干预措施建议，科学地为政府和教育行政部门提供决策参考，以促进区域内学校间的均衡发展，最终实现教育公平。

2. 监测指标

具体监测指标如表 7.4 所示。

表 7.4　校际均衡监测指标

指标类型	一级指标	二级指标
常规监测指标	教育经费	生均公共财政预算教育事业费支出
		生均公共财政预算公用经费支出
	办学条件	生均教学仪器设备资产值
		生均图书册数
		百名学生拥有计算机台数
		生均体育运动场馆面积
		生均教学及辅助用房面积
	师资配置	小学专科（初中本科）及以上学历专任教师比例
		中级及以上专业技术职务教师比例
		骨干教师比例
		生师比
		班额达标比例
	教育质量	小学六年（初中三年）巩固率
		小学、初中毕业考试（或者质量监测）一次性全科及格率
		初中毕业升学率
特色监测指标	根据不同时期社会关注的热点和教育难点问题，设计当年的特别关注指标	

3. 分析方法

① 基尼系数分析方法。基尼系数（Gini Coefficients），是 20 世纪初意大利经济学家基尼，根据洛伦茨曲线（Lorenz Curve）所定义的判断收入分配公平程度的指标，是国际上用来综合考查居民内部收入分配差异状况的一个重要分析指标。其核心思想是：设实际收入分配曲线和收入分配绝对平等曲线之间的面积为 A，实际收入分配曲线右下方的面积为 B（如图 7.3 所示），并以 A 除以（A+B）的商表示不平等程度，这个数值被称为

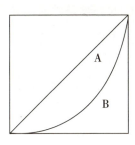

图 7.3 洛伦茨曲线

基尼系数或称洛伦茨系数。如果 A 为零，基尼系数为零，表示收入分配完全平等；如果 B 为零，则基尼系数为 1，收入分配绝对不平等。收入分配越是趋向平等，洛伦茨曲线的弧度越小，基尼系数也越小，反之，收入分配越是趋向不平等，洛伦茨曲线的弧度越大，那么基尼系数也越大。基尼系数的比例数值在 0 和 1 之间。根据这样的思想，对区域内生均教育经费投入和教学仪器设备资产值的校际均衡程度进行测度，可以看到学校发展均衡的客观状况。

② 差异系数分析方法。差异分析一般是指通过差异揭示成绩或做出评价，并找出产生差异的原因及其对差异的影响程度，为改进企业的经营管理指引方向的一种分析方法。全区按照教育部《县域义务教育均衡发展督导评估暂行办法》关于"县域义务教育校际均衡情况"的差异系数计算方法，测度区域内各项监测指标的校际均衡程度。

③ 均衡指数计算方法。人类发展指数（Human Development Index），是由联合国开发计划署在《1990 年人文发展报告》中提出的用以衡量联合国各成员国经济社会发展水平的指标。人类发展指数又称为人文发展指数（HDI），由巴基斯坦籍经济学家赫布卜·乌·哈格（Mahbub ul Haq）和印度籍经济学家阿马蒂亚·森（Amartya Sen）于 1990 年创造，其指标值是"预期寿命"、"教育年限"和"生活水平"三个分指标的几何平均数。1990 年 5 月，联合国开发计划署（UNDP）首次公布了人文发展指数，将经济指标与社会指标相结合，揭示了经济增长与社会发展的不平衡。联合国开发计划署每年都会在发布的《人类发展报告》中使用人类发展指数来衡量各个国家人类发展水平。借鉴这样的思想，全区运用各项监测指标的差异系数计算区域内义务教育均衡发展指数。

4. 监测结论

成都市从 2009 年开始建立区域义务教育均衡监测体系，已经连续进行了三年监测。监测结果表明，青羊区义务教育阶段学校校际间差异系数

2010 年为 0.35，2011 年为 0.3，2012 年为 0.16，校际间办学条件的差异不断缩小，远远低于国家教育督导团公布的小学小于等于 0.65、中学小于等于 0.55 的基本均衡标准。通过连续几年学校办学条件的强制均衡，除了生均教学及辅助用房面积和生均体育运动场馆面积以外，其余能够通过行政手段调控的指标的差异系数均小于 0.1，基本上实现了硬件条件的均衡。

青羊区 2010 年区域内义务教育均衡程度持续提高。2011 年，成都市各区（市）县义务教育均衡总指数平均值为 0.39，较 2010 年的 0.41 有所降低，反映出 2011 年成都市县域内义务教育均衡状况较 2010 年有所提高。同时，成都市各区（市）县域小学、初中校际均衡差异系数平均值分别为 0.49 和 0.43，均小于国家规定的基本均衡差异系数标准（即小学小于等于 0.65，初中小于等于 0.55），反映出全市义务教育县域内校际均衡状况良好。

（二）区域教育现代化发展水平监测

教育现代化是社会现代化的有机组成部分，教育现代化的核心是实现人的现代化。学校教育现代化的建设是存在着差异的，青羊区为进一步推进学校教育现代化，自 2009 年起，对区内中小学逐一进行学校教育现代化发展水平监测评估（以下简称为"学校教育现代化发展监测"），对学校教育现代化的发展程度进行一次摸底和促进，并对学校教育现代化发展监测工具进行有效开发，用统一的指标体系来进行量度，并在不断推进中保持教育现代化发展指标的动态化。

1. 学校教育现代化发展水平监测评估指标建立的原则

① 公认性原则：选择国际国内关于教育现代化指标的学术研究成果、实践评估成果中具有共性的指标，并参照国家 2020 年教育发展指标和成都市 2015 年教育发展指标，作为成都市教育现代化监测指标。

② 针对性与可比性原则：针对成都市经济社会和教育发展实际，具体指标尽量从名称、统计口径和方法上与国家一致，使之具备可比性。

③ 可操作性原则：指标体系的结构尽可能简单，数据采集和指标量化方法尽可能简便，具体指标尽可能利用现有的统计资料及有关规范标准。

④ 指导性原则："指标"具有"指"的导向功能和"标"的反馈——校正功能。指标体系不仅要能够合理、客观地描述和评价教育现代化发展的实际水平，而且要能够对教育发展方向和政策制定发挥指导作用。

⑤ 特色性原则：在普适性的指标体系基础上，增加反映成都市教育改革创新和体现成都市教育特色的相关指标。

2. 监测指标

运用国际教育指标研究常用的"投入—产出"模式，将国家基本实现教育现代化战略目标"实现更高水平的普及教育，形成惠及全民的公平教育，提供更加丰富的优质教育，构建体系完备的终身教育，健全充满活力的教育体制"五个方面的要求，贯彻在教育现代化监测指标体系中。（如表 7.5 所示）

表 7.5　成都市教育现代化监测指标

一级指标	权重 （%）	二级指标	2015 年基本现代化 参照标准	监测数据来源
A1. 教育事业发展水平（权重 18%）	5	B1. 3—5 岁幼儿毛入园率	98%	教育统计资料
	5	B2. 义务教育巩固率	99%	教育统计资料
	5	B3. 高中阶段毛入学率	96%	教育统计资料
	3	B4. 新增劳动力平均受教育年限	14.0 年	调查收集
A2. 教育公平和质量（权重 18%）	4	B5. 义务教育校际均衡指数	≤0.35	成都义务教育校际均衡监测报告

续表

一级指标	权重（%）	二级指标	2015 年基本现代化参照标准	监测数据来源
A2. 教育公平和质量（权重 18%）	2	B6. 残障儿童少年义务教育入学率	99%	调查收集
	3	B7. 区（市）县内教师流动比例	年流动比例达到 20%	调查收集
	4	B8. 学生体质健康合格率	98%	调查收集
	3	B9. 学生学业水平	通过义务教育学业质量监测结果确定	调查收集
	2	B10. 中职毕业生对口就业率	85%	调查收集
A3. 教育经费投入（权重 12%）	5	B11. 依法实现教育经费"三个增长"，并使财政性教育经费占政府财政支出比例达到要求	≥18%	教育统计资料
	3.5	B12. 生均公共财政预算教育事业费	小学≥10000 元，初中≥11000 元，普通高中≥10000 元，中职≥11000 元	教育统计资料
	3.5	B13. 生均公共财政预算公用经费	小学≥1800 元，初中≥2600 元，普通高中≥1800 元，中职≥2600 元	教育统计资料
A4. 办学条件及教育信息化水平（权重 12%）	1.5	B14. 体育运动场（馆）面积	小学生均≥8.76m²，中学生均≥11.95m²	教育统计资料
	2	B15. 生均校舍建筑面积	小学≥7.5m²，初中≥9.2m²，高中≥8.2m²	教育统计资料

一级指标	权重（%）	二级指标	2015 年基本现代化参照标准	监测数据来源
A4. 办学条件及教育信息化水平（权重12%）	2	B16. 生均教学仪器设备值	小学 ≥3600 元，初中 ≥3900 元，高中 ≥5800 元	教育统计资料
	3	B17. 班额达标比例	小学班额 45 人以下、中学班额 50 人以下班级数占总班级数的比例达到 100%	教育统计资料
	1.5	B18. 生机比	6：1	调查收集
	1	B19. 校园网连通率	100%	调查收集
	1	B20. 教师信息化水平	85% 的教师通过"全国教师教育技术能力达标考试"	调查收集
A5. 师资队伍建设（权重16%）	6	B21. 各级教育师生比	小学 1:19，初中 1:13.5，高中 1:12.5	教育统计资料
	6	B22. 教师学历提高比例：幼儿园专任教师达到专科及以上比例	70%	教育统计资料
		小学专任教师达到专科及以上比例	95%	
		初中专任教师达到本科及以上比例	90%	
		普通高中专任教师达到研究生比例	5%	
	2	B23. 中等职业学校专业课教师达到"双师型"教师比例	60%	调查收集
	2	B24. 中小学教师培训进修时间	72 学时/年·人	调查收集

一级指标	权重（%）	二级指标	2015年基本现代化参照标准	监测数据来源
A6. 教育国际化（权重8%）	3	B25. 各级教育专任教师到境外学习进修达到的比例	每年0.5%，2011—2015年五年累计达到2.5%	调查收集
	2	B26. 拥有境外友好学校比例	每年2.3%，2011—2015年五年累计达到11.5%	调查收集
	3	B27. 境外师生互访人次占师生总数的比例	每年0.4%，2011—2015年五年累计达到2.0%	调查收集
A7. 学习型社会建设水平（权重8%）	2	B28. 社区教育三级网络覆盖率	100%	调查收集
	3	B29. 从业人员年继续教育率	65%	调查收集
	3	B30. 居民社区教育年参与率	50%	调查收集
A8. 教育管理水平和社会满意度（权重8%）	2	B31. 重大公共教育政策、措施的决策和社会参与度	调查收集后确定	委托第三方
	2	B32. 学校依法治校、民主管理水平	调查收集后确定	委托第三方
	4	B33. 社会及家长对教育的满意度	80%	委托第三方

3. 监测结果

2012年，成都市政府教育督导团对区（市）县教育现代化发展水平监测的报告指出：2011年度成都市各区（市）县教育现代化发展目标总达成度的平均值为76.5%。锦江区、青羊区总达成度在85%以上，教育现代化发展水平走在了全市前列，具有示范引领作用。

2011年，成都市青羊区教育现代化发展水平A级指标的平均达成度是87.17%（总体情况如图7.4所示）；其中，达成度在90%以上的指标有

4项,分别是A1"教育事业发展水平"、A2"教育公平和质量"、A7"学习型社会建设水平"、A8"教育管理水平和社会满意度",其中A7"学习型社会建设水平"的达成度最高,为100%;达成度最低的指标是A4"办学条件及教育信息化水平",为49.17%。数据再次说明,青羊教育发展的未来定位应该是校际均衡是大基础,教育现代化水平的提升是关键。

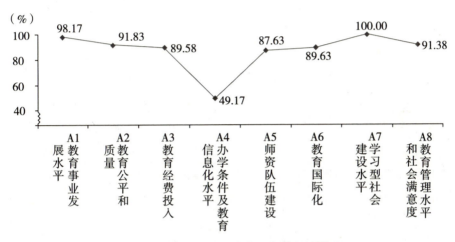

图7.4 青羊区教育现代化A级指标达成度

从2011年青羊区教育现代化发展水平B级指标的达成情况看,本地区与成都市其他各区(市)县B级指标达成度均值相比,本区有26项B级指标达成度高于或等于全市达成度均值,其中,B27"境外师生互访人次占师生总数的比例"、B31"重大教育政策公众参与度"、B25"专任教师到境外学习进修达到的比例"、B26"拥有境外友好学校比例"、B30"居民社区教育年参与率"的达成度最高,分别为成都市达成度均值的3.51、2.86、2.70、2.60和2.22倍。这说明本地区教育发展特别重视教育国际化发展趋势和实践,已明显走在全市前列。在低于成都市达成度均值的指标中,B20"教师信息化水平"达成度仅为成都市达成度均值的6%,这说明本区应在提高教师信息化水平方面做更多的工作。

同时我们也看到,在成都市教育现代化发展水平监测核心指标中,青羊区还有近25%的指标低于成都市达成度均值。具体情况如表7.6所示。

表 7.6　青羊区教育现代化 B 级指标及核心指标目标达成情况

区　　县	达成度（%）		青羊区:成都市（X : 1）
	青羊区	成都市	
B1. 幼儿毛入园率 *	100.00	98.92	1.01
B2. 义务教育巩固率 *	96.16	98.79	0.97
B3. 高中毛入学率 *	100.00	100.00	1.00
B4. 新增劳动力平均受教育年限达成度	95.21	95.21	1.00
B5. 义务教育校际均衡指数 *	100.00	89.74	1.11
B6. 残障儿童少年义务教育入学率	100.00	100.00	1.00
B7. 教师和干部流动比例	51.00	56.50	0.90
B8. 学生体质健康合格率 *	99.91	91.96	1.09
B9. 学生学业水平	100.00	90.09	1.11
B10. 中职毕业生对口就业率	100.00	98.78	1.01
B11. "三个增长"和财政性教育支出占政府财政支出比例 *	100.00	95.30	1.05
B12. 生均公共财政预算教育事业费	81.43	69.71	1.17
B13. 生均公共财政预算公用经费	82.86	69.14	1.20
B14. 生均体育运动场馆面积	57.33	54.00	1.06
B15. 生均教学及辅助用房面积	28.50	32.00	0.89
B16. 生均教学仪器设备值	19.50	18.50	1.05
B17. 班额达标比例 *	71.00	83.33	0.85
B18. 生机比	61.22	50.00	1.22
B19. 校园网连通率	100.00	100.00	1.00
B20. 教师信息化水平	2.82	45.74	0.06
B21. 师生比	88.67	89.33	0.99
B22. 教师学历提高比例 *	89.50	87.00	1.03
B23. 中等职业学校专业课教师达到双师型教师比例	66.67	67.90	0.98
B24. 中小学专任教师培训进修时间达标比例	100.00	86.18	1.16

区　县	达成度（%）		青羊区:成都市 (X:1)
	青羊区	成都市	
B25. 专任教师到境外学习进修达到的比例	72.40	26.80	2.70
B26. 拥有境外友好学校比例	100.00	38.43	2.60
B27. 境外师生互访人次占师生总数的比例	100.00	28.50	3.51
B28. 社区教育三级网络覆盖率	100.00	77.39	1.29
B29. 从业人员年继续教育率	100.00	67.85	1.47
B30. 居民社区教育年参与率	100.00	45.08	2.22
B31. 重大教育政策公众参与度	77.77	27.22	2.86
B32. 学校依法治校民主管理的水平	87.70	80.90	1.08
B33. 社会及家长对成都市教育的满意度	100.00	94.38	1.06
高于或等于成都市均值达成度指标数量	26		
高于或等于成都市均值达成度的核心指标数量	6		

注：B1、B2、B3、B5、B8、B11、B17、B22 为成都市教育现代化发展水平监测核心指标。（表中以"*"表示）

　　只有通过对比才能给予信心，也才能更加准确地判断本地区教育发展急需解决的问题。深度分析，从全市各区（市）县教育现代化发展水平监测的 B 级指标达成度的对比分析可以看出，青羊教育现代化建设监测的 B 级指标达成度中仍有 B2 "义务教育巩固率"、B7 "教师和干部流动比例"、B15 "生均教学及辅助用房面积"、B17 "班额达标比例"、B20 "教师信息化水平"和 B23 "中等职业学校专业课教师达到双师型教师比例"等六项 B 级指标低于全市达成度均值，且 B20 "教师信息化水平"指标的达成度仅为全市均值的 6%，这是令人值得深思的问题之一；而 B25 "专任教师到境外学习进修达到的比例"、B26 "拥有境外友好学校比例"、B27 "境外师生互访人次占师生总数的比例"、B30 "居民社区教育年参与率"和 B31 "重大教育政策公众参与度"等指标达成却又大大超过了全市达成度均值，超过量全部在两倍以上，这是值得深思的问题之二。是什么影响着教师信息化水平全面落后于全市的平均水平？又是什么决定着本区域教育发展水平在教育国际化、民主化、社区教育、终身教育等领域的全面超前和领先？这样的监测和分析，必将为本地区教育的发展决策起到科学而积极的作用。

（三）教育国际化监测

1. 指标说明

《青羊区中小学、幼儿园推进教育国际化水平指标体系》主要以《成都市区（市）县域推进教育国际化水平评估指标体系》为蓝本，充分反映本地区教育国际化建设的核心特征，坚持改革方向，紧随教育发展趋势，引导和鼓励各学校大力推进教育国际化进程。通过评估，让更多的学校发现问题和症结，完善和调整当下推进教育国际化策略和方向，丰富内涵，改进内容，有借鉴、有输出，更好地服务于地方经济的发展和建设世界生态田园城市的需要。

2. 评价体系

《青羊区中小学、幼儿园推进教育国际化水平指标体系》由教育国际化的政策保障水平、教育国际化资源配置水平、教育国际化发展水平、教育国际化社会贡献四个维度构成，权重分别为 24%、47%、14% 和 15%。其中，教育国际化的政策保障水平、教育国际化资源配置水平、教育国际化发展水平评估项目为学校通用指标，合计权重为 85%；而教育国际化社会贡献评估为加分指标，占 15%。（如表 7.7 所示）

表 7.7 青羊区中小学、幼儿园推进教育国际化水平评估指标

通用指标			
一级指标	二级指标	三级指标	信息获取方式及给分标准
A1. 教育国际化政策保障水平（共 24 分）	B1. 发展规划（10 分）	C1. 落实区教育发展规划中关于国际化精神，在学校发展规划中明确制定了推进教育国际化的内容（5 分）	查看规划文件。有得 5 分，无得 0 分
		C2. 按照青羊区教育国际化发展规划及学校发展规划制订本校推进教育国际化的重点项目工作规划或行动实施计划（5 分）	查看文件。有得 5 分，无得 0 分
	B2. 机制和制度（14 分）	C3. 教育国际化工作在学校内有机构和人员负责落实（4 分）	查看文件。有得 4 分，无得 0 分
		C4. 学校干部、教师对成都市建设国际化城市的发展战略、市教育局相关政策、青羊区教育国际化推进内容的知晓程度（5 分）	抽样调查，计算出相关掌握程度百分比。达到全市中位数得 5 分；没达到酌情扣分
		C5. 制定和实施提升学校教育国际化水平的相应管理制度或考评制度（5 分）	查看文件。有得 5 分，无得 0 分
A2. 教育国际化资源配置水平（共 47 分）	B3. 经费投入（26 分）	C6. 提升教育国际化水平活动所需经费纳入学校年度财务经费预算（如出国培训、互访、国际合作科研、国际理解教育教研活动、相关校本课程开发等专项经费纳入学校教育经费年度预算并专款专用）（6 分）	查看预算和决算。有得 6 分，无得 0 分
		C7. 学校对经审批并确定由教育行政部门支持的对外交流活动有经费资助（投入）（6 分）	查看经费与决算，有得 6 分，无得 0 分（无对外交流活动 0 分）
		C8. 年度内学校有专任教师出国（境）培训（4 分）	有得 4 分，无得 0 分

通用指标			
一级指标	二级指标	三级指标	信息获取方式及给分标准
A2. 教育国际化资源配置水平（共47分）	B3. 经费投入（26分）	C9. 年度内学校聘请了具有合格资质外籍教师（1分）	有得1分，无得0分
		C10. 本校具有国际汉语教师资格的教师（2分）	有得2分，无得0分
		C11. 学校具有国际教育任职经历、资格的教师（2分）	有得2分，无得0分
		C12. 有双语教师人数达6人（2分）	有2人得1分，有4人以上得2分，无得0分
		C13. 年度内外派（境外）汉语教师（含汉语志愿者、汉语助教）人数（3分）	有得3分，无得0分
	B5. 课程建设（15分）	C14. 学校按部颁课程计划开足外语课时，幼儿园开设英语教学的试点（4分）	现场随机抽样调查，开足3分；幼儿园现场查看，有得4分，无得0分
		C15. 学校有开设英语课之外的外语课试点班或兴趣班（社团）（4分）	现场查看，有得4分，无得0分
		C16. 学校在某个年级开设国际理解教育课程（3分）	现场随机抽样调查，有得3分，无得0分
		C17. 学校开展过中外课程共建活动，建立了引入国外课程资源的试点班（4分）	现场查看，有1项得4分，无得0分
	B6. 环境、设施及硬件技术支持（6分）	C18. 校园环境建设融入国际化元素（6分）	现场随机抽样查看，符合得6分，不符合得0分

通用指标			
一级指标	二级指标	三级指标	信息获取方式及给分标准
A3. 教育国际化发展水平（共14分）	B7. 国际交流与合作（10分）	C19. 建立友好学校并频繁开展交流活动（4分）	有得2分，开展活动频繁得2分，无得0分
		C20. 近5年接受外籍学生人数（有学籍）（2分）	
		C21. 学校师生开展国际交流互访人次（出国出境学生人次加上国外境外来访学生人次）（4分）	
	B8. 中外合作办学（4分）	C22. 年度内中外教育合作项目个数（如合作短期培训、合作技术攻关、合作资格认证、合作课题研究、合作课程开发、合作建设项目等）（4分）	有得4分，无得0分
加分指标			
一级指标	二级指标	三级指标	信息获取方式及给分标准
A4. 教育国际化社会贡献（注：相关学校如未达标，在前面分值中扣除相应分值，共15分）	B9. 国际化人才培养（4分）	C23. 年度内高中毕业生被我国教育部承认学历的国（境）外高等院校录取人数（2分）	
		C24. 年度内到国（境）外接受先进技术（工艺）培训中等职业学校学生人数（人次）（2分）	
	B10. 社会贡献（4分）	C25. 年度内中等职业学校学生专业技能通过国际认证取得相关资格证书的人数（2分）	
		C26. 年度内中等职业学校毕业生进入在成都的世界500强企业的人数（2分）	
	B11. 国际影响（7分）	C27. 3年内主办或承办过国际会议（3分）	3年内举办过国际会议，每1次得3分
		C28. 累计到国外设立"孔子课堂"等海外教育基地的学校所数（2分）	办1所得2分
		C29. 累计中外合作办学的学校所数（2分）	办1所得2分

注：因需考虑到全市情况，每项指标的评分细则中，对有些数据（量化指标）未做规定，需在实际中讨论后再定。

3. 国际化推进成效

青羊区在推进教育国际化方面也取得了很好的成效。（如表 7.8 所示）

表 7.8　教育国际化推进达成度

项目名称	达成度
干部、教师赴国（境）外培训（人次）	358
干部、教师参加境内国际化培训（人次）	3780
学生赴国（境）外交流访问（人次）	886
接待国（境）外学生来访（人次）	96
接待国（境）外教师来访（人次）	216
职业校教师考取国际职业资格证书（人次）	5
学校开设国际部数量（个）	32
开设国际理解教育课程的学校（所）	49
中小学常年聘请外籍教师数量（人）	70
引进国（境）外教育培训机构、项目（个）	9
引进优质教育资源创办国际学校（个）	2
与国（境）外学校缔结友好学校（所）	85
学校网站采用中英文双语的数量（所）	4
主办（承办）教育国际会议（次）	11
招收外籍学生随班就读人数（人）	69
外派对外汉语教师数量（人）	10

教育均衡化、现代化和国际化是青羊教育发展的新思路、新要求，其目的是为人民提供更加优质、更加便捷的充满着集体智慧的教育。这是一场源于教育内部而产生的革命和变革，是承载未来教育希望的宏大构想和理想，现在需要做的就是一步步走得更加坚定与坚实。

第五节 多维度专项监测

如果说教育均衡、教育国际化、教育现代化是教育全球化发展的大势所趋，是全面提升区域教育发展品质和水平的整体规划和重要内容，那么关注学生成长，减轻学生过重的课业负担，加强学生身体素质提升等则是全面提升学校办学质量的重要保障。

一、学生课业负担监测

近年来，青羊区作为中国教育科学研究院"教育综合改革实验区"之一的西部县级区域，一直致力于全面推进素质教育的研究与推进学校在减轻学生过重课业负担和加强中小学生身体锻炼、综合素质提升等方面积极进行研究和创新，加强教学管理监测，为培养智慧学生开发具有适度性、开放性、实践性、创造性的作业设计，以解放学生思想，解放学生的手脚，督促学校切实减轻学生过重的课业负担。自 2010 年起，该地区更成为成都市教育局"全市义务教育阶段学生课业负担监测"工作项目的组织者、设计者和落实者，已连续多年对本地区及全市义务教育阶段学生的课业负担状况进行了监测，并实现了年度数据的连续跟踪与对比，为本区和全市教育的改革发展提供了科学的依据和政策建议。从行政层面大力推动本区和全市学生减轻过重课业负担工作的有效落实，这在西南地区乃至全国都是不多见的。

"成都市义务教育阶段学生课业负担监测"工作项目，由成都市教育局委托成都市青羊区教育局进行，全区组织省内高等院校、省市教育科研机构的领导、专家开发监测工具和网络调查平台，对全市义务教育阶段学生的课业负担进行连续监测，创建了"学生课业负担监测预警机制"，对义务教育阶段学生课业负担过重的学校和地区予以警示，取得了"减负"的直接效果，也对地区教育的改革和发展起到了积极作用。

（一）明确责任落实"减负"目标

自 20 世纪 50 年代中期以来，学生过重课业负担现象正逐步成为一个"不禁不行却禁而不止"，"不铲不行又铲不除根"的社会性问题。为应对这一问题，教育部及各级教育行政管理部门在学校教育领域不断出台各种"减负"规定，强调保障学生，特别是小学生的健康成长。可随着社会经济的高速发展和城乡二元结构的不断改变，学生课业负担过重的问题却越演越烈，甚至已向所有学生全面蔓延。这其中有若干规定执行不力的问题，更有社会公众对教育目的认知狭隘、学习的功利思想趋强、无科学育人思想、人云亦云等随波逐流的现象。

2013 年 8 月起，教育部再次就减轻学生过重课业负担，特别是减轻小学生课业负担问题，开展了全国性的学生"减负"规定意见征求，将阳光入学、均衡编班、"零起点教学"、"一科一辅"等新要求列入意见征求之中。可见国家的教育意志非常坚定，行将颁布的《小学生减负十条规定》将在更广义的范畴给孩子们带来更多幸福。与此同时，有专家建议，着眼于从根本上解决问题，加大素质教育成分而减少应试教育成分的对策研究应同时进行，以引导社会、孩子及其家长们减少学习的功利性，以期培养孩子们的学习能力和创新能力。据教育部公布的信息，截止到《小学生减负十条规定》第二次公开征求意见结束——2013 年 9 月 18 日 17 时，97.1%的公众对教育部拟出台"减负"十条规定表示支持。其中，公众对"阳光入学"的支持率为 95.7%、"均衡编班"的支持率为 94.9%、"零起点"教学的支持率为 93.5%、"每天锻炼 1 小时"的支持率为 95.9%、"一科一辅"的支持率为 95.5%、"严禁违规补课"的支持率为 96.6%、

"严加督查"的支持率为95.7%。这些规定的高支持率说明"减负"仍迫在眉睫,若干规定再次切中现今教育之痛。

(二)"减负"之责在于落实和推进

对学生的过重课业负担实行"减负",应重在落实和检查督促。作为地区教育改革发展和学校办学管理的县级教育行政部门,在其中具有不可推卸的直接作用。自2010年起,协同成都市教育局义务教育阶段学生课业负担监测工作,青羊区教育局与市教育局以项目合同管理的形式,连续开展并实施起基于行政推动学生"减负"成效形成的全面研究,加强对"减负"工作的统筹和领导。工作具体以年度为单位实施全市学生课业负担状况监测,落实"减负"目标,推进"减负"工作。更在本区以培养智慧学生为目标,深入实施素质教育,形成了"纵向指导、整体联动、分层落实"的动态管理机制,引导学校科学"减负"。

从"减负"工程实施的载体上看,青羊教育从"书包减重"(将中小学生书包重量限制在学生体重的10%以内)、"作业限量"(将学生作业量最大控制在2小时以内,针对学生需要,设立无作业日和作业投诉"110")、"活动保障"(保证学生参与艺术、科技、体育、社会实践活动的时间大大增加)、"行政松绑"(解除了学校升学率指标、行政干预等压力)到"班主任统筹协调作业制"(由班主任对学生作业进行总量控制,避免学生作业过多)、"质量提升"(提高课堂效率,注重内涵发展,全面提升教育教学质量)的若干实践和要求,努力让教育充满人文情怀,让学校充满自由空气,让学生享有快乐时光,开创素质教育新局面。

 案例

2011年5月,在青羊教育局会议室,全区52所中小学校的一把手校长正在参加一次特别的会议。这次会议将全区52所学校学生的课业负担监测情况通过报告的形式,向各个学校的校长进行了及时的通报。在拿到报告的那一刻,校长们不约而同地首先去翻看属于自己学校的那一部分。校长们的表情也各有不一，有做沉思状的，有感觉不可思议的，更多的是显现出沉甸甸的责任和压力。

（三）"减负"之用需社会公众的更广泛认同

如上所述，学生课业负担过重的现象之所以会越来越烈，其中有很多是作为家长的社会公众对教育的认知出现了较为严重的偏离，学习的功利思想日趋严重，孩子的学习愿望越来越多的实则是家长的愿望和一意孤行，这往往使"减负"工作障碍重重。鉴于此种状况，学校已不能再以书包称重、时间调整那种简单而刻板的方式实行"减负"，而是需要从改进课堂、增设家长学校、赋予教育以更加智慧的手段，才能真正做到既"减负"又提质。让家长、教师和学生积极参与进"减负"工作之中，才能真正实现对学生学习的共同管理。

对此，青羊教育努力实现学校、家庭、社区教育三结合，这不仅有效拓展了青少年的成长空间，而且增加了社会公众、学生家长对教育的认知和判断，自觉投入到减轻学生过重学业负担的行列之中，积极配合，全面而智慧地培养学生，让"每一位学生都是难得的可塑之才"的育人观念得到有效落实。在评价方面，青羊教育实现了由单边评价向多边评价、由静态评价向动态评价、由绝对评价向增值评价、由单一评价向多元评价的"四个转变"，教育成效获得社会更加广泛的认同。

（四）完善机制促进"减负"

关注中小学生"减负"，其实是从更微观层面促进教育的均衡发展，让每个孩子都能拥有健康、活泼、快乐的学习生活。因此，建立和完善关乎学生"减负"的专项制度是此项工作有效实施的最基本举措。

1. 全面落实新课程改革要求责任制度

全面落实国家新课程改革要求是实施素质教育的最基本要求。要按编制标准配齐配强中小学各科教师，督促并定期检查地区内所有中小学课程执行情况是否实施素质教育，切实减轻学生过重课业负担的最基本保障和制度，开齐开足音、体、美、劳、综合等课程，这些既是一般要求，又是学校改革办学主旨的品质要求。以学校课程体系的建设完善和课程实施为目标，在区域内建立一整套利用学生健康、快乐成长的规范制度是保障智慧学校建设、培养智慧学生的内驱力之所在。对未开齐开足国家、地方、校本三级课程的学校校长要进行问责。

2. 政令畅通确保公众教育权益制度

阳光入学、均衡编班和零起点教学，是将宏观的教育均衡发展政策与微观的学生健康成长措施进行的有机链接，是义务教育均衡发展政策的微观体现和智慧落实。在实施智慧教育工程中，从政府和教育行政部门建立并实施保障青少年阳光入学、均衡编班的制度已成为惯常的做法和重要制度，只有政令畅通才能切实保障社会公众的教育权益。青羊区明确规定区内所有中小学校不能收取建校费、赞助费，不能考试分班，小升初招生实行"免试就近入学"等，并长期监督执行。阳光入学、均衡编班既是一种理论和制度层面设计，又是促进学校均衡发展的重要措施。"零起点"教学则再次强调按国家课程标准实施教学，坚持循序渐进的教学原则培养学生，任何超越学科起点而进行的教学都会增加学生的课业负担和家长的教育成本，只会将学生引入学习的恶性循环之中。

3. 综合评价学生学习状况的制度

学生的学习状况往往反映在课堂表现、作业完成、课余生活、劳动纪律、兴趣爱好、特长发展和考试评比等方方面面，任何简单而单一的评价都会让学校教育、家庭教育出现本末倒置的现象。对此，为明确并落实学生"减负"内容需要在一定区域制定并实施若干制度，倡导对学生的学习状况进行更智慧的综合评价，如分学段要求的学生作业量化要求，小学不得组织学生参加各种形式的统考、联考和月考，中学要减少考试频次，保障每天锻炼一小时，不得以任何形式公布学生成绩，不得以升学率或考试成绩为标准对学校、班级、教师和学生进行排名和奖惩等。

（五）学生课业负担监测体系

下面以成都市 2011 年义务教育段学生课业负担监测为例，对全市及本地区开展的学生课业负担监测的主要内容进行说明。

① 监测对象：学生、家长及教师。

② 监测范围：采用抽样形式进行，样本选取涵盖全市 20 个区（市）县的各类学校（含民办学校），每个区（市）县抽样五年级、八年级学生和家长各 600 人，共抽取学生 24000 人。

③ 抽样样本：由全市 20 个区（市）县的各类学校组成抽样大样本，各类学校的分类情况如表 7.9 所示。

表 7.9　成都市 2011 年义务教育阶段学生课业负担监测抽样学校分类

区　　域	学校类别			
中心城区	A. 城市公办学校	B. 城郊公办学校	C. 民办学校	D. 民办农民工子女学校
二、三圈层	A. 城镇公办学校	B. 农村公办学校	C. 民办学校	D. 民办农民工子女学校

④ 监测内容：根据国家教育部、四川省教育厅、成都市教育局有关政策及规定，共选择 6 个核心指标 16 个项目进行监测。（具体内容如表 7.10 所示）

表 7.10　学生课业负担监测核心指标及监测项目

核心指标	项　　目
1. 时间	（1）在校时间
	（2）作业时间
	（3）睡眠时间
2. 作业	（4）作业效果
	（5）作业形式
	（6）作业的批改、讲评和反馈

核心指标	项　　目
3. 质量压力	（7）考试的频次
	（8）是否排名
	（9）老师、家长的要求及自我期待
4. 课程开设	（10）音乐、美术课程开设情况
	（11）体育课开设情况
	（12）体育锻炼一小时的落实情况
5. 校外生活	（13）校外培训
	（14）家教辅导
	（15）教辅资料使用
6. 近视状况	（16）学生戴眼镜情况

⑤监测数据分析：监测全部采用网调平台在统一时间进行，确保数据采集的及时性、准确性和有效性。所有监测数据采用统计软件 SPSS 进行详细统计和分析，对全市总体情况进行集中报告，为下一年度教育策略提供详细的数据支撑。其具体要求是：

A. 数据转化。在完成全市学生课业负担监测的数据汇总后，将对全市监测数据进行专业处理和转化，使其更加直观化、可比化。转化后的具体形式主要有三种——

Excel 柱形图：将每一类监测的汇总数据按核心监测指标逐一转化为专用的 Excel 柱形图，以利后期的监测分析和比对。

Excel 饼图：对每一类监测汇总数据，视其显现的功能特征，将其按核心监测指标逐一转化为专用的 Excel 饼图，转化比例约为 30%，以利后期的监测分析和比对。

Word 表格：将每一类监测的汇总数据按核心监测指标逐一转化为 Word 表格，产生不同地区圈层、不同学校类别、不同调查对象合一或不同年度数据比对的数据表，以利后期的监测分析和比对。

B. 数据分析。全市监测数据分析主要有两个方向：一是基础分析——按课业负担监测核心指标进行逐一分析，形成全市监测结果的整体模型；二是环比分析——按不同性质进行不同的环比和分析，深层次比对，形成全市监测的差异性模型。

⑥ 建立过重课业负担预警机制

经过监测，可以掌握全市及各区（市）县、各类学校学生课业负担的基本状况，对学生课业负担出现过重现象的地区、学校进行告知和预警。其基本思想和预警依据如下：

A. 核心指标选取：对监测对象所反映的核心指标进行量化统计，测定"超标指数"的对象百分比，以"在校时间超过 9 小时占比"、"作业时间大于一小时占比"、"睡眠时间不足 10 小时占比"、"每月考试频次超过 3 次占比"、"参加课外辅导学生占比"、"戴眼镜学生占比"、"期望升入重点中学占比"等量化指标衡量学生的课业负担轻重，对所监测的地区或学校进行预警。

B. 预警机制：由于采取的是专业数据平台调查监测，在监测工作结束后，将自动生成网调数据库，并根据需要产生"地区或学校学生课业负担预警图表"（如表 7.11 所示），中学生状况也如此。该机制对全地区、全学校学生课业负担的状况进行了直观显示，并依据全市连续几年同类学生同类指标的监测数据确定"预警线"，对严重超过、超过预警线的统计结果分别使用"红色"、"黄色"和"★"、"☆"进行标注，使结果一目了然，直观而具体。预警系统分别对"★"、"☆"赋予不同分值，同时又将各地区、各学校学生课业负担情况转化成了的分数，就产生了学生课业负担过重、较重、适中、较轻的情况的对应指数。（如表 7.12 所示）

表 7.11 地区或学校小学生课业负担情况预警图表

地区/学校代码	在校时间超过9小时比例(%)	作业时间大于1小时比例(%)	睡眠时间不足10小时比例(%)	每月考试频次超过3次比例(%)	参加课外辅导学生比例(%)	戴眼镜学生比例(%)	期望升入重点中学比例(%)	情况分析	负担分值	总评
1	1.9	13.8	92.9	12.9	73.5	29.9	83.9	★★☆ 考试频率偏高，睡眠不足，近视率偏高	7	较重
2	5.2	11.2	93.5	7.3	75.5	30.8	78.9	★★☆ 睡眠不足，近视率偏高	6	较重
3	1.8	17.8	93.1	7.9	79.2	26.9	77	★★☆ 睡眠不足，近视率偏高，作业超标较多	7	较重
4	11.6	16.4	94.0	8.8	62	23.1	72.9	★★☆ 睡眠不足，作业超标较多	7	较重
5	0.6	4.1	53.7	1.6	43.8	27.4	88	★ 近视率偏高	2	较轻
6	1.4	3.4	88.1	2.1	68.4	31	81.7	★ ☆ 近视率偏高	3	较轻
7	6.8	12.6	93.2	8.6	56.4	23.3	70.7	★ ☆ 睡眠不足	5	适中
8	11.0	7.1	84.4	11.2	48.3	17.5	52.9	★ ☆ 考试频次偏高	5	适中
9	10.7	7.1	94.0	10.5	35.5	17.9	66	★★☆ 睡眠不足，考试频率偏高	5	适中
10	18.2	18.2	90.8	11.9	46.6	23.3	63.7	★★★☆ 在校时间偏长，作业超标较多，睡眠不足，考试频率偏高	9	过重

注：

1. 红色底纹（见深灰色）和黄色底纹（见浅灰色）表示超标的程度。红黄色底纹用☆表示。在总体情况分析中用 ★ 表示；黄色底纹代表超标比例较多，红色底纹代表超标比例很大。在总体情况分析中用 ★ 表示。

2. ★赋值2分，☆赋值1分，得分≤3为较轻，≥4得分≤5为适中，≥6得分≤8为较重，≥9得分≤10为过重（以此为成都市小学生课业负担的常模）。

3. 根据全市（区）连续几年的监测确定核心指标的超标程度："在校时间超过9小时比例"大于15%为超重，大于10%为较重；"作业时间大于1小时比例"大于15%为超重，大于10%为较重；"睡眠时间不足10小时比例"大于90%为超重，大于80%为较重；"每月考试频次超过3次比例"大于20%为超重，大于15%为较重；"戴眼镜学生比例"大于25%为超重，大于20%为较重。

表 7.12　学生课业负担监测预警分值对应表

地区或学校	监测得分	对应条件	负担判定	预警
1	实得分	得分≤3	较轻	黄牌
2	实得分	4≤得分≤5	适中	绿牌
3	实得分	6≤得分≤8	较重	黄牌
4	实得分	9≤得分≤10	过重	红牌

二、智慧学生身体素质监测

学生体质如何，依靠科学的监测说话。根据《国家学生体质健康标准》，青羊实验区开展了中小学生体质健康监测工作，建立起智慧学生体质健康监测平台，形成学生健康体质报告，及时详尽地监控智慧学生体质健康，规范智慧学校对学生的体质监测工作。

（一）建设体质保障制度

① 建立中小学生健康情况通报制度。研制青羊区学生体质健康监测体系，每年定期公布各学校学生体质健康情况。

② 成立智慧学生体质健康标准工作领导小组，负责培训指导，引领各学校学生体质健康的理论研究和具体实践，提升教师的专业水平。

③ 制定智慧学生体质健康方案。各中小学校每学年制定学生体质健康教育方案，到校抽查体质健康教育方案与教学情况。

（二）拓展渠道落实体质教育

健康体魄是青少年为祖国和人民服务的基本前提，是中华民族旺盛生命力的体现。在这个知识经济爆炸时代，学生的体质健康尤为重要，增强学生体质，是青羊办好智慧教育的先决条件。

① 落实学生每天的锻炼时间，"两操两课两会"进课表。即学生每天必须做眼操、体操，体育课和大课间每天必须开齐开足，以保证学生在校

体育活动时间 1 小时以上。另外各中小学校每年要开展春秋两季运动会。

②要落实作息时间，不得缩短和延长学生的在校时间。一是学生按照上学时间上学，放学后不得留学生。二是严格督查作业布置的量和质，一、二年级不得有书面的家庭作业，三至六年级家庭作业不得超过 1 小时。这样以保障学生充足的休息时间和睡眠时间。

③开设心理健康课和第二课堂体健课。各中小学学校每周开设一节心理健康课，关注学生的心理，培养学生尚善尚真尚美的健康心理。同时根据学校实际情况，每周开展第二课堂体健课，激发学生运动的兴趣，提升能力。

④每年进行《国家学生体质健康标准》测试，并建立学生体质健康档案制度。青羊实验区每年要面向社会发布《青羊区学生体质健康状况年度报告》，同时探索科学有效的防近视、控肥胖综合干预措施。

⑤搭建广阔舞台，提升学生体质。为增强学生体质，青羊实验区每年组织中小学校参与各种竞赛，如迎面接力、足球、广播体操、网球、游泳、羽毛球、乒乓球、篮球、太极拳等比赛。

三、学校办学社会满意度监测

为准确把握教育服务对象对全区教育系统各中小学、幼儿园的真实评价，挖掘社会公众对地区教育改革发展的基本诉求，青羊区教育局在 2012 年委托成都市社情民意调查中心对全区进行了"中小学、幼儿园办学社会满意度调查"（以下简称"学校满意度调查"），以获取最真实的评价数据。

（一）学校满意度调查的主体、对象、方式及内容

①调查主体：在校学生家长、各校所属辖区的街办工作人员、学校周边社区群众。

②调查对象：青羊区辖区内所有中小学、幼儿园。

③ 调查方式：问卷调查，调查问卷共分为三类：中小学家长卷、社区负责人及社区群众卷、幼儿园家长卷。

④ 调查内容：委托第三方进行的"青羊区中小学、幼儿园办学社会满意度调查"的主要内容如表 7.13 所示。

表 7.13　调查主体及调查内容

问卷类型	调查主体	主要调查内容
中小学家长卷	在校学生家长	对孩子所在学校校务公开及民主管理、依法治校、办学质量等方面的满意度，及对本区育人环境的总体评价
社区负责人及社区群众卷	学校所属辖区的社区工作人员及社区居民	对本区中小学服务社区的满意度
幼儿园家长卷	在校幼儿家长	对孩子所在幼儿园管理及办学水平的满意度

（二）学校满意度调查学校综合得分的计算方式

由受委托单位研制的"中小学、幼儿园办学社会满意度调查"综合得分的评价标准及计算公式如下：

（1）各中小学综合得分＝家长评分×85%＋社区负责人及居民评分×15%

其中：

① 家长评分＝校务公开及民主管理得分×18%＋依法治校得分×33%＋办学质量得分×38%＋育人环境得分×11%；

② 社区负责人及居民评分＝学校重视度得分×34%＋学校服务社区的效果得分×34%＋育人环境总体评价×32%。

（2）幼儿园综合得分＝幼儿园管理得分×49%＋幼儿园办学水平×46%＋育人环境得分×5%

（3）各小项指标得分＝满意×100＋比较满意×80＋一般×60＋不太满意×40＋不满意×0

（三）2013年全区中小学、幼儿园满意度调查情况分析

1. 关于学校校务公开及民主管理的满意度调查

据学校满意度调查所显示的数据看，中小学校务公开及民主管理水平得分为88.21分，小学得分略高于中学。具体到各指标看，行政决策和教学管理工作的公开程度得分较高；家委会参与学校民主管理的效果得分较低，个别中（小）学校在家委会参与学校民主管理方面得分均不到80分（如表7.14所示）。

表7.14　中小学校务公开及民主管理的具体指标得分情况

学校	行政决策和教学管理工作公开程度	该校与家长的沟通情况	家委会参与学校民主管理的效果	大类指标合计
小学	88.87	88.12	87.87	88.38
中学	88.63	87.54	85.48	87.45
合计	88.88	87.95	87.39	88.21

2. 关于学校依法治校水平的满意度调查

如表7.15，"中小学依法治校的具体指标得分情况"所示，中小学依法治校方面得分为90.59分，小学得分较明显高于中学。具体到各指标看，公平对待学生及缴纳高价现象控制方面得分均较高；对家长权益的保障方面得分相对较低；个别中（小）学校在家长权益保障方面得分均不高（在80分左右）。

表7.15　中小学依法治校的具体指标得分情况

学校	该校对家长权益的保障	该校对学生权益的保障	在该校是否缴纳过高价	在该校是否缴纳资料费	该校是否差别对待学生	大类指标合计
小学	87.11	89.86	96.59	91.92	98.55	92.11
中学	85.55	88.73	94.55	75.81	96.00	86.90
合计	86.66	89.53	96.00	87.17	97.85	90.59

3. 关于学校办学质量的满意度调查

从表 7.16 所显示的数据看，中小学办学质量方面得分为 85.75 分，小学得分高于中学。具体到各指标看，学校教师水平的得分较高；学校校舍及硬件设施的得分偏低；若干中小学在硬件设施方面得分均不足 80 分，占比较大。

表 7.16　中小学办学质量的具体指标得分情况

学校	该校的校舍及硬件设施	该校管理水平	该校教师水平	该校教育质量	孩子在校成长效果	作业负担	大类指标合计
小学	80.65	85.68	90.97	86.92	85.84	90.21	86.74
中学	78.48	85.57	89.70	84.21	84.01	81.65	83.42
合计	79.98	85.66	90.59	86.12	85.32	87.66	85.75

4. 关于学校服务社区的满意度调查

表 7.17 所反映的调查数据应引起广泛的注意，中小学服务社区方面的得分是各大类调查中得分最低的，仅为 80.90 分，而且是第一次出现中学得分高于小学的情况。

表 7.17　中小学服务社区的具体指标得分情况

学校	该校对社区服务的重视度	该校服务社区的效果	所在区（市）县育人环境	大类指标合计
小学	79.71	80.52	80.03	80.09
中学	80.94	82.53	80.40	81.31
合计	80.73	81.76	80.17	80.90

5. 关于家长对上学便捷度及本区育人环境的满意度调查

从表 7.18 的统计看，中小学家长对上学便捷度及本区育人环境评分为 85.35 分，小学得分高于中学。

表 7.18　中小学家长对上学便捷度及本区育人环境的评分情况

学校	上学读书方便度	所在区（市）县的育人环境	大类指标合计
小学	88.47	84.61	86.36
中学	83.51	82.53	82.98
合计	87.00	83.98	85.35

6. 关于幼儿园管理的满意度调查

这是对全区幼儿园（仅为教办园）实施满意度调查的内容之一，从表7.19的调查看，幼儿园管理得分为87.71分。具体到各指标看，老师对孩子的喜爱程度及孩子在园生活总体情况得分较高；家委会参与幼儿园民主管理和孩子上幼儿园方便度则得分相对较低。

表 7.19　幼儿园管理的具体指标得分情况

学校	孩子在幼儿园的生活	孩子上幼儿园方便度	孩子是否喜欢幼儿园	老师是否喜欢孩子	幼儿园与家长的沟通	家委会参与幼儿园民主管理	对孩子及家长权益的保障	廉洁办学
市第×幼儿园	88.39	88.06	91.29	89.68	89.03	84.14	91.61	87.10
市第×幼儿园	92.00	90.67	86.33	90.00	83.00	86.47	86.00	86.67
××幼儿园	89.66	81.03	90.34	91.72	87.59	85.00	86.90	88.28
总计	90.00	86.67	89.33	90.44	86.56	85.00	88.22	87.33

7. 关于幼儿园办学水平的满意度调查

表7.20所反映的三所教办园办学水平平均得分为89.67分。具体到各指标看，保健医生工作、教师敬业态度、安全管理、生活老师工作等指标得分较高；幼儿园收费、营养配餐、办园理念等方面得分则相对较低。

表 7.20　幼儿园办学水平的具体指标得分情况

学校	安全管理	收费情况	办园理念	教师敬业态度	环境卫生	营养配餐情况	保健医生工作	生活老师工作
市第×幼儿园	95.33	87.67	90.00	94.00	90.67	88.67	92.00	91.33
市第×幼儿园	90.33	85.67	88.67	93.33	91.00	85.33	93.33	92.00
××幼儿园	91.72	80.34	88.97	90.34	88.97	91.03	93.10	91.72
总计	92.47	84.61	89.21	92.58	90.22	88.31	92.81	91.69

从以上满意度调查所呈现的数据看，社会对中小学、幼儿园办学的基本满意度中，"上学方便度"指标从高到低的顺序是小学 88.47 分、幼儿园（仅限区内的三所教办园，下同）86.67 分、中学 83.51 分；"家委会参与管理"指标排序则为小学 87.87 分、中学 85.48 分、幼儿园 85.00 分；"家长、学生权益保障"指标排序为小学（家长权益 87.11 分、学生权益 89.86 分）、中学（家长权益 85.55 分、学生权益 88.73 分）、幼儿园 88.22 分。从这样的情况看，社会对全区中小学、幼儿园办学的总体满意度还是比较高的，但从中也不难看出一些较为热点和敏感的问题，如办学理念、沟通、服务社区，乃至收费、资料等。

（四）问题与启示

从学校办学满意度测评的情况不难看出，目前全区各中小学、幼儿园离让人民全部满意还有非常大的距离，无论是学校的硬件建设，还是服务社区、服务人民都还存在着这样或那样的问题。如超过半数的中小学硬件设施满意度不高：学校满意度调查显示，社会公众对中小学硬件设施的认同度得分在调查的所有指标中处于最低水平，得分为 79.98 分，明显低于中小学综合得分的 86.72 分。部分中小学服务社区的意识及效果不佳：总体上看，中小学服务社区工作得分在调查所涉指标得分中处于比较低的水平，得分 80.90 分，较明显地低于中小学综合得分。极个别中（小）学的管理水平满意度不高：中小学管理水平得分 85.66 分，低于中小学综合得分（86.72 分）；极个别中（小）学管理水平得分不到 80 分。据家长反映，学校管理满意度不高的问题主要集中在学生食宿管理、校内外安全隐患亟待消除等方面。此外，部分中小学的教育质量的满意度不高：中小学教育质量得分 86.12 分、学生在校进步成长指标得分 85.32 分，均低于中小学综合得分（86.72 分），学生家长主要在"教师课堂教学质量不高"、"学校开展校外活动"、"针对学生实际开展个性化教育"等方面感到不太满意。

有差距就意味着有了方向。上述问题的出现说明全区学校教育还有很大的可提升空间。这样的测评可以让每一所学校看到自己的问题和不足，更能将学校未来办学及其改革的方向看得更明了。

同时，有了方向必然就应该做出决策。教育行政部门及各级各类办学主体均可以在推动政策方面找到发力点，如加大财政补贴，尽快改善中小学硬件设施建设；重视学校服务社区的意识，督促学校落实社区服务各项措施；以"改善学校食宿服务、消除校内外安全隐患"为重点，全面提升学校日常管理水平；以"名校集团化"为契机，全面提升学校管理质量；有针对性地加大对排名靠后学校的扶持等。

相信随着青羊教育改革发展"一揽子计划"的快速实施和推进，智慧教育的思想和光芒将闪耀在每一所充满朝阳的学校之中，今天的锐意改革和严肃评价一定会让明天的学校变得更加自由和奔放！

怀特海. 教育的目的 [M]. 徐汝舟, 译. 北京: 生活·读书·新知三联书店, 2002.

陈桂生. 也谈"智慧型教师" [J]. 江西教育科研, 2004 (5): 6.

陈浩彬, 汪凤炎. 智慧: 结构、类型、测量及与相关变量的关系 [J]. 心理科学进展, 2013 (1): 108-117.

陈晓龙. 知识与智慧: 金岳霖哲学研究 [M]. 北京: 高等教育出版社, 1997: 2.

成都市青羊区统计局. 2012 年青羊区国民经济和社会发展统计公报 [EB/OL]. [2014-02-03]. http://www.cdstats.chengdu.gov.cn/detail.asp?ID=74738.

成尚荣. 为智慧的生长而教 [J]. 中国校外教育理论, 2007 (1): 18-19.

楚江亭. 关于制定学校发展规划有关问题的思考 [J]. 教育理论与实践, 2006 (5): 24-26.

范梅南. 教学机智: 教育智慧的意蕴 [M]. 李树英, 译. 北京: 教育科学出版社, 2001: 165-166.

方克立. 中国哲学大辞典 [M]. 北京: 中国社会科学出版社, 1994: 666.

冯契. 智慧的探索: 《智慧说三篇》导论 [J]. 学术月刊, 1995 (6): 1-4.

冯契, 徐孝通. 外国哲学大辞典 [M]. 上海: 上海辞书出版社, 2000: 833.

冯喜英. 永恒主义教育哲学的课程论述评 [J]. 河南师范大学学报：哲学
　社会科学版，1999（3）：105-107.

华东师范大学教育系. 现代西方资产阶级教育思想流派论著选 [M]. 北
　京：人民教育出版社，1980：172.

黄全愈. 美国学校天赋教育透视 [M] //王定华. 透视美国教育. 2 版. 北
　京：北京大学出版社，2012：26-27.

教育部师范教育司. 黄爱华与智慧课堂 [M]. 北京：北京师范大学出版
　社，2005：52.

靖国平. 教育的智慧性格：兼论当代知识教育的变革 [D]. 武汉：华中师
　范大学，2002.

沈玉顺，卢建萍. 制定教育评价标准的若干方法分析 [J]. 高等师范教育
　研究，2002（2）：21-26.

陶行知. 陶行知全集 [M]. 成都：四川教育出版社，2000：31.

田慧生. 时代呼唤教育智慧及智慧型教师 [J]. 教育研究，2005（2）：50-56.

肖爱芝. 对人本主义心理学思想的诠释 [J]. 教育研究与实验，2009
　（2）：71-74.

有宝华. 课程、教学与哲学：美国几种教育哲学的课程与教学理论比较分
　析 [J]. 外国教育资料，1999（5）：32-35.

郑红，汪凤炎. 论智慧的本质、类型与培育方法 [J]. 江西教育科研，
　2007（5）：10-13.

后记

　　从2009年起，"教改"就是教育领域最热门的词汇——2009年，是制订《国家中长期教育改革和发展规划纲要（2010—2020年）》（以下简称《教育规划纲要》）的关键年份；2010年，是《教育规划纲要》颁布并宣传的重要年头；2011年到2012年，教育系统与社会各界都在期待《教育规划纲要》所确定的改革措施落地；而2013年，十八届三中全会通过的《中共中央关于全面深化改革若干重大问题的决定》对教育领域的改革以"重大问题"的方式提出"深化教育领域综合改革"。这一文件承载着"学有所教"的教育理想，开启了"办人民满意的教育"的改革行动。这无疑是一项漫长的、无法一步到位的改革，更是一场只争朝夕、势在必行的改革。

　　教育改革需要行动落实。自2009年至今，成都市青羊区推进了一场实质性的教育改革，目的是达成两个目标：一个是教育文化及教育价值观真正转移到以人为本的价值观上，摒弃了以政治为本、以经济为本、以规模速度为本、以升学率为本，或者以少数优秀学生为本的观念，实现以每一个学生的生命和智慧成长为本的深刻转变；第二个是深入推进教育体制改革。今天面临的各种教育问题，无论是教育公平、义务教育均衡发展，还是减轻学生课业负担、提高人才培养的质量等，背后都有体制和机制问题，如果没有实质性的体制变革，很多改革的目标和理念便无法实现。在近五年的教育改革探索中，作为中西部教育发展高地，成都市青羊区首次从县域教育发展视角，创造性地提出了"学有良教　质量领先　办智慧教育"的教育发展理念，智慧教育体系逐渐形成。智慧教育逐渐成为青羊区教育发展的灵魂向导。

本书正是青羊区五年来在教育现代化实践道路上不断总结与提炼，也是"西部县级区域教育现代化的行动研究"的标志性成果。本书的出版一方面可以和国内同行交流、分享我们的经验，另一方面也有利于进一步深化有关"智慧教育"的研究工作。课题研究与本书的出版离不开团队的合作，经过课题组成员的共同努力，《超越优质——智慧教育的原理与应用》书稿终于完成。各部分分工如下：青羊区政协副主席、青羊区教育局党委书记、局长李泽亚负责全书编写工作的整体设计；中国教育科学研究院青羊教育综合改革实验区专家组组长刘光余负责书稿的构思与专题研讨；专家组成员刘卓雯、潘亦宁、孟照海、李红恩为课题研究及本书的框架提供了重要指导与帮助；青羊区教科院组织各学科教研组骨干教师积极参与研讨；青羊区教育局相关科室做了很多协调与联系工作，并为书稿的撰写提供了大量数据材料，在此表示衷心的感谢。

　　各章作者具体如下：引言由刘光余撰写，第一章由孟照海、潘亦宁、李红恩、刘荣芳撰写，第二章由邵开泽、叶剑撰写，第三章由叶剑、陈志刚、宋欣蓝撰写，第四章由刘卓雯撰写，第五章由李正平、焦凌、吕亚琳撰写，第六章由瞿曦、曹艳撰写，第七章由张勇、鄢志刚撰写，后记由刘卓雯撰写。在本书写作过程中，刘定姝、黎艳、黎波、何红梅、武小枫、张惠、李睿、张云爱、张俊辉、赖勇、欧治明、郑九成、徐健、闵静武等参与了撰写或提供了素材，特致谢意。

　　本书的出版得到了教育科学出版社的大力支持，谨表谢忱！

　　任何一个时代都有自己的教育理想，但理想的教育却不易得。时至今日，社会对于教育领域的改革啧有烦言，"钱学森之问"不时叩问着人们，教育从没有像今天这样万众瞩目。如何避免教育改革"空悬"，青羊区用智慧教育的区域性实践探索迈出了坚实的行动步伐。也正是因为在行动中探索，本书也一定还有许多疏漏和不当之处，希望所有关心本书的人士提出宝贵的意见。

编　者

2014 年 4 月

出版　人　所广一

责任编辑　郑　莉

版式设计　宗沅雅轩　杨玲玲

责任校对　贾静芳

责任印制　曲凤玲

图书在版编目（CIP）数据

超越优质：智慧教育的原理与应用／李泽亚等著.
—北京：教育科学出版社，2014.5
　（智慧教育丛书／李泽亚主编）
　ISBN 978-7-5041-8612-6

Ⅰ.①超… Ⅱ.①李… Ⅲ.①区（城市）—社会教育
—研究—成都市②区（城市）—中小学教育—研究—成都
市 Ⅳ.①G779.2②G63

中国版本图书馆 CIP 数据核字（2014）第 105029 号

智慧教育丛书
超越优质——智慧教育的原理与应用
CHAOYUE YOUZHI——ZHIHUI JIAOYU DE YUANLI YU YINGYONG

出版发行	教育科学出版社		
社　　址	北京·朝阳区安慧北里安园甲 9 号	市场部电话	010-64989009
邮　　编	100101	编辑部电话	010-64981357
传　　真	010-64891796	网　　址	http://www.esph.com.cn
经　　销	各地新华书店		
制　　作	北京金奥都图文制作中心		
印　　刷	保定市中画美凯印刷有限公司		
开　　本	169 毫米×239 毫米　16 开	版　　次	2014 年 5 月第 1 版
印　　张	17	印　　次	2014 年 5 月第 1 次印刷
字　　数	241 千	定　　价	39.80 元

如有印装质量问题，请到所购图书销售部门联系调换。